本书撰写人员名单

主　　编：吕　方

撰写人员：吕　方　龚群芳　杨生勇　吴　华　李雪萍
　　　　　郭之天　陈　宁　王　蒙　冯　静

新时代中国县域脱贫攻坚案例　研究丛书

石柱

脱贫攻坚与县域高质量发展

全国扶贫宣传教育中心／组织编写

人民出版社

目 录
CONTENTS

前　言

　　石柱土家族自治县是中华经典民歌《太阳出来喜洋洋》的发源地，千百年来，大山深处的土家儿女期盼着"不愁吃来不愁穿"。世世代代勤劳朴实的土家人躬耕劳作却难得温饱，据石柱县县志记载，1948年，石柱县有人口4.01万户22.33万人，当年水稻、玉米、红薯三项大春产量之和为1477千市担（1市担为100市斤，合50公斤），小麦、洋芋两项小春产出之和约为1013千市担。若换算成现代计量单位，是年石柱县百姓大小春收获口粮之和人均不足56千克，生活之艰辛可想而知。新中国成立后，石柱县粮食产量总体上逐年稳步提升，百姓生计有了显著改善，但由于群山阻隔、交通不便，县域经济发展一直较为滞后，对百姓增收带动能力有限，加之当地生态脆弱、灾害多发，贫困问题十分突出。根据"建档立卡"数据显示，至2014年石柱县有深度贫困乡镇1个，贫困村85个，贫困人口1.51万户5.41万人，贫困发生率高达12.70%。如何解决好贫困问题，补齐发展短板，回应土家儿女的"千年之盼"，是在"两个百年奋斗目标"衔接期，石柱县县委、县政府必须做好的头等大事和第一民生工程。

　　脱贫攻坚期间，石柱县深学细悟笃行习近平总书记关于扶贫工作重要论述，因地制宜探索精准脱贫的石柱县路径，经过不懈努力，实现了"零错退、零漏评、群众认可度97.91%"的好成绩。脱贫攻坚过程中石柱县基础设施、基本公共服务显著改善，山地特色高效农业产业体系初步建立，"两不愁、三保障、一达标"目标全面实现。同时，脱贫攻坚过程中，干部作风、群众精神面貌、基层组织凝聚力战斗力、干群关系明显改善。石柱县脱贫摘帽成绩，得益于忠实坚持习近平总书记关于扶贫工作的重要论述指引，得益于务实践行精准方略，有序推进各领域工作。2017 年 7 月以来，石柱县先后开展了 4 次"回头看"，解决了对象精准的问题，压实责任体系，形成了"1+5+16+33"的扶贫开发责任体系，完善政策体系，深耕精准施策。在产业扶贫方面，石柱县通过扎实推进深度调整农业产业结构，聚焦山地特色，发展以特色产品、康养为主产业，对建档立卡贫困户形成了有效带动。特别是坚持规划先行，高质量谋划县域脱贫攻坚项目库，做到了资金使用和项目安排精准。真正做到利用政策和发展环境，激发内生动力，促进可持续生计形成。脱贫攻坚过程中，石柱县聚焦攻克深度贫困攻坚战，坚持"通过四个深度发力、实现四个深刻转变"，将 1 个深度贫困乡（中益乡）和 15 个深度贫困村作为脱贫攻坚的主战场，切实按照习近平总书记关于扶贫工作论述要求，做到"尽锐出战"。坚持党建引领、坚持合力攻坚、坚持精准方略、坚持"志智"双扶。在中益乡的深度贫困攻坚实践中，坚持规划先行，围绕特色小镇建设，充分利用好良好发展环境，合理布局各村产业项目，做到了区域发展与精准扶贫结合；扎实推进基层组织建设，将脱贫攻坚与规范村级权力运行相结合，将脱贫攻坚与乡风文明建设相结合，将脱贫攻坚与乡村治理体系和服务体系建设相结合，取得了可喜成绩。特别是在社会服务领域，通过购买社会工作服务，开办"四点半学堂"，建立弱势人群服务体系，深得群众好评；基层服务能力、治理能力显著提升，真正形成了"党的政策好，我要努力向前跑"的气象。

脱贫攻坚期间，石柱县坚持对标对表，聚焦解决好"两不愁三保障"突出问题；石柱县在脱贫摘帽以后，做到了"四不摘"，思想上不松懈、政策上不松劲，形成了"1353"的贫困动态监测和响应体系。结合脱贫攻坚巡视整改，提升脱贫质量。注重处理好贫困户与非贫困户、贫困村与非贫困村的关系，县财政安排 2 亿多元资金，同步提升非贫困村基础设施及公共服务，收到了良好效果。此外，石柱县稳步推进脱贫攻坚与乡村振兴衔接。主要体现在产业、人居环境、基层组织、乡风文明和基层治理几个层面。在产业方面，石柱县持续推进深化农业产业结构调整（全县计划"粮经比"调整到 4∶6，中益乡目前已经是 1∶9），通过农旅结合、三产融合等形式推动农业产业结构转型。在人居环境整治方面，石柱县通过积分制、帮带扶持等方式，取得了较好效果；在基层组织建设方面，进一步规范村级权力运行，进一步发挥基层党组织、党员作用，进一步夯实村集体经济，成绩可喜，但难点也非常突出，特别是村干部待遇低，难以吸引人才、留住人才；在乡风文明和基层治理领域，也产生了一些有益的经验，如贵和工作法、和美工作法、三联三帮、发挥无职党员作用、送法下乡等。

可以说，经过几年的脱贫攻坚，石柱县域经济社会发展和改革创新诸领域取得了多方面的重大成就，不仅高质量完成了脱贫攻坚既定目标，而且实现了县域经济社会发展面貌的明显改善和可持续发展内生动力的提升。在脱贫攻坚的伟大实践中，干部党性、意志和能力都得到了显著提升，形成了"敢吃黄连苦、不怕辣椒辣"的石柱县脱贫攻坚精神。可以预见，在乡村振兴的道路中，石柱县土家儿女必然能够创造出更加美好的幸福生活。

第一章

石柱县脱贫攻坚案例概述

石柱县是重庆市唯一集民族自治县、三峡库区移民县、革命老区县和国家扶贫开发工作重点县于一体的特殊县份，长期以来"民贫县穷"是石柱县的基本县情，具有贫困发生率高、贫困面广、贫困程度深的特点。自党的十八大以来，特别是 2017 年 7 月以来，石柱县深学笃用习近平总书记关于扶贫工作的重要论述，坚持以脱贫攻坚统揽经济社会发展全局，紧紧围绕"六个精准""五个一批""四个问题"下足"绣花"功夫，以解决"两不愁三保障"突出问题为核心，以攻克 1 个深度贫困乡和 15 个深度贫困村为脱贫攻坚的重中之重，按照"缺啥补啥"原则，贯彻落实精准方略，因地制宜，分类施策，全力攻坚，取得了显著的脱贫成绩。2019 年 4 月 15 日，习近平总书记前往石柱县中益乡华溪村考察脱贫攻坚工作，对石柱县脱贫攻坚工作给予了充分肯定。2019 年 4 月底，石柱县以"零错退、零漏评、群众认可度 97.91%"的成绩一举摘掉国家级贫困县的帽子。

第一节　石柱县县情与贫困问题概况

一、石柱县的自然地理条件

石柱土家族自治县建县历史悠久，唐武德二年（619 年）为石柱县建县之始。中华人民共和国成立后，于 1950 年正式成立石柱县人民政府，1959 年改为石柱县。1984 年，成立石柱土家族自治县，隶属四川省涪陵地区。1997 年，重庆恢复中央直辖市，石柱县随黔江地区改隶重庆。2000 年 7 月，石柱县直属重庆市管理。石柱县有着丰富独特的自然和人文资源，是全国绿色小康县、全国绿化模范县、世界经典民歌《太阳出来喜洋洋》和首批国家非物质文化遗产——土家"啰儿调"的发源地，是唯一登录中国正史的明末巾帼英雄秦良玉的故乡，也是"中国黄连之乡""中国辣椒之乡"和"全球最大的莼菜生产基地"。

从自然地理特征来看，石柱县县境南北长 98.30 千米，东西宽 56.20 千米，幅员面积 3014 平方千米。地处长江上游南岸、重庆东部，东接湖北利川市，南临重庆彭水苗族土家族自治县，西南靠重庆丰都，西北连重庆忠县，北与重庆万州区接壤，处于重庆东大门和"两翼"地区结合部，是川渝地区与中、东部地区水陆联系的战略要塞，具有"南北承启、左右传递"的区位特点。近年来，在国家区域发展战略的支撑下，石柱县交通区位优势进一步显现，已初步形成"四高一铁一港"的综合交通体系，成为成渝地区通往中东部地区的重要交通门户，区位优势日益显现。

从地形地貌特征来看，石柱县处于巫山大娄山中山区，位于渝东板块褶皱地带，地貌地形呈"两山夹一槽"特征，县境为多级夷平面与侵蚀沟谷组合的山区地貌；地表形态以中、低山为主，兼有山原、丘陵。按照海拔高度划分，石柱县地貌以中山地貌和低山地貌为主，分别约占石柱县幅员的 63.4% 和 27%，丘陵区约占石柱县幅员的 9.6%。中低山地貌占幅员的 90% 以上，但石柱县耕地面积仅为幅员面积的 18.7%。中山、低山、丘陵等多样化的地貌特征使石柱县境内蕴藏着 20 余种矿产资源，如石灰、石英砂岩、铅锌、煤、天然气等。石柱县气候属中亚热带湿润季风气候，四季分明，光照充足，气候温和，雨水充沛，生态良好，物种资源丰富。全县森林覆盖率

56.8%、林木覆盖率 71.3%，大风堡原始森林、千野草场分别被评为重庆"最美的森林""最美的草地"。目前石柱县已查明的野生植物共 2216 种，其中国家保护植物有莼菜、荷叶铁线蕨、水杉、红豆杉、珙桐等 40 种；有野生动物 470 种，其中鱼类 124 种，属国家保护动物有小鸨、白鹮、水獭、中华鲟、岩原鲤等 52 种。

二、石柱县经济社会发展概述

石柱全县下辖 33 个乡镇（街道）、242 个行政村（社区），截至 2018 年末，总人口 54.86 万人，农村人口 38.25 万人，占总人口比重的 69.7%。石柱县共有 29 个民族，主要有土家族、汉族、苗族、维吾尔族等，其中土家族占 79.3%。石柱县地处三峡库区腹心地带，是三峡库区唯一的少数民族自治县。先后经过 5 次动态调整，石柱县现有市级深度贫困乡 1 个、贫困村 85 个、"建档立卡"贫困人口 15124 户 54152 人（其中不含纳入稳定脱贫不享受政策的 2471 户 9321 人）。

整体来看，2013 年以前石柱县整体经济实力不强，远低于全国和重庆市的平均水平。2012 年，石柱县地区生产总值 93.1 亿元，仅占全市的 0.81%；地方财政一般预算收入 7.14 亿元，约为全市的 0.4%；工业增加值 31.26 亿元，是全市的 0.6%；城镇化率为 35.72%，远低于全市平均水平。2011 年小康实现程度为 76.9%，在全市排名 28 位。[①] 图 1-1 为石柱县 2010 年至 2018 年 GDP 总规模和增长率的变化趋势图，从图中可以看出，2013 年以前"民贫县穷"是石柱县的最大县情，经济综合实力较弱。2014 年以来石柱县经济整体稳步发展，GDP 稳步增长，年均增长率为 8.84%。从人均 GDP

---

① 资料来源：石柱土家族自治县扶贫开发办公室：《2013 年扶贫开发工作总结》（石扶办〔2013〕179 号）。

情况来看，如图 1-2 所示，从 2010—2013 年石柱县人均 GDP 和重庆市与全国的对比来看，石柱县人均 GDP 低于重庆市和全国的人均 GDP 水平，2010 年至 2013 年四年间，石柱县人均 GDP 仅为重庆市人均 GDP 的 57.8%，全国人均 GDP 的 55.8%。另外，根据石柱县 2013 年国民经济和社会发展统计公报显示，2013 年全县人均 GDP 仅有 3.03 万元，较全市平均水平低 1.75 万元。2019 年全县经济增长率 0.8%，其中康养经济占比达到 49%，民营经济增加值占 GDP 比重达到 56.5%，电子信息产业集群初具规模，9 家电子企业实现产值 30.8 亿元、税收 5700 万元。[①] 经济结构调整取得明显成效，高质量发展态势初步显现。

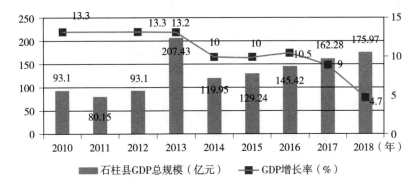

图 1-1　2010—2018 年石柱县 GDP 总规模和 GDP 增长率变化趋势图
资料来源：重庆市统计局。

从人民生活和社会保障方面来看（图 1-3），2013 年以前，农村居民的人均可支配水平远低于城镇地区，尤其是 2013 年石柱县城镇居民人均可支配收入比农村地区高出 13405 元，2012 年及 2013 年石柱县城乡收入比分别为 2.8∶1 和 2.7∶1，城乡人均可支配收入差距较大。2014 年以后，城镇地区和农村地区居民人均可支配收入比逐年缩小，至 2018 年降至 2.6∶1。

---

① 资料来源：石柱县人民政府：《政府工作报告（2020）》，http://cqszx.gov.cn/zwgk_260/zfgzbg/zfgzbg_xzf/202003/t20200330_6678930.html。

（单位：元）

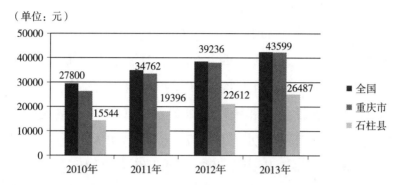

图1-2　2010—2013年石柱县人均GDP指标与全国的对比

资料来源：国家统计局及重庆市统计局。

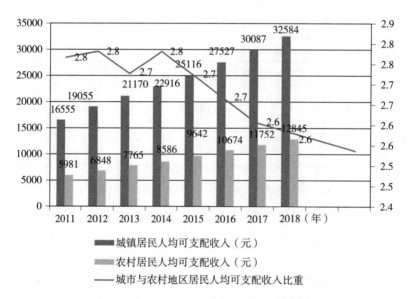

城镇居民人均可支配收入（元）
农村居民人均可支配收入（元）
——城市与农村地区居民人均可支配收入比重

图1-3　2011—2018年石柱县城镇和农村人均可支配收入比较

资料来源：重庆市统计局及石柱县历年国民经济和社会发展统计公报。

可以说，长期以来"民贫县穷"是脱贫攻坚以前石柱县县情的基本特征。石柱县县域整体经济能力的孱弱使其无法依靠县域经济的发展对农村基础设施和公共服务建设等给予较大的财力支持，农村地区教育、医疗卫生、社会保障、文化体育等公共服务水平和基础建设水平不高，城镇经济发展的不足也使得工业反哺农业、城镇带动农村的实力不强，农村地区经济社会发展和扶贫开发任务艰巨。

三、石柱县贫困问题的成因与表现

石柱县贫困问题由来已久，贫困发生率一直居高不下，精准扶贫以前石柱县"老、少、边、山、穷"的特殊县情没有改变，贫困面广、贫困程度深，城乡区域差异大，农村发展基础薄弱，产业支撑明显不足。

一是石柱县自然条件特殊，生产生活受到限制，贫困发生率高。前文已述，石柱县地理位置特殊，县境为多级夷平面与侵蚀沟谷组合的山区地貌，呈现"两山夹一槽"的地貌特征，地形复杂，交通建设难度大，人均耕地面积少，大部分地块属"巴掌田""鸡窝地"，难以进行规模生产，因此大部分家庭保持自给自足式的传统耕种方式，收入低、风险大。受自然气候影响，石柱县内旱涝、泥石流、冰雹、雨雪等自然灾害频发，水土流失、石漠化现象较为严重。另外受喀斯特地貌条件影响，水源性、季节性缺水问题也较为突出。

由于自然地理条件特殊，生产生活条件有限，尽管石柱县土家儿女世世代代都非常勤劳朴实，但依然难以摆脱贫困面貌，难以实现"不愁吃、不愁穿"的梦想。据《重庆市志·扶贫工作志》石柱县资料（1985—2015 年）记载，1985 年石柱全县人均年收入 200 元以下和人均年粮食 300 千克以下的有 21634 户 87879 人，各占全县农业户 9.06 万户 39.45 万人的 23.88%、22.28%。1986 年国务院将石柱县列为国家扶贫工作重点县，1994 年 12 月石柱县再次被列为国家重点扶贫县。截至 2012 年底，全县有低收入人口 7.8 万人，其中扶贫对象 5.9 万人，农村"低保""五保"等人员 1.9 万人，贫困发生率 13.66%，属于国家级贫困县。2014 年随着精准识别工作的开展，全县共识别出贫困户 15758 户，贫困人口 54908 人，贫困发生率高达 12.7%，纳入全市整村规划的贫困村共 100 个，占全县行政村总数的

46.7%。根据我国贫困县脱贫摘帽对贫困发生率的要求，摘帽当年建档立卡信息系统贫困发生率不能高于3%，石柱县脱贫攻坚任务艰巨。

二是石柱县县情特殊，贫困面广，贫困程度深。石柱县复杂特殊的县情使石柱县扶贫开发面临比一般贫困地区更复杂的治理情境。如针对三峡库区移民，在治理贫困问题的同时需要处理好移民工程所涉及的后续扶持、社区融入、就业培训等问题，这些问题往往与贫困治理紧密交织联系。石柱县革命老区是湘鄂川黔革命根据地的重要组成部分，据统计，石柱县革命老区有4000多名优秀儿女加入红军主力部队。革命老区为新中国的建立付出了巨大的人力、物力、财力，因而在社会主义现代化建设和改革开放新时期明显缺乏资本积累等优势，远远落后于国内其他地区的发展[①]。一直以来解决革命老区的贫困问题都是党和政府扶贫开发的重点。同时，石柱县是一个少数民族聚居县，除汉族外，还融合了土家族、苗族、维吾尔族、蒙古族、独龙族等29个民族，其中以土家族为主的少数民族占79.3%。县情的特殊性使石柱县贫困形势较为严峻，扶贫开发面临更多考验，在扶贫开发的过程中需要结合特殊县情有的放矢地采取相应的政策措施，既要确保贫困问题的解决，也要促进地区团结与融合。

石柱县不仅贫困人口数量多，贫困发生率高，覆盖面也较为广泛，据《重庆市志·扶贫工作志》石柱县资料（1985—2015年）记载，2013年石柱县被纳入全市整村规划的贫困村共100个，占全县行政村总数的46.7%，当时石柱县贫困村和非贫困村发展差距就已显现，全县有近30%的非贫困村，发展水平滞后于当年已经验收和正在实施整村脱贫的贫困村。另外根据调研访谈及石柱县提供资料反映，尽管经过一系列的扶贫开发工作，贫困人口逐渐减少，但受发展条件和水平制约，一直以来石柱县已脱贫人口脆弱性较高，脱贫后受

---

① 谢建平：《政治承诺与区域扶贫：习近平贫困治理方略在革命老区的实践进路》，《井冈山大学学报（社会科学版）》2018年第4期。

自然灾害、子女上学、因病就医、市场风险、工伤事故等因素影响再次返贫人数多，返贫率高达5%，"边减边增"现象严重，造成扶贫成本不断增加。

三是县域整体经济实力不强，基础设施和公共服务建设滞后。基础设施和公共服务建设的滞后将直接影响贫困地区经济社会发展水平及农民日常生产生活条件。长期以来，石柱县总体经济水平不高，远低于重庆市的平均水平，地方财力薄弱，基础设施和公共服务建设投入有限。基础设施建设方面主要依靠中央、市级资金支持，道路、水利、通信等基础设施建设资金缺口大，基础设施条件难以改善，群众日常生活和发展生产受到限制。基础设施是一个地区经济社会发展的基础和必备条件，但截至2014年石柱县尚有15%的贫困村通村公路未硬化，32个村民小组未通公路，贫困人口安全饮水达标率和贫困户住房安全比例仅为61%和79.81%。

在公共服务方面，2014年贫困村卫生室达标率仅为80%，尚有2500余名贫困人口未参加基本医疗保险，农村义务教育基础设施建设滞后、师资力量薄弱，0.19%的贫困家庭学生在义务教育阶段辍学。另外从县域整体情况来看，石柱县整体公共服务建设能力也明显不足。2013年石柱县全县寄宿制学校尚差19所，县城中小学均存在"大班额"现象；农村卫生人员非常欠缺，2011年全县执业（助理）医师680人，每万人拥有数16.5人，不到全面小康标准（36人/万人）的一半。[1] 县域综合经济能力的孱弱使得石柱县在精准扶贫以前无法完全依靠县域经济的发展保障贫困地区基础设施和公共服务需要，基础设施和公共服务建设的不足严重阻碍了石柱县贫困地区的经济社会发展，同时也较大影响了贫困群众的日常生产和生活。

四是山区产业发展基础薄弱，农民收入水平整体偏低。一直以来

---

[1] 资料来源：《石柱土家族自治县扶贫开发办公室2013年扶贫开发工作总结》（石扶办〔2013〕179号）。

外出务工获得工资性收入、从事传统农业和小规模分散养殖都是石柱县农民收入的主要来源。如 2012 年石柱县农民人均纯收入达到 6848 元，其中工资性收入 2555 元，占 37%；家庭经营纯收入 3800 元，占 55.5%；财产性收入 191 元，占 3%；转移性纯收入 302 元，占 4.5%。2017 年以前，石柱县凭借特色优势资源基础，农业产业初步形成了以莼菜为主的高山蔬菜产业、以辣椒为主的调味品产业、以黄连为主的中药材产业、以肉兔为主的兔养殖业等几大产业。但总体来说，这些产业仅仅集中于部分乡镇，且规模较小，大部分乡镇未形成主导产业，仅仅依靠农户分散种植传统作物，生产模式单一。

此外，石柱县地形以中低山区为主，耕地面积少，且大块耕地较少，大部分地块属"巴掌田""鸡窝地"，耕作和灌溉条件差，难以进行规模生产，加之人地关系紧张，因此长久以来大部分家庭保持自给自足式的传统耕种方式，小农收入低、抵御自然风险和市场风险能力较弱。因此受特殊地理条件、农业生产基础设施建设和农业机械装备等客观条件制约，2013 年以前，石柱县农业生产质量不高，产出效率较低，如据 2012 年石柱县统计局社会经济调查队调查显示，2012 年石柱县主要大综农作物亩均产量分别是：粮食作物（薯类 5 折 1）305 公斤，油料作物 123 公斤，中药材（干重）431 公斤，蔬菜类作物 657 公斤，这些产量基本处于种植业生产较低水平，与农业生产条件较好地区产量水平相比还有较大差距。①

除传统农业经营性收入外，务工所得工资性收入是石柱县农民收入的主要来源之一。根据石柱县对 2012 年农民人均纯收入监测分析②可以发现，2012 年石柱县农民人均家庭经营纯收入 3800.37 元，占农民人均纯收入的 55.5%，农民人均工资性纯收入 2554.92 元，占农民人均纯收入的 37.3%。工资性收入主要源于农民外出务工或是

---

① 石柱县人民政府：《转变经营方式　发展现代农业》，http://www.cqszx.gov.cn/。
② 石柱县人民政府：《2012 年农民人均纯收入监测分析》，http://www.cqszx.gov.cn/。

在本地打工收入，但工资性收入受外部经济环境影响波动较大，务工收入的增幅有限。因此就农民增收来看，受限于农业现代化发展不足和增收渠道的单一，导致农民整体收入水平偏低，如何通过产业多元和现代化发展，实现多渠道稳定增收成为扶贫开发工作的重要内容。

五是农村发展人力资源匮乏，贫困人口内生动力不足。改革开放以来，随着城镇地区经济社会的快速发展和农业劳动生产率的提高，大量农村剩余劳动力外出务工以谋求更多的就业机会和获得更高的收入水平，因此改革开放以来中国农村地区人口结构最显著的变化即是大量青壮年劳动力进城务工，妇女、老人和儿童成为农村留守人口，从事农业生产的劳动力呈现年龄偏大、女性偏多、文化偏低的劳动力结构特征，人力资源的短缺成为制约农村尤其是贫困地区经济社会发展的重要因素。另外，石柱县地处中低山区，一直以来山多地少，大块耕地少，农业人均耕地少，难以进行规模生产，因此大部分家庭都保持着自给自足式的传统耕种方式，导致部分群众小农意识根深蒂固，缺乏现代农业发展理念，存在小富即安的心态，加之农民文化素质相对偏低，思维方式和行为方式相对滞后等原因，使得家庭经济发展缺计划、缺技术、缺管理能力，自主发展能力不强，同时在推进现代农业发展生产集约化、组织化、规模化、标准化过程中面临阻碍。

第二节　脱贫摘帽的历程与阶段

党的十八大以来，以习近平同志为核心的党中央高度重视扶贫开发工作，把脱贫攻坚工作摆上治国理政的突出位置，习近平总书记亲自谋划、亲自部署、亲自推动，以前所未有的力度推进新时代的扶贫工作，我国脱贫攻坚工作取得了前所未有的巨大成就。确保农村贫困人口全部脱贫，补齐小康社会最突出的短板，对如期全面建成小康社会、实现我们党第一个百年奋斗目标具有十分重要的意义。

2017年7月中旬以来，石柱县深学笃用习近平总书记关于扶贫工作的重要论述，深入贯彻落实习近平总书记视察重庆重要讲话和亲临石柱县视察调研重要指示精神，认真对标习近平总书记对重庆提出的"两点"定位、"两地""两高"目标、发挥"三个作用"和营造良好政治生态的重要指示要求，① 坚持把脱贫攻坚作为头等大事和第一民生工程，以脱贫攻坚统揽经济社会发展全局，贯彻落实精准扶贫精准脱贫基本方略，全力抓好责任落实、政策落实和工作落实，坚决高质量打赢打好脱贫攻坚战，为全面建成小康社会收官打下决定性基础。

一、扎实推进精准方略

坚持精准方略是打赢脱贫攻坚战的核心要义。② 新中国成立以来，我国扶贫开发工作力度不断加强，先后经历了体制改革推动扶贫、大规模扶贫开发、扶贫攻坚、综合扶贫开发、精准脱贫五个阶段。与以往扶贫工作相比，新时代扶贫开发工作最重要和最显著的特征即在于"精准"二字。习近平总书记指出，"扶贫开发推进到今天这样的程度，贵在精准，重在精准，成败之举在于精准。搞大水漫灌、走马观花、大而化之、手榴弹炸跳蚤不行"③。精准扶贫精准脱

---

① 两点定位：重庆是西部大开发的重要战略支点，处在"一带一路"和长江经济带的联结点上。"两地""两高"目标：要求重庆建设内陆开放高地，成为山清水秀美丽之地，在建设"两地"的基础上，努力推动高质量发展、创造高品质生活。发挥"三个作用"：努力在推进新时代西部大开发中发挥支撑作用、在推进共建"一带一路"中发挥带动作用、在推进长江经济带绿色发展中发挥示范作用。

② 黄承伟：《我国新时代脱贫攻坚阶段性成果及其前景展望》，《江西财经大学学报》2019年第1期。

③ 中共中央文献研究室编：《习近平扶贫论述摘编》，中央文献出版社2018年版，第58页。

贫方略是打赢脱贫攻坚战的基本方略，实施精准扶贫精准脱贫战略就是要真正把"精准"理念落到实处，做到"六个精准"，即扶贫对象精准、措施到户精准、项目安排精准、资金使用精准、因村派人精准、脱贫成效精准，实施"五个一批"，即发展生产脱贫一批、易地扶贫搬迁脱贫一批、生态补偿脱贫一批、发展教育脱贫一批、社会保障兜底一批，解决"四个问题"即扶持谁、谁来扶、怎么扶、如何退。石柱县紧紧围绕"六个精准""五个一批""四个问题"，以解决"两不愁三保障"突出问题为核心，贯彻落实精准方略，下足"绣花"功夫，因地制宜，分类施策，全力确保真扶贫、扶真贫、真脱贫，扶贫开发工作取得了显著成效。

（一）精准识别扶持对象，解决"扶持谁"问题

精准识别出贫困人口，了解贫困状况，分析致贫原因，明确帮扶措施，是精准扶贫工作的基础，也决定着精准扶贫在资金、措施、驻村帮扶和脱贫成效方面目标靶向的精准。[①] 石柱县坚持把精准识别作为精准扶贫的前提和基础，对标对表、从严从实开展精准识别工作，采取多种识别方法，确保零错评、零漏评。

具体而言，石柱县在精准识别过程中对贫困户采取"四进七不进"识别方法，通过一看房、二看粮、三看劳动力强不强、四看家中有没有读书郎、五看家里有没有"药罐罐"的"五看法"，并按照"八步两评议两公示一比对一公告"程序进行精准识别，前后开展了5轮贫困对象动态调整；对贫困村和深度贫困乡及深度贫困村分别按照"一高一低一无"标准和"三高一低三差三重"识别标准，累计识别出贫困户17595户63473人，85个贫困村，深度贫困乡中益乡及枫木镇双塘村、洗新乡万寿村等15个深度贫困村。在精准识别贫困

---

① 李博、左停：《谁是贫困户？精准扶贫中精准识别的国家逻辑与乡土困境》，《西北农林科技大学学报（社会科学版）》2017年第4期。

户的基础上，石柱县结合大数据平台，将统计、户籍、教育、健康、就业、社保、住房、银行、农村低保、残疾人等信息与贫困人口建档立卡信息有效对接，打破信息"孤岛"，确保信息准确。同时强化动态监测，石柱县研究出台了"两不愁三保障"突出问题动态监测处置办法，重点对未脱贫户、返贫风险户、临界对象户"一户一策"开展动态监测，明确每月月底开展 1 次监测、疑似问题乡镇 3 日内入户核实、无法解决的次月 5 日前上报指挥部、指挥部 3 日内形成整改方案的"1353"动态监测流程，做到贫困对象最新动态精准掌握、问题及时解决。

（二）精准选派帮扶干部，解决"谁来扶"问题

为弥补乡村领导力薄弱，解决基层党组织涣散等问题，确保如期打赢脱贫攻坚战，党的十八大以来，各级党委和政府部门通过选派"第一书记"和"驻村工作队"下沉乡村，参与扶贫一线的实际工作，基层一线攻坚力量明显增强，有力推动了扶贫措施落地落实，打通了精准扶贫"最后一公里"。石柱县按照择优选派、分类选派、按需选派、全面选派的原则，按照"因岗定人、人岗相适"原则，设定"组织软弱涣散"、"经济发展滞后"、"基础设施薄弱"等类别，分类选派"第一书记"、驻村工作队员和大学生村干部，选优配强驻村帮扶力量，目前全县驻村干部中 40 岁以下的 492 人，大学本科及以上学历的 553 人，副科及以上职级的 371 人。石柱县驻村队伍的选派强调以贫困村实际需要为主，确保选派的工作队既能解决所驻村的突出问题，又能抓党建促发展、带动群众脱贫致富，同时做到派驻全覆盖、无遗漏，有力地增强了脱贫攻坚一线农村基层组织的战斗力。

（三）精准落实政策措施，解决"怎么扶"问题

"怎么扶"是精准扶贫精准脱贫方略的具体策略，习近平总书记在2015 年 11 月 27 日中央扶贫开发工作会议上的讲话中指出："解决好

'怎么扶'的问题。开对了药方子才能拔掉'穷根子'。要按照贫困地区和贫困人口的具体情况，实施'五个一批'工程"①。石柱县坚持统筹到区域、精准到人头，对症下药、靶向治疗，精准安排项目和精准使用扶贫资金，精准落实到户政策，确保扶到点上、扶到根上。

一是发展生产脱贫一批。石柱县通过建立完善产业扶贫政策体系，先后出台到人到户产业扶贫政策50条；深度调整农业产业结构，坚持"一乡一业、一村一品"，精准编制产业扶贫规划，实现每个贫困村都有1—2个稳定增收产业；探索实践股权、基金、信贷、旅游四种资产收益扶贫模式，覆盖贫困户10282户；充分发挥"三变"改革引领作用，积极探索土地承包经营权、劳动力等作价入股机制，建立完善经营主体与贫困户利益联结机制，实现有条件的贫困户产业全覆盖。二是易地扶贫搬迁脱贫一批。将生活在缺乏生存条件地区的贫困人口搬迁安置到其他地区，严格落实国家相关政策要求和规范标准，坚持"保障基本、基本保障"，同时扎实做好搬迁后续工作。三是生态补偿脱贫一批。将符合退耕政策的贫困村、贫困户全部纳入新一轮退耕还林还草工程范围；大力开发生态护林员岗位，选聘贫困户担任护林员。四是发展教育脱贫一批。全面落实国家和市级教育扶贫政策，研究出台石柱县贫困家庭学生各类教育资助政策，同时积极改善贫困地区办学条件。五是社会保障兜底一批。加强农村最低生活保障制度与扶贫开发政策有效衔接，对丧失劳动力、缺乏自我发展能力以及无法通过生产扶持、就业发展、搬迁安置和其他措施脱贫的建档立卡贫困户家庭，符合"低保"条件的，全部纳入"低保"兜底；健全完善社会救助多层次保障体系，推进落实"惠民济困保"商业保险，深入开展"救急难"工作，增强困难群众风险抵御能力。

同时，在脱贫攻坚过程中，石柱县坚持对标对表，精准解决好

① 中共中央文献研究室编：《习近平扶贫论述摘编》，中央文献出版社2018年版，第65页。

"两不愁三保障"突出问题。2019年4月以来，石柱县全面贯彻落实习近平总书记在解决"两不愁三保障"突出问题座谈会上的重要讲话精神，坚持现行标准，聚焦突出问题，部署实施两不愁和产业扶贫、义务教育、基本医疗、住房安全、饮水安全六大专项行动，全力解决"两不愁三保障"突出问题。

（四）精准执行标准程序，着力解决"如何退"问题

石柱县认真落实"设定时间表、留出缓冲期、实行严格评估、实行逐户销号"的要求，严格执行退出标准和程序，做到不错退一户一人。调整明确进度时序，确立"2018年全县脱贫摘帽，2019年至2020年实施巩固提质攻坚行动，确保2020年高质量打赢脱贫攻坚战"的"两步走"目标。严格执行贫困退出标准和程序，采取"一出三不出"识别方法，对照"八步两评议两公示一比对一公告"精准识别流程确认脱贫对象，按照贫困村自愿申请、乡镇审核公示、县级部门联合认证、县人民政府审批公告流程，确定贫困对象退出。同时坚持把防止返贫摆在重要位置，认真落实总书记"四个不摘"要求，继续执行脱贫攻坚主要政策，探索建立稳定脱贫长效机制，确保稳定脱贫不返贫。

二、决战决胜"深度贫困"

深度贫困地区往往生态环境脆弱，自然灾害频发，基础设施和公共服务发展滞后，经济发展基础薄弱，贫困人口占比和贫困发生率高，是脱贫攻坚的"难中之难、坚中之坚"。2017年6月，习近平总书记在山西太原召开"深度贫困地区脱贫攻坚座谈会"并发表重要讲话，强调"深度贫困地区脱贫攻坚是这场硬仗中的硬仗"，要"深刻认识深度贫困地区如期完成脱贫攻坚任务的艰巨性、重要性、紧迫性，采取更加集中的支持、更加有效的举措、更加有力的工作，扎实

推进深度贫困地区脱贫攻坚"。①

石柱县深学笃用习近平总书记重要论述，迅速行动，扎实推进深度贫困攻坚战。2017年石柱县按照"三高、一低、三差、三重"的识别标准，识别出1个深度贫困乡中益乡和15个深度贫困村。总体来看，中益乡深度贫困体现在"两高五差"："两高"即贫困发生率高，2017年贫困发生率高达21.4%；因病因残致贫占比高，达42.4%。"五差"，即生产条件差，山高坡陡、土壤贫瘠；交通条件差，外联公路等级低，村民小组通畅率为32%；住房条件差，46.9%的农户住房为土木结构，安稳程度低；产业结构差，产业发展"小、散、弱"；发展意识差，贫困群众封闭保守、小农意识较重。中益乡是重庆市18个深度贫困乡镇之一，重庆市委、市政府高度重视中益乡脱贫攻坚工作，由重庆市委书记陈敏尔定点包干。2014年以来，中益乡脱贫攻坚资金累计投入145239万元，着力解决了产业结构调整、基础设施建设、公共服务和民生实事等方面的难题。

在组织领导体系方面，为破解中益乡深度贫困难题，成立了由市委书记任指挥长，市委常委、秘书长任常务副指挥长，市委有关副秘书长和县委主要领导任副指挥长的中益乡脱贫攻坚工作指挥部，指挥部下设办公室、基础设施改善组、产业结构调整组、住房安稳保障组"一室三组"。同时建立了相应的攻坚责任体系，组建1个指挥部、1个驻乡工作队、7个村前线指挥部、7个驻村工作队"1+1+7+7"责任体系，实行县乡村分级负责、部门联动、乡抓落实，乡上建立"主要领导+分管领导（驻村领导）+（第一）支部书记+包组（户）干部"四级责任体系，形成一级抓一级、层层抓落实的责任传导机制。探索实行"项目包"机制，将规划重点项目整合成交通、改造、产业、水利、易地扶贫搬迁、民生及社会治理六个项目包，逐一落实1名县领导牵头，推行1名乡党委班子成员联系一个"项目包"和一

① 习近平：《在深度贫困地区脱贫攻坚座谈会上的讲话》，人民出版社2017年版，第7页。

个村"双联"制，由行业主管部门担任业主单位并推动实施，县乡村三级协同监管，确保项目建设正常推进。

在具体帮扶措施上：一是以基础设施建设为重点，着力改善中益乡生产生活生态条件。坚持缺什么补什么，采取"走出去、请进来、沉下去"的方式，大力改善和提高了中益乡水电路网信等基础设施建设水平。二是聚焦产业结构深度调整，确保农户长效稳定增收。在产业发展上聚焦中益乡"中华蜜蜂小镇"主题定位，因地制宜发展以民宿旅游、有机食品、中药材等为重点的康养产业，探索打造"花卉种植+中蜂养殖+精深加工""观赏作物+乡村旅游+民宿""农副产品+电商+物流配送"等产业链条，持续巩固深化利益联结，有力助推贫困群众长效增收。另外，为更好地促进产业发展，石柱县在精准落实上级政策的前提下，结合中益乡产业发展实际，因地制宜出台了系列政策措施。如撂荒地复耕补助政策、土地流转政策、利用退耕还林发展干果、水果产业政策、草本药材扶持政策、木本药材扶持政策、中蜂养殖产业扶持政策等，进一步推动了中益乡产业结构调整和发展。三是推广"三变"改革，通过农业农村改革进一步增强乡村发展活力。中益乡充分发挥华溪村"三变"改革市级试点示范引领作用，探索推行土地经营权和劳动力入股、资金入股、代种代管、以房联营等合作方式，将1000余农户、8000余亩土地纳入新型农业生产经营组织体系，确保村村有效益、户户有收入。四是聚焦"两不愁三保障"，确保贫困人口在实现基本脱贫目标的基础上获得进一步发展。

中益乡深度贫困问题得到了较好的解决，脱贫户实现"两不愁三保障"，全乡基础设施和人居环境、产业结构、基层组织战斗力、干部作风和群众内生动力都有了明显改善。一是减贫成效明显。截至2020年底，全乡贫困户537户1835人现已悉数脱贫，贫困人口人均可支配收入从2017年的7425元增加到2020年的12719元①。华溪、

——————————

① 资料来源：石柱县扶贫办提供。

坪坝、全兴、建峰4个贫困村全面"解决八难、实现八有"，已全部出列。二是基础设施条件明显改善。新建及改造农村公路106.6公里，人行便道42公里，实现村通畅率、10户以上通达率达100%；全乡累计建设分散式农村供水工程85处，集中供水厂2座，安全饮水覆盖率达100%。电力建设方面实现了农户用电、广域信号全覆盖。住房安全方面实现脱贫户"无一人居住危房"。三是扶贫产业根基逐步夯实。中益乡粮经比从脱贫攻坚之前的9∶1调整为1∶9，同时以中蜂、中药材、特色果蔬为重点的特色高效产业和乡村旅游等发展趋势向好，带动贫困户实现稳定增收。中益乡探索的4种资产收益扶贫模式实现贫困户100%覆盖。

三、做好脱贫后续扶持

2019年3月7日，习近平总书记在参加十三届全国人大二次会议甘肃代表团审议时强调，"贫困县摘帽后，也不能马上撤摊子、甩包袱、歇歇脚，要继续完成剩余贫困人口脱贫问题，做到摘帽不摘责任、摘帽不摘政策、摘帽不摘帮扶、摘帽不摘监管"。习近平总书记的"四不摘"论述为已脱贫的贫困县到2020年打赢脱贫攻坚战期间的扶贫开发工作指明了方向。成功实现脱贫摘帽以后，要把防止返贫摆在重要位置，在解决好剩余未脱贫人口的脱贫问题的同时，探索建立长效稳定脱贫机制，巩固和提升已取得的脱贫攻坚成果，如筑牢扶贫产业基础，解决易地扶贫搬迁人口的可持续发展问题等，从而确保脱贫攻坚成效可持续，经得住历史的检验。

习近平总书记关于扶贫工作的重要论述是打赢脱贫攻坚战的行动指南和根本遵循，石柱县坚持把学习贯彻习近平总书记在解决"两不愁三保障"突出问题座谈会上的重要讲话、视察重庆的重要讲话和亲临石柱县视察调研重要指示精神作为当前和今后一个时期的首要政治任务，继续压实责任，夯实政策措施，抓好扶贫领域问题整改，扎实做好脱贫后续扶持工作，主要表现在以下四个方面：

一是认真落实习近平总书记"四个不摘"要求。坚持摘帽不摘责任，保持乡镇（街道）党政正职稳定，进一步强化党委主体责任、纪委监督责任、行业部门监管责任，优化脱贫攻坚考核方式；坚持摘帽不摘政策，按照统筹到村到乡、精准到户到人要求，深度落实各项扶贫惠民政策，统筹解决健全公共服务、建设基础设施、发展产业等问题；坚持摘帽不摘帮扶，保持驻村队伍不撤离、帮扶力度不削弱，压紧压实驻乡驻村工作队职能职责和各级干部帮扶责任，从严从实强化扶贫干部教育管理；坚持摘帽不摘监管，认真落实每月定期开展"两不愁三保障"监测长效机制，及时分析研判返贫风险和返贫趋势，确保稳定脱贫不返贫。

二是全力解决"两不愁三保障"突出问题。稳定实现农村贫困人口的"两不愁三保障"，即不愁吃、不愁穿，义务教育、基本医疗及住房安全有保障是贫困人口脱贫的基本要求和核心指标，也是衡量我国打赢脱贫攻坚战质量的重要标准。在全力解决"两不愁三保障"突出问题上，石柱县继续全面落实转移就业、产业扶持、低保兜底等措施，精准落实教育扶贫、医疗扶贫、农村危房改造、易地扶贫搬迁等政策，完善控辍保学长效机制，健全医疗保障体系，巩固提升农村饮水安全工程，加大贫困人口救助力度，确保贫困群众"两不愁三保障"突出问题全面彻底解决到位。

三是坚决攻克深度贫困最后堡垒。盯牢市级深度贫困乡中益乡和县里明确的 15 个深度贫困村，继续改善深度贫困乡和深度贫困村的生产生活生态条件，深度调整产业结构、深度推进农业农村改革，发挥"三变"改革引领作用，进一步拓宽贫困群众增收渠道，同时继续深度落实各项扶贫惠民政策，强化政策到户到人、落地落实，激发贫困群众脱贫致富的干劲和决心。

四是全面提高脱贫质量。脱贫攻坚战既要打赢也要打好，石柱县坚持既看数量、更看质量，深入实施新一轮贫困村提升工程，如深度改善贫困人口脱贫发展环境；深入推进农业产业结构调整，扎实抓好长效扶贫产业发展后续工作；建立完善经营主体与贫困户利益联结机制，稳定贫困群众增收渠道；加强扶贫与扶志扶智相结合，进一步激发贫困人口内生动力等，全面提高脱贫质量。

第三节 脱贫攻坚的投入与成效

坚持加大投入、提高资金使用效果，是打赢脱贫攻坚战的根本条件。[1] 以下，我们结合调研中收集到的资料，概貌性地呈现石柱县在党的十八大以来脱贫攻坚时期各类扶贫资源的投入特点、投向及成效。

一、石柱县脱贫攻坚投入的特点

确保如期打赢脱贫攻坚战，资金投入是根本条件。据石柱县扶贫办[2]统计，2014 年至 2018 年石柱县共计投入扶贫资金 44.9 亿元，其中上级拨付扶贫资金 7.68 亿元，整合涉农资金 32.55 亿元。从分年度资金投入情况来看，2016 年起石柱县扶贫资金投入加大并且逐年增加，尤其是 2018 年扶贫资金总投入较上年增加了约 3.8 亿元，涨幅为 35.8%。

从资金来源情况看，2014 年精准扶贫以来上级拨付扶贫资金逐

---

[1] 黄承伟：《我国新时代脱贫攻坚阶段性成果及其前景展望》，《江西财经大学学报》2019 年第 1 期。

[2] 2021 年 2 月 25 日，由国务院扶贫开发领导小组办公室整体改组而来的国家乡村振兴局正式挂牌。2021 年 6 月 4 日，石柱土家族自治县乡村振兴局正式挂牌成立，县乡村振兴局由原县扶贫开发领导小组办公室重组而来。为方便表述，全书统一用"扶贫办"这个名称。

年增加，2014 年至 2018 年年均增加 1.39 亿元。扶贫资金最主要的来源是涉农资金，尤其是 2016 年后，随着涉农资金整合力度的加大，石柱县近 70% 的扶贫资金来源于涉农资金的整合。在 2016 年年初，国务院办公厅印发了《关于支持贫困县开展统筹整合使用财政涉农资金试点的意见》（国办发〔2016〕22 号），目的是针对涉农资金分散、多头使用、灵活度低、资金滞留等问题，以形成"多个渠道引水、一个龙头放水"的扶贫投入新格局，提高资金使用精准度和效率，集中资金更好地实现脱贫攻坚目标[①]。财政涉农资金管理使用机制的改革和赋予贫困县统筹整合使用财政涉农资金的自主权进一步充盈了贫困县扶贫资金，为打赢脱贫攻坚战提供了资金方面的有力支持。

表 1-1　石柱县 2014—2018 年扶贫资金投入情况

（单位：万元）

年度	扶贫资金总投入	其中					
		上级拨付扶贫资金	整合涉农资金	本级财政预算内扶贫资金投入	本级财政预算外扶贫资金投入	彩票公益金	其他资金
2014	43699.3	7451	33500	0	0	0	2748.3
2015	62712	13522	45288.44	1278	0	0	2623.56
2016	92628.97	14055	64690.97	2821	0	2000	9062
2017	106016.75	18228	80737.05	1000	0	0	6051.7
2018	144000	23551	101292.52	3000	0	0	14156.48
合计	449057.02	76807	325508.98	8099	0	2000	34642.04

　　扶贫资金来源广泛是石柱县扶贫资金投入的又一重要特点。习近平

---

① 吴映雪、周少来：《涉农资金整合下精准扶贫项目运作及其脱贫成效考察——以 H 县精准扶贫项目运作为例》，《云南大学学报（社会科学版）》2018 年第 2 期。

总书记指出："脱贫攻坚，资金投入是保障。必须坚持发挥政府投入主体和主导作用，增加金融资金对脱贫攻坚的投放，发挥资本市场支持贫困地区发展作用，吸引社会资金广泛参与脱贫攻坚，形成脱贫攻坚资金多渠道、多样化投入。"① 脱贫攻坚以来，石柱县在坚持政府主导的前提下，聚焦以脱贫攻坚统筹好各方资源力量，2013—2017年五年间共汇集投入行业扶贫资金 18.85 亿元，社会扶贫资金 2.41亿元。从图 1-4 可以看出，一直以来行业扶贫和社会扶贫资金在石柱县扶贫资金中占有较大的比例，尤其是 2016 年，行业扶贫资金占到 2016 年资金总投入的 83.48%。据统计，石柱县中央定点帮扶单位中核集团帮扶资金共计 4524 万元，重庆市委办公厅扶贫集团帮扶资金共计 702 万元，东西扶贫协作中山东省淄博市对口帮扶石柱县累计投入帮扶资金 11186.5 万元，区县对口帮扶中南岸区累计投入帮扶资金 7408 万元，江津区无偿提供援助资金和物资 5906 万元；另外，石柱县还进一步强化了社会企业帮扶，组织县内 176 家企业开展"万企帮万村"行动，其中金科集团累计投入帮扶资金 2541.48 万元，国金证券累计投入帮扶资金 141.5 万元，彩票公益金累计投入帮扶资金4000 万元。

二、石柱县脱贫攻坚投入的投向

从扶贫资金的投向来看，石柱县扶贫资金的使用紧扣县域脱贫攻坚实际需求，主要用于基础设施建设、易地扶贫搬迁、特色产业扶贫以及"两不愁三保障"四大板块。如表 1-2 是根据石柱县已有资料统计出的石柱县部分资金的主要投向，从该表可以看出：

一是石柱县始终坚持将"两不愁三保障"作为贫困人口脱贫的

---

① 中共中央文献研究室编：《习近平扶贫论述摘编》，中央文献出版社 2018 年版，第65 页。

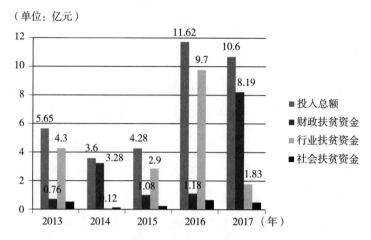

图1-4 石柱县2013—2017年扶贫资金投入统计图

资料来源：《石柱县扶贫志》（2013—2017）。

核心指标和基本工作导向，目前累计投入12.73亿元，占到石柱县目前扶贫资金总投入44.9亿元的28.35%。保障基本义务教育方面，石柱县资金投向主要用于改善农村办学条件和教育资助。据石柱县教委提供材料，2015年以来累计投入78583.55万元用于改善学校办学条件，其中，投入22763.8万元用于116所农村薄弱学校改造；投入3583万元用于23所农村寄宿制学校建设；投入17594.75万元用于各中小学及幼儿园基础设施改造；投入37867万元新建中学1所、小学5所。2015年以来，累计资助贫困学生395800人次，资助资金26201.38万元。基本医疗保障方面，石柱县构建了"资助参保、基本医疗、大病保险、民政救助、精准脱贫保、90%兜底资助"的医疗保障体系，累计救助34.1万人次8955万元。住房安全方面，2015年至2018年期间，累计投入资金15502.8万元，共计改造农村危房12087户，其中C级8656户，D级3434户。

二是大力实施易地扶贫搬迁。石柱县地形特征以山区为主，为将居住在大山深处的贫困群众搬出大山，改善其生存状况和条件，使其逐步走上发展致富的道路，石柱县一直大力推进高山生态扶贫搬迁。精准扶贫以来，石柱县坚持"保障基本、基本保障"的原则，累计投入资金 6.6 亿元，实施易地扶贫搬迁 5845 户 20236 人，其中建档立卡贫困户 2617 户 9312 人。在搬迁完成后继续扎实推动搬迁后续扶持工作，逐步完善迁入地的基础设施、产业发展及社区建设等工作。

三是坚持以产业发展为根本，不断增强贫困人口的内生发展动力。2017 年石柱县印发《深化脱贫攻坚深度调整农业产业结构实施意见》，要求将深度调整农业产业结构摆在产业扶贫工作和乡村振兴战略的首位，石柱县产业结构开始由以往的"4+X"向"3+3"产业结构体系转变，即将 2017 年以前石柱县主要发展以黄连为主的中药材、以辣椒为主的调味品、以莼菜为主的高山蔬菜、以兔子为主的草植牲畜产业，调整为做大做强中药材、干鲜果和休闲乡村旅游三大主导产业，巩固提升调味品、有机蔬菜、生态养殖三大特色产业。

四是大力推进贫困农村地区基础设施建设，改善贫困人口的基本生产生活条件。2013 年以来，以水、电、路、通信为主的基础设施建设投入至少 17.22 亿元，占已知累计投入扶贫资金的 30.49%。一直以来，基础设施建设都是制约石柱县农村地区生产生活的重要约束条件，精准扶贫以来，石柱县大力推进基础设施建设，保障贫困地区的饮水安全，大力推进电力、网络通信以及交通建设，石柱县基础设施发生了最明显的变化。

表 1-2　2013—2018 年石柱县扶贫资金的主要投向

类别		已知累计投入
两不愁三保障	基本医疗：累计投入 1.14 亿元	12.73 亿元
	义务教育：累计投入 10.04 亿元	
	住房安全：累计投入 1.55 亿元	
产业扶贫	特色产业扶贫：2013—2016 年 3.4 亿元	5.4 亿元
	2017 年四种资产收益扶贫模式补助资金总额达 2 亿元	
	扶贫车间：0.0005 亿元	
易地扶贫搬迁	累计投入 6.6 亿元	6.6 亿元

续表

类别		已知累计投入
基础设施	水：累计投入 3.85 亿元	17.22 亿元
	电：累计投入 1.7 亿元	
	路：2017 年交通扶贫项目总投入 10.37 亿元	
	通信：年均投资 1.3 亿元以上	
攻克中益乡深度贫困	累计投入 14.52 亿元	14.52 亿元

从资金投向来看，2013 年以来，中益乡脱贫攻坚资金累计投入 14.52 亿元，占到石柱县扶贫资金总投入的 25.71%。攻克深度贫困壁垒，确保深度贫困地区贫困群众与其他群众一道步入小康社会，石柱县在资金投入方面提供了充足的保障。

三、石柱县脱贫攻坚投入的成效

经过四年的不懈努力，截至 2018 年年底，石柱县累计实现 85 个贫困村、16426 户 60201 人脱贫，剩余未脱贫人口 1169 户 3272 人；贫困发生率由 2014 年的 12.7% 降至 0.87%。从贫困人口属性来看，截至 2019 年年初，石柱县有低保贫困户 2689 户 8359 人，其中已脱贫 2172 户 6931 人，分别占比 80.8% 和 82.9%，一般贫困户 12298 户 45628 人，其中已脱贫 11656 户 43796 人，分别占比 94.8% 和 95.9%，特困供养贫困户 137 户 165 人，其中已脱贫 127 户 153 人，分别占比 92.7% 和 92.7%。2019 年 4 月底，石柱县以"零错退、零漏评、群众认可度 97.91%"的成绩一举摘掉国家级贫困县的帽子，正式退出国家扶贫开发工作重点县行列。表 1-3 为石柱县 2013—2018 年脱贫人数和贫困户退出户数。经过五年的脱贫攻坚战，我们可以看到石柱县脱贫攻坚取得了显著成效，不仅贫困人口大幅减少，贫困发生率大幅降低，并且石柱县以脱贫攻坚统揽经济社会发展全局，极大地改善和提升了贫困地区的政治经济社会发展状况。

表1-3 石柱县2013—2018年脱贫人数和贫困户退出户数

年份	脱贫人数（单位：万人）	贫困户退出户数
2013	1.13	—
2014	1.07	818
2015	2.05	2969
2016	2.93	5524
2017	0.49	1225
2018	1.04	3419

资料来源：石柱县扶贫办年度工作总结。

脱贫攻坚过程中，石柱县坚持把脱贫攻坚作为头等大事和第一民生工程，以脱贫攻坚统揽经济社会发展全局，践行精准方略，取得了真实有效的脱贫成绩。"两不愁三保障"、基础设施和公共服务、扶贫产业、乡风文明等各方面都取得了显著的成绩。

（一）基础设施和基本公共服务显著改善

地处巫山大娄山中山区的石柱县当前已经成为四通八达的"四高一铁一港"渝东枢纽门户，同时基本实现并正全面推进"四好农村路"建、管、养、运协调发展，累计新改建农村公路1109条、3016公里，贫困村通村公路硬化率、贫困村开通客运班车比例已达到了100%，村民小组通达率达97%、通畅率达80%，极大地改善了制约石柱县发展的交通瓶颈，为农村贫困人口摆脱绝对贫困、步入全面小康提供了有力保障。安全饮水方面，石柱县目前累计建成各类水库38座、山坪塘1722口、农村饮水安全工程4868处和防洪堤工程141公里，成立农村饮水协会197个，贫困人口安全饮水达标率为100%。农村电网改造方面，累计投入1.7亿元，实施农网升级改造项目134项，全县实现所有行政村动力电全覆盖。通信建设方面，全县各网基站超过 4000 个（其中 4G 基站 2700 余个）、光缆线路超过 2.4 万公里，4G 基站实现一村一站，光纤宽带网络实现所有行政村（社区）及重点农村村民小组（居民聚居点）覆盖。在社会保障方面，石柱县将农村低保标准由 230 元/人/月提高到 410 元/人/月，贫困人口城乡居民养老保险参保率达 100%，同时建设社区养老服务站和改造敬老院，不断提升社会保障水平和能力。

（二）稳定实现"两不愁三保障"目标

稳定实现农村贫困人口的"两不愁三保障"，即不愁吃、不愁穿，义务教育、基本医疗及住房安全有保障是贫困人口脱贫的基本要求和核心指标，也是衡量脱贫攻坚战质量的重要标准。从石柱县贫困人口"两不愁三保障"目标的实现情况来看，贫困人口不愁吃、不愁穿问题已经解决，基本医疗有保障也基本实现，目前义务教育和住房安全保障还有少部分未解决。

基本医疗有保障方面，石柱县建立 4000 万元健康扶贫基金，构建了"资助参保、基本医疗、大病保险、民政救助、精准脱贫保、90%兜底资助"的医疗保障体系，累计救助 34.1 万人次 8955 万元，贫困人口就医综合报销比例达 92.1%，按照"一村一室一人一套设备"标准完成了 85 个贫困村卫生室标准化建设，累计选派 356 名县级骨干医生前往基层支医，确保贫困群众看病有地方、有医生、有保障，目前石柱县贫困人口医保参保率已达到 100%。

义务教育有保障方面，通过教育资助政策及对贫困学生精准识别和精准资助工作，2015 年以来，石柱县教育扶贫政策实现了对各学段贫困家庭学生全覆盖，同时通过控辍保学的方式进一步保障适龄学生接受九年义务教育。截至目前石柱县累计投入 9.11 亿元建设学校基础设施，其中新建校舍 17.15 万平方米，改造校舍 24 万平方米，维修改造 120 所农村中小学危旧房，同时投入 0.6 亿元用于教育装备配备，教育城域网覆盖率达 100%，为广大师生提供了安全优越的学习生活环境。2014 年贫困家庭学生九年义务教育阶段辍学率有 0.19%，截至 2018 年底已下降至 0.07%。另外，根据石柱县教委提供资料显示，截至 2019 年 6 月，全县义务教育学段辍学学生共有 28 人（全部为义务教育非贫困家庭学生），辍学学生占全县义务教育学生总数的 0.05%，义务教育学生巩固率达 99.95%。

住房安全有保障方面，2014 年至 2018 年 5 年间，通过实施危房改造、易地扶贫搬迁、旧房整治提升等工程，石柱县贫困户住房安全比例已经从原来的 79.81% 上升到 2018 年底的 99.6%。在确保贫困户住房安全的同时，石柱县进行农村人居环境改造，在农村大力实施"六改"，目前累计完成改厨 23970 户、改厕 18205 户、改地坪 338.32 万平方米、改风貌 290.35 万平方米。

表 1-4 2015—2018 年石柱县脱贫攻坚各项投入成效

两不愁三保障	不愁吃、不愁穿	已保障
	义务教育	2015 年以来，累计资助贫困学生 395800 人次，资助资金 26201.38 万元，全县无义务教育贫困学生辍学。
	基本医疗	完成 85 个贫困村卫生室标准化建设，累计选派 356 名县级骨干医生前往基层支医；累计救助 34.1 万人次 8955 万元，贫困人口参保率达 100%。
	住房安全	累计投入资金 16673.95 万元，完成危房改造 12159 户（C 级 8680 户、D 级 3479 户），基本保障贫困群众的住房安全。
基础设施	水	累计投资 3.85 亿元，实施农村饮水安全脱贫攻坚项目 2574 处，受益人口达 42.61 万人，贫困人口饮水安全问题全面解决。
	电	累计投入 1.7 亿元，实施农网升级改造项目 134 项，全县实现所有行政村动力电全覆盖。
	路	累计新改建农村公路 1109 条、3016 公里，贫困村通村公路硬化率、贫困村开通客运班车比例均达 100%、村民小组通达率达 97%、通畅率达 80%。
	通讯	年均投资 1.3 亿元以上，4G 基站实现一村一站，光纤宽带网络实现所有行政村（社区）及重点农村村民小组（居民聚居点）覆盖。

续表

产业发展	"3+3"现代山地特色高效农业体系实现 85 个贫困村全覆盖，带动贫困户 6462 户。
	股权、基金、信贷、旅游四种资产收益扶贫模式覆盖贫困户 10282 户。
	全县 12650 贫困户发展种植业 9.95 万亩、养殖业 18.8 万头（群、只）。
	就业扶贫车间：5 个。
易地扶贫搬迁	实施易地扶贫搬迁 5845 户 20236 人，其中建档立卡贫困户 2617 户 9312 人。
乡风文明建设	创建县级及以上文明村 32 个、县级及以上文明镇 11 个，评选"星级文明户"3390 户、清洁户 3000 户、"最美家庭"123 户、最美院落 50 个；全县 242 个村（居）已完善村规民约。
	获评"感动重庆月度人物"3 人、重庆好人 45 人、市脱贫攻坚 2018 年度先进集体 2 个、市脱贫攻坚 2018 年度先进个人 3 人，表彰县级岗位学雷锋标兵、脱贫致富奋进、结对帮扶奉献等典型 106 人，推选"本土乡贤"132 人、各类典型 1055 人。
创业就业	技能培训累计 73331 人次，贫困劳动力转移就业累计 21336 人，农村公益性岗位 1683 个。
	累计为贫困人员发放创业担保贷款 86 人 964 万元，带动就业 191 人；给予吸纳贫困人员就业的企业累计补助 36 万元，惠及贫困群众 150 人。

（三）脱贫攻坚带来多方面综合效益

从石柱县脱贫摘帽的经验来看，脱贫成果是多个层面的。最直接成果是显著改善了贫困地区的生产生活状况，解决了农村贫困人口的绝对贫困问题，补齐了全面建成小康社会这块最突出的短板。脱贫攻坚战的间接成果也是非常丰富的。

从石柱县案例我们可以看到，经过 5 年多的脱贫攻坚战，石柱县域经济社会发展面貌焕然一新。脱贫攻坚作为一项综合性的工程，涉及农业农村发展的方方面面，通过近 5 年多的脱贫攻坚，石柱县域整体发生了较大的转变。如产业发展方面形成了以绿色有机农业、特色生态工业、康养休闲生态旅游业为支撑的康养产业体系，农村增收渠道更加广泛多元，2018 年石柱县贫困群众人均可支配收入较 2014 年增长了 2.4 倍；农村市场环境和金融环境发展方面，脱贫攻坚的实施进一步激活和优化了农村市场环境和金融环境，截至目前，石柱县累计新增市场主体 2 万余户，新增商标 2210 余件，开发 14 个大类普惠金融产品和 7 个大类金融精准扶贫产品。石柱县探索党建引领基层社会治理也取得明显成效。石柱县通过抓党建促脱贫，充分发挥基层党组织引领作用，不仅提升了基层党组织的凝聚力和战斗力，还密切了党群干群关系，同时通过完善自治法治德治相结合的乡村治理体系，进一步提升了基层社会的治理能力和水平。除上述提到的两点外，脱贫攻坚对夯实党在农村的执政基础，进一步改善乡风文明，为党和国家的发展培养和锻炼一批优秀的后备人才等方面也发挥着较大作用。

第二章

高质量推进脱贫攻坚

　　石柱县脱贫攻坚取得了多方面的突出成绩，得益于在脱贫攻坚过程中坚持习近平总书记关于扶贫工作重要论述的指引，坚持精准方略，立足县域减贫与发展的实际，构建了科学、完善的县域高质量脱贫攻坚制度体系。概括起来说，这个体系的突出特点在于坚持党的领导，发挥好政治优势和制度优势；立足特色、聚焦问题，增强政策供给对减贫发展需求的回应性；以及凝聚合力、深化改革，搭建推动脱贫攻坚的保障体系。在本章中，我们将分三个部分依次介绍石柱县县域脱贫攻坚制度体系的构成与特点。

第一节　确保高质量打赢脱贫攻坚战

　　高质量打赢脱贫攻坚战是执政党的庄严承诺。党的十八大以来，以习近平同志为核心的党中央把脱贫攻坚工作摆在治国理政的突出位置，强调高质量打赢脱贫攻坚战事关中国共产党对中国人民消灭绝对贫困的庄严承诺，是落实中国共产党坚持全心全意为人民服务的根本宗旨、坚持以人民为中心的发展思想的具体体现；从县域层面来看，实现832个贫困县全部脱贫摘帽是全面建成小康社会背景下脱贫攻坚战的既定目标，县域脱贫攻坚关乎县域发展和县域治理的全局，高质量打赢脱贫攻坚战的过程同时也是促进县域高质量发展和县域治理体系以及治理能力现代化的过程。脱贫攻坚阶段，石柱县牢牢把握高质量脱贫的主线，通过抓党的建设、抓精准机制，找准了县域高质量脱贫攻坚治理体系的路径与方法。

一、准确把握脱贫攻坚战的重大意义

经过改革开放以来的努力，中国成功走出了一条有特色的扶贫开发道路，我国成为世界上减贫人口最多的国家，也是世界上率先完成联合国千年发展目标的国家，为全球减贫事业作出了重大贡献，得到了国际社会的广泛赞誉。面向全面建成小康社会实现第一个百年奋斗目标的历史性时间节点，习近平总书记亲自谋划、亲自部署、亲自推动、亲自督战新时代的脱贫攻坚战，动员全党全社会之力，确保脱贫攻坚目标如期高质量实现。从县域层面来看，实现贫困县脱贫摘帽是脱贫攻坚战的既定目标。县域是脱贫攻坚的一线战场，县域工作的好坏，直接关系到脱贫攻坚战略目标能否顺利实现，关系到人民的满意和认可。同时，推进脱贫攻坚，也是统筹解决好县域发展和县域治理问题的绝佳契机，在国家战略的支持和区域发展环境的支撑下，贫困县可以抓住机遇，实现内生动力的持续增长。

进入脱贫攻坚阶段，石柱县委县政府坚持对标对表，提升政治站位，提高全县干部对打赢脱贫攻坚战重大意义的认识。全县上下统一认识，不仅将打赢脱贫攻坚战视为必须完成的任务，同时将其视为实现县域经济转型、县域治理水平提升的战略契机。根据脱贫攻坚战的总体要求和石柱县域经济社会发展的趋势与特点，石柱县委县政府明确了脱贫攻坚的总体思路：坚持以习近平新时代中国特色社会主义思想为指导，深学笃用习近平总书记关于扶贫工作重要论述、总书记视察重庆重要讲话和亲临石柱县视察调研重要指示精神，全面落实党中央、国务院决策部署，认真贯彻精准扶贫精准脱贫基本方略；紧紧围绕市委市政府工作要求，统筹推进"三大攻坚战"和"九项行动计划"，坚持大扶贫工作格局，坚持脱贫攻坚目标和现行扶贫标准，围绕如期稳定脱贫、巩固脱贫成果、完善长效机制三大任务，全面聚焦深度贫困乡村和特殊贫困群众，全面夯实贫困人口稳定脱贫基础，全面深化精准到户到人政策措施，全面激发贫困人口内生动力，全面加强扶贫领域作风建设，突出问题导向，优化政策供给，下足"绣花"功夫，聚焦再聚焦、精准再精准，用心、用力、用情推进各项工作，切实提高贫困人口获得感，坚决打赢打好精准脱贫攻坚战，确保到2020年同全市一道进入全面小康社会，为实施乡村振兴战略打好基础。

特别是石柱县坚持以脱贫攻坚统揽经济社会发展全局，牢固树立抓脱贫就是抓发展的理念，坚持把脱贫攻坚作为全局性中心工作，把发展成效体现在脱贫攻坚上，以脱贫攻坚推动各项工作，以各项事业加快发展保障脱贫攻坚任务如期完成。一是将脱贫攻坚的过程变成推动康养经济高质量发展迈上新台阶的过程。紧紧围绕促进贫困群众增收致富、扩大群众有效消费需求，坚持发展第一要务不动摇，将产业扶贫与农业供给侧结构性改革紧密结合起来，不断深化农业产业结构调整、产业融合发展，大力发展绿色有机农业、绿色农产品精深加工、康养休闲生态旅游业等康养产业，积极培育休闲观光、乡村旅游等康养业态，全力开发特色农产品、传统手工艺品、特色美食等康养产品，推动康养经济做大做强。二是把脱贫攻坚的过程变成推动山清水秀美丽之地建设迈出新步伐的过程。坚持生态扶贫、环境改善与生态保护有机结合，保护好山水林田湖草生态资源，利用生态资源优势发展生态产业、开发生态产品，统筹抓好农村生活垃圾治理、生活污水治理、卫生厕所改造、面源污染治理等专项行动，把建设绿水青山的过程变成脱贫致富的过程，变成收获金山银山的过程，努力实现脱贫攻坚和生态环境保护双赢。三是把脱贫攻坚的过程变成推动城乡融合发展实现新突破的过程。按照统筹到区域要求，紧扣基础设施和公共服务补短板，健全完善城乡教育、医疗、社会保障等政策体系，加快改善基层办学条件、医疗条件，加大农村道路、水利、电力、通信、住房、环保等基础设施建设投入力度，努力促进城乡基本公共服务均等化、城乡基础设施互联互通，让全县人民共享改革发展成果。四是把脱贫攻坚的过程变成推动全面从严治党取得新成效的过程。把全面从严治党各项要求落实到脱贫攻坚全过程，深入开展扶贫领域腐败和作风问题专项治理，从严整治扶贫领域形式主义、官僚主义突出问题，全面整顿软弱涣散农村基层党组织，全力补齐基层干部队伍思想、能力、作风等短板，为打赢脱贫攻坚战、做好基层各项工作提供有力保障。

二、全面从严治党护航脱贫攻坚

打赢脱贫攻坚战，对全面建成小康社会、实现"两个一百年"奋斗目标具有十分重要的意义。脱贫攻坚，加强党的领导是根本。石柱县通过从加强党领导入手，从提高全县党员干部的思想认识、压实攻坚责任、坚强基层组织出发，为打赢脱贫攻坚战奠定了强有力的领导基础。

（一）保持定力、提高能力

党的十八大以来，以习近平同志为核心的党中央把脱贫攻坚摆到治国理政重要位置，举全党全国全社会之力全面打响脱贫攻坚战，特别是习近平总书记高度重视扶贫开发工作，率先垂范、亲力亲为，多次实地调研、听取汇报、作出指示，提出了一系列新思想新观点，形成了系统完整、科学有效的扶贫工作思想，作出了一系列新决策新部署，完善了脱贫攻坚顶层设计，为决胜脱贫摘帽提供了根本遵循和行动指南，特别是为县域实现脱贫摘帽提供了科学指引和有力支撑。实践层面，打赢脱贫攻坚战，时间紧、任务重、质量要求高，有不少困难和挑战，有不少难啃的"硬骨头"。但只要坚持习近平扶贫工作重要论述的指引，坚持精准扶贫精准脱贫基本方略，不折不扣落实中央决策部署，高质量打赢脱贫攻坚战的目标就一定能够实现。

2017 年 7 月，陈敏尔书记主政重庆，对脱贫攻坚工作高度重视，强调要以高度的政治责任感和使命感，强化政治担当、提升政治站位，不折不扣地贯彻执行中央决策要求。对于重庆而言，脱贫攻坚任务不轻，脱贫摘帽必须实事求是，要重点研究解决深度贫困问题，切实增强思想自觉和行动自觉，更加坚定精准有效地推进脱贫攻坚工作。石柱县坚决按照中央和市委要求，结合石柱县脱贫攻坚工作实际，展开了深入的剖析和梳理，深刻认识到石柱县脱贫攻坚任务重，必须实事求是扎实推进，要时刻警惕形式主义问题，扎扎实实对标对表，补齐短板，提高工作质量。

针对脱贫攻坚期间出现的干部思想混乱、行为懈怠现象，石柱县大力发扬"敢吃黄连苦、不怕辣椒辣"的精神。切实坚持习近平总书记关于扶贫工作重要论述的指引，坚持精准方略，在市委市政府的正确领导下，全县干部群众齐心协力扎实推进各项工作有序开展。县级领导干部率先垂范，开展"兴调研转作风促落实"活动，明确结对帮扶工作"十要十不"要求，组织全县广大干部转变作风、真抓实干，用心用情用力为贫困群众办实事解难事。落实管党治党政治责任，全体市管领导和部门单位、乡镇（街道）主要负责同志以上率下、以身作则，从自身查起、抓起、改起，坚决破除形式主义、官僚主义。经过认真反思和调整，石柱县扶贫干部感受到肩上沉甸甸的责任，同时也感受到只要坚持实事求是，把中央和市委决策部署不折不扣落实到位，就一定能够赢得老百姓的认可和满意。石柱县脱贫攻坚任务虽然十分艰巨，但有中央和市委的坚强领导，有科学的理论和方法指引，在全县干部群众的共同努力下，一定能够高质量打赢脱贫攻坚战。关键在于两个方面，一是保持政治定力，坚定必胜信心，坚决抵制官僚主义形式主义，实事求是做好脱贫攻坚各项工作。二是不断提升能力，坚决按照中央决策部署推进县域工作，坚决贯彻落实好精准扶贫精准脱贫基本方略，提升干部群众脱贫本领。

（二）石柱县抓党建促脱贫的做法

脱贫攻坚时间紧、任务重、质量要求高，赢得脱贫攻坚战决胜，加强党的建设是根本。尤其是对重庆、对石柱县而言，切实做好抓党建促脱贫，具有突出重要的意义。2017 年 7 月以来，石柱县委切实做好抓党建促脱贫攻坚，以党的建设为脱贫攻坚提供强有力的思想保障、组织保障和人才保障。具体来说，主要体现在如下几个方面：

1. 完善脱贫攻坚责任体系

县域脱贫攻坚工作牵动县域行政层级、众多部门和领域，必须建立严整高效的责任体系，才能保障脱贫攻坚各项工作的有序落实。石柱县从全县脱贫攻坚实际着眼，构建起了一套行之有效的"1+5+16+33"脱贫攻坚责任体系：其一，明确县委书记是县委脱贫攻坚第一责任人，县扶贫开发领导小组实行"双组长"制，即由县委书记、县长担任组长，将 40 个县级重要部门作为领导小组成员单位；其二，县扶贫开发领导小组下设 16 个行业扶贫指挥部，各行业指挥部建立"1+1+X"运行体系，由 1 名县领导担任指挥部指挥长（必要时可设 1 名副指挥长）就分管行业、领域扶贫工作对"双组长"负责；其三，设立 33 个攻坚小组，由乡镇（街道）"一把手"直抓直管扶贫，推动扶贫领域各项工作精准落地落实。全县各行业、乡镇等都参与到全县"大扶贫"的格局当中，自上而下层层压实责任。

2. 加强干部队伍能力建设

石柱县着力提升干部参与脱贫攻坚、推动精准扶贫工作的能力，克服干部的本领恐慌。既往工作中存在的形式主义问题，原因是多方面的，但干部工作能力不足、本领危机是重要的原因之一。为此，石柱县重点从重视规范过程考核、加快干部培训、树立扶贫正面典型等几个方面，提升干部扶贫攻坚的工作能力。首先，精准扶贫干部考核由县扶贫开发领导小组办公室牵头，县级相关单位配合。各项考核指标由牵头部门分别制定具体考核细则，实行平时工作推进和年终工作成效并重原则。既注重工作过程，也注重工作结果，改变年底考核"一考定终身"做法，充分运用平时督查督导工作成果，做到考核"有据可查"，以理服人，通过督查督导、考核评价推动工作。其次，石柱县利用东西协作的契机，加强人才交流，用更加丰富的知识武装干部头脑，如2019年，石柱县已经选派18名党政干部和专业技术人员到淄博市挂职，其中党政干部3名，教师9名，医生6名。最后，为充分发挥脱贫攻坚工作中涌现出来的先进典型的引领作用，县委宣传部和县扶贫办一是通过组织考察、单位推荐组建了一支由脱贫攻坚先进个人、致富能手、驻村第一书记等先进榜样组成的习近平总书记扶贫工作重要论述"榜样面对面"县级宣讲团，利用更加鲜明的案例为广大干部群众传播扶贫思想，增强干部队伍的感召力。

3. 夯实基层党组织战斗堡垒

乡村两级党组织特别是村级组织，直接面对群众工作，是解决脱贫攻坚政策落实"最后一公里"问题的关键。基层党组织凝聚力和战斗力的好坏，直接关系到精准扶贫工作的落实和群众对党和国家政策的认识与理解。因此石柱县高度重视基层党组织建设，通过配优配强基层党组织书记，对贫困村党组织进行整顿，探索出了党建促脱贫的发展道路。具体来说，主要包括以下措施：

一是，选优配强村（社区）党组织书记。村（社区）党组织书记是村（社区）"两委"班子的带头人，是村（社区）党组织建设的具体责任人。石柱县对需要重新配备的村（社区）党组织书记人选的方法是：（1）从是党员的现任优秀"两委"干部、致富能手、专业合作社组织负责人、外出务工返乡人员、复员退伍军人、本土人才等群体中选出。（2）从有一定群众基础、思想道德素质较好、具有较强经济实力的外出务工经商的党员能人中引进。（3）本村确无合适人选的，由乡镇（街道）党委（党工委）从优秀改非干部、年轻干部中选派。（4）从表现优秀的、有培养前途的大学生村干部和选调生中选配。同时采用多样的选拔形式为增强基层党组织能力提供了新的活力。

二是，开展贫困村基层党组织整顿提升工作。将全县85个贫困村全部纳入后进党组织重点整顿，"一支一策"制订整改方案，建立整改台账。中益乡坪坝村探索"三三"联动抓党建助推脱贫攻坚，中益乡华溪村借鉴坪坝村党建促脱贫攻坚经验，探索推行"驻村工作队、村干部包组，组长、土家农院院长包院落，党员包户"的调解纠纷小组和支部书记主抓扶贫工作、三变改革及村集体经济落实专人专管新模式。大林村通过建立"四长促四和，四和促四美"工作体系，突出"三抓三促"工作方法，构建"1+1+3+N"的组织保障模式，探索出党建引领、和美大林的社会治理模式。水桥村因村制宜，定位水桥村发展主题"稻香水桥"。南坪村以"兴旺南坪、五星好评"为主题，积极探索基层党建"五好促三兴"工作机制。鱼池镇山娇村围绕"一个院落一面旗、十里荷塘万家店"工作思路，以抓党建促脱贫为主线，以"三强三推三转"为载体，务实推进基层党建工作，加快美丽乡村建设步伐。

三、切实践行精准方略

习近平总书记多次强调，脱贫攻坚贵在精准，重在精准，成败之举在于精准。搞大水漫灌、走马观花、大而化之、手榴弹炸跳蚤不行。要做到六个精准，要将扶贫对象实现精细化管理，对扶贫资源精确化配置，确保扶贫资源用在扶贫对象身上，在实际工作中践行精准方略。石柱县从"扶持谁""谁来扶""怎么扶""如何退"方面做足了功夫，特别是2017年7月以来，全县更加明确了工作标准、规范和流程，并在实际工作中严格贯彻。

（一）扶持谁：摸清底数

扶贫必先"识贫"，要着力在"扶持谁"上下功夫，真正扣好脱贫攻坚第一颗"扣子"。石柱县的贫困识别工作由县扶贫开发领导小组办公室牵头组织，全县扶贫按照"八步两评议两公示一比对一公告"程序。各乡镇（街道）宣传发动、组织实施，负责所辖范围内脱贫户的收入性指标排查和成效性指标核实，乡镇（街道）、村（社区）扶贫干部、结对帮扶人等通过入户走访、座谈交流、实地查看、资料查阅、系统查询等方式逐户逐人采集信息。在识别标准方面，石柱县形成了"四进七不进、一出三不出"的识别体系。各行业部门坚持分工协作，积极与上级部门做好沟通协调，做数据核实比对；县教育、卫健和医保、住建、水利等部门分别负责对所辖范围内采集脱贫户收入性指标，义务教育、基本医疗、住房安全、饮水安全等保障性指标，购车、购房、财政供养、经商办企业等成效性指标。特别是2017年7月以来，石柱县针对贫困识别仍存在不够精准问题，全县上下花大力气综合运用"大数据比对"等多重技术手段，扎实开展"回头看"和"动态调整"工作，通过排查核实，全面摸清底数、掌握情况，核实并完善脱贫户档案信息和系统数据信息，做到"账账相符、账实相符"，从而加强了扶贫对象的精准。

（二）谁来扶：干部下乡

脱贫攻坚是一场硬仗，打这样的仗就要派最"能打"的人。因村选派"第一书记"、驻村工作队等手段是脱贫攻坚的重要部署，不仅关系到脱贫攻坚责任落实、政策落实、工作落实，还关系到能否有效解决精准扶贫"最后一公里"问题，关系到能否如期高质量打赢脱贫攻坚战。在解决好"谁来扶"的问题方面，石柱县建立了完善的结对帮扶制度、实施深度贫困村定点包干制度，着力加强"第一书记"和"驻村工作队"的选派与管理，为脱贫攻坚提供了有力的组织支撑和人才支撑。

其一，完善结对帮扶制度。首先，明确乡镇（街道）统筹管理本辖区帮扶责任人。对结对帮扶工作的安排部署，推动扶贫政策、扶贫措施落实；乡镇（街道）对结对帮扶干部履职情况、作风状况、帮扶成效等加强检查，发现问题及时指出和批评，情节严重的按照干部管理权限提请相关党组织追责问责；同时收集、梳理结对帮扶人报告的问题、提出的建议，认真分析研判。其次，强调结对帮扶人派出单位定期对结对帮扶工作开展不定期的检查，对工作不上心、责任不落实、工作不到位的，要敢抓敢管、真抓真管，予以严肃批评教育、追责问责；扶贫派出单位每月研究一次结对帮扶工作，听取结对帮扶工作汇报，分析和解决工作中的问题，做好下一阶段工作部署安排。最后，统筹驻村帮扶单位以及乡镇力量，将难以解决的问题及时反馈到县级主管部门。

其二，实施深度贫困村定点包干脱贫。石柱县参照重庆市扶贫办确定的"三高、一低、三差、三重"精准识别一批深度贫困村，作为脱贫攻坚"重中之重、坚中之坚"。一是全面提高政治站位，县领导担任相关乡镇深度贫困村脱贫攻坚工作指挥部指挥长，采取"定点包干"方式，对深度贫困村脱贫攻坚负总责，负责督促检查、考核问责，谋划好思路、把握好方向、统筹好资源。二是突出强调调查研究的重要性，各指挥长组织开展调查研究，认真分析深度贫困村现实情况，找准贫困原因、脱贫路径、需要解决的困难和问题。三是重视规划，紧紧围绕如期完成脱贫攻坚目标任务，研究确定年度工作计划，编制实施规划和工作方案，提出具体攻坚项目。

其三，做好"驻村工作队"选派与管理。驻村工作队是实现"六个精准"目标的重要体现，是实现"内外"统筹发展的重要杠杆。石柱县在加强"驻村工作队"选派与管理方面，形成了较为完备的制度体系。一是加强管理，驻村工作队在县驻村工作领导小组的领导下开展工作，由县委组织部、县扶贫办、乡镇（街道）及派出单位共同管理。县委组织部、县扶贫办牵头负责选派管理、业务指导、教育培训、统筹协调、调整召回、督查考核和结果运用；驻村工作队成员从县乡党政机关、事业单位、国有企业中选派。二是坚持因村选派、分类施策。根据涉农村（社区）实际需求精准选派驻村工作队，做到务实管用。对基层党组织软弱涣散、战斗力不强的村（社区），注重选派党群工作经验丰富、善于抓班子带队伍的干部；对产业发展滞后、集体经济脆弱的村（社区），注重选派熟悉现代农业、市场营销、乡村旅游等工作的干部；对基础设施薄弱、生产生活条件落后的村（社区），注重选派熟悉村镇规划、项目建设等工作的干部；对矛盾纠纷突出、社会发育滞后的村（社区），注重选派熟悉群众工作、处理复杂问题能力较强的干部，确保选派的驻村工作队能解决涉农村（社区）的突出问题。三是规范驻村工作流程，乡镇（街道）负责指导驻村工作队开展精准识别、精准帮扶、精准退出工作，支持驻村工作队落实精准帮扶政策措施，帮助解决具体困难，落实专人负责管理驻村工作队成员"三在村"情况。乡镇（街道）党委（党工委）与驻村工作队签订目标责任书。驻村工作队和驻村干部围绕所驻村（社区）脱贫工作目标和规划，提出年度承诺事项和阶段性计划，连同照片、姓名、职务、联系方式等在所驻村（社区）公开公示。派出单位落实专人负责跟踪管理，制定本单位驻村工作队成员管理办法，按月听取工作汇报，适时到村（社区）调研，指导促进工作，提供资金、项目支持，落实后勤保障，解决具体问题。

（三）怎么扶：找准路子

脱贫攻坚贵在找准发展的路子。尤其是对于石柱县这样一个山地贫困县而言，不能简单沿用一般化的发展模式，而是要立足地方特点，因地制宜，切实做到因乡、因村、因户施策。脱贫攻坚阶段，石柱县从全县人民群众最关心的问题出发：分类施策、长短结合，兼顾脱贫和长远发展。在实现精准目标，高质量发展的道路上走出了一条准确的扶贫道路。

一方面，坚持分类施策，构筑乡、村、户三层面精准施策体系。脱贫攻坚工作能否取得实效，践行精准方略是根本。只有在这个问题上开对了"药方子"才能从根本上拔掉"穷根子"。石柱县在推进脱贫攻坚过程中，坚持精准扶贫精准脱贫基本方略，通过充分论证和缜密决策，确定了全县县域经济发展的整体思维，在统筹县域经济发展部署的同时，加强分类指导，形成了乡镇、村、户三个层面的精准施策政策体系。以乡镇为例，按照各乡镇的区域特征、气候条件、资源禀赋特征等，明确了高山地区、半高山地区、中低山地区不同的发展路径。在贫困村层面，立足村情和实际需求，按照一村一规划的方式，既解决好统筹规划的问题，又坚持做到精准施策。

另一方面，坚持长短结合，兼顾短期脱贫目标和长远可持续发展能力。消除贫困、改善民生、实现共同富裕，是社会主义的本质要求。坚决打赢脱贫攻坚战，让贫困人口和贫困地区同全国一道进入全面小康社会是中国共产党的庄严承诺，坚持大扶贫格局，不仅仅将精准扶贫局限于特定的个人与群体，更要将精准扶贫和调整经济结构与促进改善民生紧密结合起来。石柱县以实现高质量脱贫为目标，该县在产业结构调整等方面将精准扶贫与县域发展相结合，走出了兼顾短期与长期的发展道路。以有机农产品示范建设为主线，实现已有示范点与长期产业结构相结合布局。以 1 个产业振兴市级试验示范镇、3 个综合试验示范乡镇、5 个单项试验示范乡镇、25 个试验示范村（社区），重点围绕有机农业、设施农业、长效产业、农旅融合等，巩固提升 10 个以上 500 亩县级示范基地，推进区域产业连片、连线发展。构建"一县两极四区多点"乡村旅游发展体系，打造 10 条以上乡村旅游精品线路，创建一批示范乡镇和示范村，扶持发展一批乡村旅游经营主体。根据产业布局，实现短期收益与长期收益相结合发展。在确保粮食稳定的前提下，全县农业产业发展围绕高、中、低山进行布局，初步构建"3+3"现代山地特色高效农业体系，即以黄连为主的中药材 31.25 万亩，以辣椒为主的调味品 10 万亩，以莼菜为主的有机蔬菜 33 万亩（复种面积），发展生态养殖"中蜂" 8 万群、草食牲畜 412 万只（头），干鲜果在地面积 13.3 万亩。通过深度调整，新栽植长效产业面积 15.2 万亩。在新发展的长效产业中进行林下套种草本药材、蔬菜、辣椒等一年生经济作物 3 万余亩。新发展的长效产业实现 85 个贫困村全覆盖，带动贫困户 6462 户。

（四）如何退：严守标准

打赢脱贫攻坚战是执政党对全国人民的庄严承诺，脱贫成果要经得起历史检验，赢得人民认可。脱贫攻坚是硬仗中的硬仗，一切工作都要落实到为贫困群众解决实际问题上，用严格的制度加强考核，确保成效，经得起历史的检验，这就是"如何退"工作的基本原则。石柱县在坚持最严格的脱贫摘帽验收标准、健全工作体系，为达成高质量完成"摘帽"目标奠定了基础。

首先，严守脱贫验收标准。标准清楚才能靶向明确、克难制胜。石柱县依据县域脱贫攻坚实际，结合高标准的目标，制定了相关政策，将验收指标细化到具体可操作的执行指标体系。具体来说，石柱县紧盯"两不愁、三保障、一达标"工作要求，坚持实事求是、因地制宜，有什么问题解决什么问题。因村因户施策，着力解决"八难"、实现"八有"。巩固已脱贫成果，聚焦"四个深度发力"。完善脱贫后扶机制，落实"六个一批"到户政策，加大跟踪帮扶力度，让贫困户稳定脱贫不返贫。关注非贫困村和非贫困户。脱贫摘帽验收，不仅检查验收贫困村、贫困户，还对非贫困村、非贫困户进行走访调查，因此，既改善非贫困村的基础设施，又做好非贫困户的政策解释工作，以此提升人民满意度。

其次，健全贫困退出工作体系。有了验收的标准就有了目标，通过各部门联动健全工作体系成为目标的实现基础。石柱县按照全市统一部署，科学调整脱贫时序，明确全县脱贫攻坚"两步走"目标，确保 2020 年高质量打赢脱贫攻坚战、建成民族地区扶贫开发示范县。围绕实现"八有"标准，科学制定 85 个贫困村整村脱贫规划。出台《脱贫攻坚责任制实施细则》，制定三级干部责任清单，逐级签订目标责任书、层层立下"军令状";由 31 位县领导、104 个县级单位对 33 个乡镇(街道)脱贫攻坚工作包干帮扶。创新"两线督导、双线督查"工作机制,对发现的问题实行挂单管理、限期整改;每季度对 33 个乡镇(街道)及县级部门开展脱贫攻坚督查巡查。建立季度考核评价机制和县领导、县级部门、乡镇(街道)三级"连坐制"。

最后,脱贫退出后,保持政策稳定。注重防止返贫和提升脱贫质量。坚持把防止返贫摆在重要位置,认真落实习近平总书记"四个不摘"要求,继续执行脱贫攻坚主要政策,探索建立稳定脱贫长效机制,确保稳定脱贫不返贫。

第二节　石柱县脱贫攻坚政策体系构成

脱贫攻坚要取得实实在在的效果,关键是要构建好政策体系,抓重点、解难点、把握着力点。因地制宜、科学规划、分类指导、因势利导的思想是精准扶贫的内在要求,也是实事求是工作方法的重要体现。精准扶贫强调精准到户到人,主要是对贫困户要有针对性的帮扶措施,缺啥补啥,但并不意味着每一项扶贫措施都是对着所有贫困户去的。发展现代农业、推广良种良法、开发特色产业等也是重要的关注点,换言之,脱贫攻坚要找准治理单元。因此,政策体系需要建立一整套符合从户到村、从村到全县县域经济发展的政策体系。石柱县作为深度贫困少数民族地区,贫困人口较多,全县以山地地形为主,大规模的机械化、产业化难度较高,经济底子薄弱。石柱县在取得高质量的脱贫攻坚胜利的过程中,既将政策落实到户、到人、到村,也在探索符合县域经济高质量发展的道路。

一、到户到人扶持政策

脱贫攻坚的重要目标之一是实现贫困人口全部脱贫，促进贫困农户可持续生计和自我发展能力的实现。根据建档立卡数据分析，石柱县农村贫困人口有劳动能力、有耕地或其他资源，但缺乏技术、资金和带动产业，因此石柱县通过产业扶持和就业扶持的方法，支持贫困户在本地或者外出务工、创业来带动这部分贫困户脱贫。另有贫困户生存条件恶劣，生活在生态脆弱、自然条件差的地区，这部分群体解决基础设施和公共服务成本高、难度大，根据当地资源条件和环境承受能力，确定安置点，为搬迁人口创造就业机会，保障他们有稳定的收入。此外，建档立卡贫困人口中还存在吃不饱、穿不暖，医疗条件、教育条件达不到标准的问题，对于这部分人口，在脱贫攻坚过程中，石柱县着力加强社会保障兜底，促进其"两不愁三保障"目标实现。

（一）发展特色扶贫产业加快结构转型，促进就业创业保障人力资源

扶持可持续生计，促进贫困人口自我发展能力提升是高质量脱贫的重要路径。石柱县结合县域经济和产业发展状况与贫困户减贫需求，细化落实产业扶贫和就业扶贫政策。在产业扶持方面，石柱县认真贯彻落实县域发展规划，挖掘本地特色资源，突出山地农业发展的优势，将精准扶贫与调整产业结构相结合。在就业扶贫方面，石柱县利用社会各方力量，将东西协作和对口支援的"输血"与本地"造血"相结合，盘活了就业门路，实实在在增加了贫困户的收入。

1. 推进产业扶贫带动脱贫增收

石柱县围绕"转型康养、绿色崛起"发展主题，以市级产业振兴试验示范为指引。以农业产业结构深度调整为支撑，围绕资源变资

产、资金变股金、农民变股东的"三变"改革,以"股份农民"为核心,大力推进经营主体与贫困群众多形式开展"合股联营",因地制宜推进土地经营权入股、土地流转、订单生产等多种经营方式。在此基础上发挥长效产业经营主体带动作用,推行"土地入股保底分红+项目投产效益分红"模式,经营主体、群众和村集体建立股份合作长效利益联结机制,确保新发展长效产业带动4万户群众(其中贫困户7000户以上)直接参与发展。特别是注重健全和完善利益联结机制,将贫困户"绑"在产业链上,提升脱贫"造血"功能,带动贫困户持续增收、稳定脱贫。2018年全县新发展长效增收产业面积14.7万亩,2019年上半年已栽植长效增收产业面积3.62万亩,带动农户3.5万户,其中贫困户6733户。

2. 整合多方力量推动就业扶贫

石柱县多措并举,整合多方力量推动就业扶贫工作开展。首先,落实对口援助打开就业渠道。重庆市江津区从2007年开始对口帮扶石柱县。江津区共帮助石柱县开展劳动力培训3883人次,中高职定向培训就业1302人次,协助吸纳劳务人员就业1862人;开展林下养殖及花椒种植科技咨询、指导、培训等服务20次。2018年以来,根据《重庆市人民政府办公厅关于优化区县对口帮扶机制的实施意见》(渝府办发〔2018〕46号),南岸区与石柱县建立对口帮扶关系,完成就业培训3000人次。南岸区人社局和区经信委联合印发《关于确定2018年南岸区对口帮扶石柱县跨区域劳动力转移首批用工企业的通知》,确定维沃移动通信、齐信汽车、长江轴承等17家企业作为南岸区首批用工企业,南岸区人社局及时公布17家企业提供的2500个用工岗位信息。其次,开展东西扶贫协作拓宽就业门路。2010年10月,山东省淄博市与重庆石柱县结为东西扶贫协作关系。2018年,山东淄博83家企业提供2534个就业岗位,并组织现场招聘会,累计印制和发放宣传资料1万余份,求职登记573人,已促进303名贫困人员就地就近和转移至山东就业,其中,实现66名石柱县籍贫困人口到山东就业，其中在淄博就业 4 人。石柱县与淄博市协作开展三峡刺绣、母婴护理、照料老人和农业实用技术等职业培训 458 人。最后，强化中央定点扶贫提高就业质量。自 1995 年中核集团定点帮扶石柱县至今已有 24 年。1995—2019 年，中核集团向石柱县累计投入产业帮扶资金 2166 万元（其中 2015 年至 2019 年投入 1856 万元），帮扶 13 个富有地方资源禀赋的特色产业项目，如莼菜加工与黄连生产加工，带动 2091 户贫困户和 3977 户非贫困户增收。

3. 实施危房动态改造，强化易地扶贫搬迁后扶工程

对于一部分贫困人口来说，很难实现就地脱贫，因而实施危房改造与易地扶贫搬迁是一项不得不为的措施，也是一项复杂的系统工程。易地移民搬迁扶贫工作政策性强、难度大。一些贫困群众虽然生活艰难，但故土难离的观念很重。在实际政策执行过程中，既要加强思想的引导，坚持群众自愿，又要让搬迁后的群众能搬得出、稳得住、能致富。石柱县从贫困户实际住房情况出发，科学合理设计了有效的具体方案，为贫困户住房提供了有利保障。

具体来说，在危房改造和易地移民搬迁扶贫方面，科学确立政策对象，精准规范。一是以"独立户口、唯一住房、长期居住"基本原则确定本年度危房改造对象，对符合条件农户的 C、D 级危房实施改造，采用修缮加固、拆除重建、无房新建、购置安稳房屋为主要方式。二是明确各乡镇（街道）的工作流程。乡镇（街道）在城建部门牵头组织下，加强与扶贫、民政、残联等部门工作人员的协调配合，通过系统核查、大数据比对等方式，对拟改造农户建档立卡贫困户、分散供养特困人员、低保户、残疾人家庭等身份信息进行精准核查，并执行"谁核查谁签字""谁签字谁负责"的责任制度。各乡镇（街道）以最新台账为依据，据实进行对象动态调整并如实做好调整记录，每月按规定确定并报送当月台账，且每月根据当月台账报送一次改造进度。三是突出县住房城乡建委的核查力度。主要是对乡镇核查上报的名单进行二次核查，加强建委与扶贫、民政、残联等部门的

协调配合，分别核对拟改造农户身份信息，由相关人员签字、相关部门盖章确认，以确保改造对象精准。强化农村危房改造举报机制、提高农村危房改造质量安全监管水平、加大日常巡查力度、做好动态调整工作。

同时，在推进相关工作过程中，严守工作标准，规范工作流程，科学安排好移民搬迁后扶持工作。一是严守"底线"与"红线"。在充分尊重搬迁户意愿的基础上，坚持"群众自愿"的工作底线，守住"建卡贫困人口搬迁建房不大额负债、建卡贫困人口搬迁建房面积不超标"两条红线，引导搬迁群众有序向城镇集中、向工业园区集中、向乡村旅游区集中、向农业基地集中、向农民新村集中。二是规范流程。易地扶贫搬迁对象认定严格执行"两步两公示"程序，即村级初提—公示—乡镇（街道）调查—公示。由县级联系帮扶部门、驻村工作队、乡镇（街道）、村组、搬迁户共同规划，规划中明确搬迁地点、安置方式、建房标准、资金概算等详细情况。根据每个搬迁户的不同情况，因地制宜，分类确定。三是突出"后续产业"支持。按照"后续产业前置"的要求，建立"双对接、双选择"的农业产业到户机制，为以农业安置为主的搬迁贫困户量身定制"菜单式"产业项目清单。在防控风险的前提下，鼓励搬迁户依托安置区发展商业、家政服务等生产经营活动。整合新型职业农民培训、劳动力转移就业培训和农业实用技术培训。将有劳动能力的搬迁建卡贫困人口全部纳入培训范畴，让每户搬迁户掌握1门至2门实用技术。搬迁到城镇、产业园区和旅游服务区的，必须确保每户就业1人以上。公益性岗位重点向搬迁户倾斜，优先安排搬迁贫困户中就业困难的家庭成员。对自主创业的搬迁户，享受创业优惠政策。依法完善搬迁户承包地、林地和宅基地"三块地"的确权登记手续，确保搬迁户按照政策享受的承包地、林地、宅基地等惠农政策不变，变资源为资本，变资源为财产。搬迁对象与当地居民享有同等的教育、医疗卫生、养老保险、失业保险、社会救助、社会福利和慈善等社会保障政策。

（二）对标聚焦"两不愁三保障"，织密"兜底"保障网

集中连片特殊困难的贫困人口是主要的战场，实现扶真贫、真扶贫是脱贫攻坚中的目标就体现在对这部分贫困人口的扶持上，集中体现在"两不愁三保障"政策体系的建立上。石柱县依据全县建档立卡户的实际，从解决"吃、穿"问题着眼，科学安排人力、物力，实现了有效的政策执行。

在不愁"吃、穿"方面，重视常态化管理，各乡镇（街道）充分利用机关职工、村组干部、驻村工作队、帮扶责任人等脱贫攻坚力量，形成走访发现常态化机制，继续对所有建档立卡贫困户以及其他困难群体（重点是未脱贫户、返贫户、临界户）愁吃愁穿情况进行大走访、大排查，做到发生一起、及时发现一起、报告一起、解决一起。强调特事特办，对因特殊原因未能纳入保障范围但符合低保条件的家庭，经调查核实，开辟低保、临时救助审批"绿色通道"，急事急办、特事特办，落实乡镇（街道）和民政部门先行救助，然后补办申请手续，切实保障困难群众基本生活。

在教育扶贫方面，首先全面摸清全县各级各类在校贫困家庭学生在校就读情况，各乡镇（街道）、学校分别建立起完善的贫困家庭学生台账，建立各级各类在校贫困家庭学生资助台账。其次整合资源采用多种补助方式。对石柱县籍在县外各级各类学校（普通高校除外）就读的建卡贫困家庭学生未享受（或未足额享受）县内对应学段教育资助政策的学生，全额或差额补助相应学段的资助资金，确保精准资助到户到人。建立"一对一"帮扶手段。各乡镇（街道）、各学校分学期建立义务教育失学辍学学生劝返台账和残疾（缓学）学生送教上门台账，严格遵照"一对一"模式开展辍学学生劝返及残疾学生送教上门工作，确保义务教育适龄学生入学率100%，巩固率99.95%。

在健康扶贫领域，建立标准化配置，强化互联互通，全县完成对乡镇（街道）卫生院、村卫生室标准化建设和标准化设备配置，建成区域健康信息平台和区域影像中心，实现诊疗结果、电子病历、健康档案等信息数据互联互通。33个乡镇卫生院均纳入县域医共体建设，实现县、乡医疗资源共享。偏远村卫生室无人执业的由乡镇卫生院派驻医生轮流蹲守，确保贫困群众看得上病。突出综合服务，实施定点帮扶。设置综合服务窗口，县域内所有医疗机构全面实行"先诊疗，后付费"和"一站式"结算服务。开展贫困患者过度诊疗专项整治行动，医保目录外费用控制在总费用的7.2%。实施"千名医护帮扶工程"，落实603名医护人员结对帮扶9152名贫困患者，实现"1所定点医院+1名救治医生+N名贫困患者"结对帮扶全覆盖。

在住房安全保障方面，科学核实名单，细化申报流程。县扶贫办、县脱贫攻坚督导组、县发改委等相关部门开展综合排查，并由相关部门通过大数据比对核实农户的贫困身份、审查农户的申报资格，再将符合改造条件的农户台账提交县住房城乡建委。最后由县住房城乡建委组织开展最终审查或抽查，综合乡镇（街道）自查台账和部门提交台账，视情况对申报农户实行比例抽查或逐户核查，对通过审查纳入改造计划的农户名单反馈至县扶贫办、县民政局、县残联等部门再次核实农户贫困身份信息，着力保障对象精准。根据具体实际，坚持政策原则。农村C级危房实施修缮加固、D级危房实施拆除重建，少数特殊情况下的危房改造可通过购买农村安稳闲置房屋解决住房安全问题。

在饮水安全方面，全县对安全饮水情况进行彻底大排查，做到精准摸清底数、精准核准情况、精准查明原因，并分类建立台账、登记造册。根据问题成因，分类制定具体的解决办法，做到全面系统、不漏一户，长短结合、可行有效；对饮水设施有损坏的，由业主单位负责及时限期完成修复。对饮水工程设计存在缺陷的，修改完善设计方案。对管理上存问题的，规范管理，强化运行维护，建立长效机制。

对水源不足的，按县水利三年行动方案加快推进水源性工程建设。

二、贫困村扶持政策

贫困户的扶持政策针对个体层面的贫困治理，而贫困村的扶持政策又涉及贫困村村落发展的方方面面。需要从基础设施、基本公共服务、基础产业、基层组织等多个层面入手，依靠乡村发展带动壮大贫困村集体经济，促进乡风文明建设，从而拉动整个乡村的全面振兴。这既是精准扶贫的要义，也是乡村振兴战略的要求。石柱县从村落发展状况与问题出发，从改善村落交通条件、加快通信信息建设、改善乡村环境出发，为贫困村的高质量发展注入了活力。

（一）促进交通大扶贫

"要想富，先修路"，交通的通达程度在一定程度上决定了一个地区的人流量与资源量。石柱县作为我国西南边陲地区，交通条件一直落后，一方面身处大山的人们外出不方便，同时外来的资源也难以汇聚该地。改变交通条件，为精准扶贫提供交通保障显得格外重要，交通扶贫项目在整个扶贫工作中起着先导性、支撑性的重要作用。

脱贫攻坚阶段，为打赢交通扶贫攻坚战，县委县政府制定并印发了《石柱县基础设施建设提升战略行动计划（交通行动计划）实施方案》，县扶贫办联合县交通局制定印发了《深化交通扶贫工作方案》等文件，县扶贫开发领导小组统筹整合财政涉农资金，用于推动全县"四好农村路"建设。在具体项目安排和建设方面，由乡镇根据本地交通实际及贫困户需求，上报交通项目初步需求计划；交委相应科室结合全县计划总盘，按重要性原则提出各乡镇建设规模、项目清单；各乡镇组织人员逐村逐线开展排查核实，通过村民小组会、院坝会，牵头落实"一事一议"制度；对群众支持、具有可行性的项目，交委逐一线路核查、筛选，确保交通扶贫计划项目建成后能够真正发挥脱贫助困、带动产业发展功效，并对每一项目路线长度、宽度、里程进行调查核实，确定资金补助额度并安排计划。特别是，强调交通基础设施建设与产业发展、区域发展之间的关系，以"建好扶贫路、打通断头路、构建循环路、建设产业路、打造旅游路"为重点，提升交通基础设施建设对县域经济和贫困户增收的带动作用。2018—2020 年，石柱县持续加快撤并村和村民小组通达通畅工程建设进度，计划新改建四级及以上"四好农村路"通组公路 2200 公里，实现撤并村通畅率 100%、村民小组通畅率 100%；同时，推进县乡道改造和农村联网公路建设，实现等级公路比例达到 100%，路面铺装率达到 95% 以上，"四好农村路"危桥整治率达到 100%，工程质量合格率一次性交工验收合格率达到 98% 以上。

（二）强化电力通信扶贫

电力通信设施的建设能够为生产生活带来发展的便利，是最基本的发展资源。石柱县处于山地地区，乡村大都处于山沟之中，需要大量的人力、物力才能解决电力输送的问题。在电力扶贫工作方面，石柱县成立工作领导小组，明确涉及的单位必须主要领导亲自抓脱贫攻坚工作，并制定具体人员负责业务的开展。建立电力通信工作联席会制度，定期、不定期会同各企业，协同研讨电力通信基础设施建设思路、化解工作问题、通报重点基础设施项目推进情况。建立重点情况报送制，电力公司和各通信企业定期向指挥部报送基础设施项目工作推进情况和工作总结。同时，对基础设施项目实行月报跟踪，以电力通信扶贫项目建设为依托，指导和督促电力公司、各运营商大力完善我县电力通信基础设施建设，协调解决有关乡镇及部门电力通信基础设施建设中的难题，结合全县经济社会发展情况及农村电网现状，在合理预测电力需求的前提下，确定了农网改造的重点，重点解决"低电压"、满足新增负荷供电需求。

（三）开展村落人居环境整治

交通条件、电力通信等的基础设施的改善是乡村发展的基础。与此同时，乡村村落的村容村貌是实现乡村"本身"硬件提升的重要支撑。石柱县根据县委县政府工作部署，为有效落实全县乡村振兴、改善农村卫生生活条件、提升农村人居环境，脱贫攻坚阶段，石柱县成立了人居环境改善行业指挥部，由县住房城乡建委牵头在全县范围内、针对所有人居环境不达标农户、结合农户改造意愿实施农村人居环境改善，根据"缺啥补啥""应改尽改"原则重点开展农村"五改"（改厨、改厕、改地坪、改风貌、改习惯）。石柱县建立户投放、村收集、镇转运、县处理的农村垃圾收运体系，达到有完备的设施设备、有成熟的治理技术、有稳定的保洁队伍、有完善的监管制度、有长效的资金保障"五有标准"。同时，探索回收垃圾积分奖励制度和垃圾分类管理制度，逐步建立起农村垃圾综合治理的长效机制。此外，以贫困村、贫困户为重点，建成"星级村庄"10个、"星级院落"30个，评选"星级农户"3000户。通过以奖代补，群众参与，严禁政府大包大揽，教育、发动群众全面参与改善工作，主动投工投劳。鼓励农户自行实施或选择经县城乡建委培训合格的施工队伍实施，在规定时间内完成政府核定项目，经验收合格后采取补助形式将资金兑现到农户"一卡通"账户。改风貌以村（社区）为单位，由乡镇（街道）分村（社区）组织实施，严格按基本建设程序执行。凡开展邀请招标的项目，原则上应邀请县内建筑企业参与。

三、配套改革政策

精准扶贫政策是系统化与整体化国家政策，贫困户与贫困村在该政策中要实现真正的发展、可持续的发展，将资源优势转化为发展优势，相关配套改革不容缺失。配套改革政策就是将精准扶贫与适应本地区长期发展目标相结合，突出以精准扶贫盘活整个县域经济大棋，以精准扶贫"撬动"整个社会资源向乡村社会流动，从而改善农村发展面貌，为乡村振兴奠定坚实的基础。石柱县以长期发展为目标，从提高土地利用率出发，探索"三变"改革，以吸引人才为目标，营造更好的人力资源支持环境。这些政策为石柱县长期发展带来了新的发展前景。

（一）盘活土地资源

我国长期以来就是一个农业国家，土地改革一直是我国农村改革的重要方面，土地资源的合理利用涉及我国农村、农民的切身利益。改革开放以来，广大农民有了更多的土地经营使用权，如何将土地经营制度新一轮深化改革与经济效益紧密结合一直是大家所关注的问题。石柱县从深化"三变"改革、释放要素活力中去回答这样的问题，并且在现实实践中取得了很好的效果。具体来说，"三变"改革最早起源于贵州盘县的改革实践，按照"资源变股权、资金变股金、农民变股民"的思路，盘活乡村土地、人力资本和资金等要素，促进农业产业现代化。"三变"改革的实施，取得了巨大的成功，但在改革推进过程中，也暴露出一些新的问题，例如实行公司化产业经营以后，难以有效激励农民的劳动热情，产业效能和农民收益进而受到影响。石柱县在推进"三变"改革过程中，注重进一步完善"三变"模式，通过"二次发包"的形式，让农民在统一公司经营体制之下，再次承包经营产业项目，从而将农民的利益与产业经营的成效紧密结合，达到了产业兴旺、农民增收、乡村和谐的多重治理效果。可以说，石柱县的改革，不仅是解决石柱县脱贫攻坚中产业发展具体问题的有效经验，也为下一个 30 年中国农村经营体制深化改革、释放活力提供了有益的探索和启示。

（二）促进人才回流与文化发展

农村发展是人的发展，我国农村发展当中，出现了"空心村"的现象，人口流失严重，广大农村的内生活力不足，不利于农村的整体发展。石柱县以精准扶贫与县域发展为契机，将人才工作纳入日常工作中，提出了一套科学的人才发展方法。其一，建立县、乡镇（街道）、村（社区）三级线下网点，为返乡下乡人员提供各类公共服务和专业服务。县、乡镇（街道）分别建立外出本土人才信息库，打造县级返乡创业园，支持有条件的乡镇（街道）建设返乡创业一条街或商贸城。引导城市资本和农户合股联营发展特色种养业、农产品加工业、休闲旅游业和康养业。其二，实施农业科研杰出人才计划，对青年务农实施科研补助、技术指导、风险保障、市场信息服务等政策措施。以农民田间学校为载体，大力开展生产经营型、专业技能型、社会服务型等新型职业农民培训，建立集中培训、实训实习、生产实践等覆盖产业生产全周期的培训模式。其三，结合农耕文化、休闲旅游和农业园区打造等挖掘土家农耕文化，黄连生产系统（中国重要农业文化遗产）的保护与发展，建设渝东南农耕文化主题展示展览和教育基地，争取市级支持建设渝东南土家族文化生态保护实验区、长江三峡（重庆）文化生态保护区。支持土家啰儿调、西兰卡普、黄连文化遗产等土家民族文化、农耕文化传承发展，培育一批国家级、市级代表性传承人。

可以说，石柱县精准扶贫的政策体系，生动体现了精准扶贫精准脱贫基本方略的精神内核，政策供给对于石柱县减贫发展实际需求形成了良好的回应，为石柱县取得脱贫摘帽胜利奠定了坚实基础。同时，还应看到，这些工作及其形成的经验，为持续开展好新时代乡村振兴工作奠定了基础、提供了启示。

第三节　石柱县脱贫攻坚保障体系安排

脱贫攻坚工作要实打实干，一切工作都要落实到为贫困群众解决实际问题上，整个过程要讲究科学、讲究方法、讲究效率。脱贫攻坚开始以来，各级党委和政府按照党中央的统一部署，以中央统筹、省负总责、市县抓落实的管理体制，利用党政"一把手"负总责的工作责任制，吸纳专项扶贫、社会扶贫等多种力量，为脱贫攻坚提供了有力的保障。石柱县坚持习近平总书记关于扶贫工作重要论述指引，坚持将脱贫攻坚作为第一民生工程，坚持以脱贫攻坚统揽经济社会发展全局，在深入分析全县实际情况的基础上，形成了以组织、投入、质量保障为主的县域攻坚脱贫保障体系，为高质量打赢脱贫攻坚战提供了有力支撑。

一、脱贫攻坚组织保障体系

脱贫攻坚是全面建成小康社会必须完成的重大任务，时间紧、任务重，质量要求高，加强党的领导，提供有力政治保障和组织保障是关键。越是攻坚战，越要加强党的领导，压实责任，形成坚强组织领导体系。石柱县严格按照中央和市委部署要求，认真落实"党政双主官负责制"、落实"党委书记是第一责任人"的制度要求，履行县领导联系包干责任、乡镇（街道）主体责任、行业部门扶贫责任和纪检监察部门、组织部门监督责任，发挥"关键少数"的带头示范和督导检查作用，按照分线负责、条块结合的原则，推动各级领导、干部切实把攻坚责任扛在肩上、把任务落实落地。实践中，石柱县通过建立上层县委领导负责，中层行业部门领衔，基层小组协作落实的组织体系，将扶贫政令从上传达到基层，有力保障了精准扶贫政策的实施。

具体来说，在脱贫攻坚过程中石柱县构建起"1＋5＋16＋33"攻坚责任体系，县委书记是县委脱贫攻坚第一责任人。坚持精准扶贫精准脱贫基本方略不动摇，切实履行"一线总指挥"职能，团结带领县委一班人发挥好县委脱贫攻坚"一线指挥部"作用。县扶贫开发领导小组实行"双组长"制，由县委书记、县长担任组长；同时设常务副组长、副组长若干名、成员若干名。县委县政府主要领导靠前指挥、深入一线调研督导，遍访全县贫困村，常态化督促推进工作落到实处，五级书记抓扶贫。将40个县级重要部门作为领导小组成员单位，县扶贫开发领导小组下设产业扶贫指挥部、住房保障及人居环境改善指挥部、"两不愁"保障指挥部、交通扶贫指挥部、水务扶贫指挥部、教育扶贫指挥部、健康扶贫指挥部、生态保护扶贫指挥部、通信电力扶贫指挥部、就业扶贫指挥部、金融扶贫指挥部、党建扶贫指挥部、社会扶贫指挥部、精神扶贫指挥部、电商扶贫指挥部、法治扶贫（乡村综合治理）指挥部等16个行业扶贫指挥部，各行业指挥部建立"1＋1＋X"运行体系，由1名县领导担任指挥部指挥长（必要时可设1名副指挥长），就分管行业、领域扶贫工作对"双组长"负责；明确1个县级部门为牵头单位，其他各有关部门为成员单位，共同完成县扶贫开发领导小组和指挥部指挥长部署的工作任务。设立33个攻坚小组，由乡镇（街道）"一把手"直抓直管扶贫，推动扶贫领域各项工作精准落地落实。

二、强化脱贫攻坚投入保障

保证既定时间节点高质量完成脱贫攻坚任务目标，加强投入保障是关键。特别是，要着力构建以政府投入为主体与主导，发挥其他各种社会资本支持贫困地区发展的作用，形成脱贫攻坚资金多渠道、多样化的格局。脱贫攻坚期间，石柱县坚持政府投入的主体和主导作用，出台统筹整合使用财政涉农资金管理办法、财政专项扶贫资金管理办法，积极开展统筹整合使用财政涉农资金试点、扶贫资金国库集中支付试点，加快财政扶贫资金支出进度，提高财政扶贫资金使用效益。

（一）统筹使用涉农资金，提高资金使用效率

首先，统筹行业部门资金，完善涉农资金管理体系。石柱县依法依规加强涉农资金统合使用，聚焦脱贫攻坚目标，加大资金整合力度。依据国家"三农"工作方针政策有关规划，编制政府投资项目三年滚动计划，对入库项目实施动态管理、年度之间项目库的衔接，归并重复设置的涉农资金（脱贫攻坚）项目。针对多个部门安排的性质相同、用途相近的涉农资金，如各类支持用于农业生产（产业）发展的资金等，加大预算执行环节的统筹协调力度。县级相关部门以行业分类建立部门会商机制，沟通资金流向，统一建设标准，完善支持方式，加强指导服务，为各乡镇（街道）和县级相关部门推进涉农资金统筹使用创造条件。在确保完成目标任务的前提下，将各级财政安排的性质相同、用途相近的涉农资金按照"渠道不乱、用途不变、集中投入、各负其责、各记其功、形成合力的原则"统筹整合使用。

其次，通过完善涉农资金管理体系，构建涉农资金"大专项"管理模式。涉农专项转移支付以农业生产（产业）发展、农业资源及生态保护、农村土地承包经营权确权登记颁证、动物防疫、农业服务体系建设、农业综合开发、土地整治、扶持农村集体经济发展、林业生态保护恢复、林业改革发展、水利发展、大中型水库移民后期扶持、农村"三社"融合发展、农业生产救灾及特大防汛抗旱等"大专项"为主体。对中央、市级下达以及县本级预算安排的涉农资金实行"大专项+任务清单"管理模式。任务清单分为约束性任务和指

导性任务，约束性任务主要包括中央、市级明确要求的涉及国计民生的事项、重规划任务、新设试点任务以及农业生产救灾、对农民直接补贴等；其他任务为指导性任务，只明确支出方向、工作目标和主要任务，不限定具体项目，不作为硬性考核指标。县级有关部门统筹整合时，根据中央、市级下达我县的涉农资金确定的任务清单和县级部门自行确定任务清单进行统一管理，并进一步细化和分解。在完成约束性任务的前提下，按照实际需要，中央资金在同一"大专项"内调剂使用，市级资金和县级资金可跨"大专项"整合使用。资金分配与任务清单的衔接匹配，确保资金投入与任务相统一。

最后，完善涉农资金管理体制，提高资金使用效率。项目实施部门（单位）加强资金和项目管理，做到资金到项目、管理到项目、核算到项目、责任到项目，并落实绩效管理要求。县财政收到上级涉农资金后，及时将当月整合资金报送县扶贫开发领导小组办公室。县扶贫开发领导小组办公室会同县财政局按照要求将审定的计划在上级下达涉农资金30个工作日内下发到相关部门，同时县财政局根据扶贫项目资金计划及时将预算下达到相关部门。各乡镇（街道）和县级有关部门加强对涉农资金监管，形成了权责明确、有效制衡、齐抓共管的监管格局，涉农资金投入和使用必须符合范围和方向，防止借统筹整合名义挪用涉农资金。探索建立第三方评估体系，通过竞争择优的方式选择专家学者、研究机构等对涉农资金政策进行评估。健全决策责任追究制度，对违反涉农资金统筹整合相关制度规定、造成涉农资金重大损失的，对责任人予以问责。

（二）加强东西扶贫协作和社会扶贫，汇聚多方力量

扶贫开发是全党全社会的共同责任，需要动员和凝聚全社会力量广泛参与，调动各方力量，从而形成全社会参与的大扶贫格局。人心齐、泰山移，通过东西部扶贫协作，帮钱帮物，将东部资金、技术向贫困地区流动，推动区域协调发展。同时以市级内部的对口援助与中

央定点等多种扶贫形式，促进帮扶资源向贫困村与贫困户流动，实现贫困地区从"输血式"到"造血式"的互利共赢。

1. 用好区县对口帮扶

江津区从 2007 年开始对口帮扶石柱县，2007—2017 年，江津区援助金额共计 17508.2 万元。在产业协作方面，江津区峰牧公司在石柱县建立林下养殖基地，已投资 2000 多万元并继续扩大规模，截至 2016 年已实现产值 1000 万元，帮助并吸引石柱县 56 人实现就业，带动石柱县农户实现增收。江津区引导韩氏酱园厂、江津酿造调味品有限公司等与石柱县多家辣椒专业合作社建立稳定的供销关系，累计帮助石柱县销售辣椒 45000 吨。根据《重庆市人民政府办公厅关于优化区县对口帮扶机制的实施意见》（渝府办发〔2018〕46 号）精神，2018 年对口帮扶石柱县的结对方改为南岸区。2018 年，南岸区区级财政帮扶资金实物量为 3704 万元。实施了 2017 年度易地扶贫搬迁配套工程、农村环境整治、中益乡卫生院、劳动力就业培训 4 个项目，1127.4 万元用于中益乡光明、全兴、盐井、坪坝 4 个易地扶贫搬迁居民点基础设施配套建设，237 户 739 人受益；1676.6 万元用于悦崃镇绿桃村、水桥村实施"五清五化五改"环境整治，惠及 1081 户 3768 人；600 万元用于新建中益乡卫生院业务用房 2500 平方米，解决了中益乡群众就医难问题。

2. 推动东西扶贫协作

2018 年，在山东扶贫协作工作组的大力支持和淄博市、石柱县共同努力下，共到位帮扶资金 4620 万元。主要涉及柠檬、莼菜、中蜂、天麻、桔梗、蕨菜、辣椒、脆红李等产业项目和教育、卫生、人畜饮水、农村道路等民生项目。2018 年，引进山东水火土公司在工业园区新建莼菜产业加工项目，总投资计划 1.8 亿元，一期投资 6000 万元，已经开工建设。实施的石柱县天麻产业推广种植项目，已完成新建天麻菌种生产车间 750 平方米并购置了相关设备、新建总体积 100 立方米的天麻初加工烘房 2 个、新建天麻良种繁育示范基地

100 亩等，有效提升了石柱县天麻"两菌一种"技术实力及产品储存能力。2019 年，山东顺溟农业在三星乡种植山楂 1000 亩。

3. 衔接落实定点帮扶资源

中核集团、金科集团、市委办公厅扶贫集团、国金证券、彩票公益金取得了很好的帮扶成效。其中中核集团从 1995 年至 2019 年对石柱县累计投入帮扶资金 4525 万元（其中 2015 年至 2019 年投入帮扶资金 3535 万元），在产业扶贫、基础设施帮扶、干部帮扶、教育帮扶、医疗帮扶、消费帮扶等多个领域实施精准帮扶。通过无偿捐赠、争取资金、工程帮扶等方式，中核集团积极配合地方政府实施乡村振兴战略，推进民生领域改善。累计资助 1441 万元（其中 2015 年至 2019 年资助 1176 万元），修建乡村公路和生产生活便道 43.33 公里、人行便桥 2 座、涵洞 1 个、饮水工程 1 个、排水沟 1 条，有效解决约 2.6 万人出行难和 3160 人饮水难问题，资助修建白鹤村、鱼池镇便民服务中心和活动中心，2018 年消费购买扶贫农产品金额 1165 万元，比 2017 年增长 2 倍以上；2019 年上半年购买消费农产品超过 1000 万元，提前 6 个月完成全年考核指标。2017 年至 2019 年，集团内定点采购石柱县特色农产品共 1210 万元，中国社员网、本来生活网等国内知名电商帮助石柱县销售农产品近 100 万元。石柱县是中国最大的莼菜生产基地（产量占全国的 60%），中核集团资助 790 万元用于支持该产业发展，带动 552 户贫困户增收和 72 名贫困群众就业。石柱县是中国黄连之乡（产量占全国的 60%），资助 200 万元用于支持石柱县黄连良种繁育和采购黄连烘烤自动化设备，资助 376 万元用于支持石柱县八个乡镇街道发展魔芋、阴米、生态养鱼、山药、香桂苗、山羊等 6 个种养殖特色中小产业，这些产业发展的基础、规模和品质得到提升，带动 304 户贫困户和 289 户非贫困户增收。金科集团 2018 年直接投入资金 1041.48 万元，实施项目 9 个；国金证券 2018 年累计投入帮扶资金 141.5 万元，实施项目 10 个；市委办公厅扶贫集团投入资金 422 万元，实施项目 10 个。

三、脱贫质量保障体系

脱贫攻坚要求有效率与效益，确保扶贫资金、人力、资源等精确汇集到需要的贫困群众当中，就需要从监督保障上提升质量。石柱县要高质量完成脱贫攻坚之战，不仅要建立相关政策制度，而且还需要强有力的执行保障，石柱县通过明确各环节标准和程序、严格巡视督查抓落实、发动群众等方式为脱贫攻坚提供了质量保障。

（一）明确各环节监督标准与程序

精准扶贫要实现精准就得从过程中体现，将各个执行环节通过科学的标准实施，一方面为考核提供了行动标准，另一方面提供了具体的行动方案，从而保障精准方案的实施，也为巡视巡查提供了体系保障。石柱县通过制订相关方案，严守高标准，体现高质量的发展要求。

石柱县制定了《2018 年至 2020 年开展扶贫领域腐败和作风问题专项治理的工作方案》《关于深化扶贫领域监督执纪问责工作的通知》《石柱县脱贫攻坚有奖监督举报办法》等系列文件，对专项治理工作的指导思想、工作原则、治理重点、主要措施、组织保障等内容予以明确，确保专项治理工作有章可循、有案可依。坚持"一竿子插到底"，建立"1+3+11"专项监督模式，即 1 个纪检监察室牵头，带动 3 个派驻纪检组和 11 个乡镇（街道）纪委（纪工委），定期针对某一领域或方面的问题开展交叉监督检查。对扶贫项目建设和管理情况开展监督的检查主要看项目决策、审批、招投标、建设等环节是否符合基本建设程序，项目业主单位是否落实监管责任。全面扶贫攻坚的"三重一大"事项决策、政策扶持、产业发展补贴、小额贷款、救助慰问资金等惠民政策落实情况，围绕扶贫资金拨付、管理、使用等关键环节，加强监督检查。

（二）开展脱贫攻坚专项巡察落实

石柱县通过专项巡查将脱贫攻坚所暴露的问题尽早纳入日常管理当中，对照《中国共产党章程》《中国共产党廉洁自律准则》《关于新形势下党内政治生活的若干准则》《中国共产党党内监督条例》《中国共产党纪律处分条例》《中国共产党巡视工作条例》等党内法规，主要检查了解被巡查党组织政治建设、思想建设、组织建设、作风建设、纪律建设和夺取反腐败斗争压倒性胜利等情况，围绕党和中央脱贫攻坚方针政策贯彻落实情况，党委（党组、党工委）落实脱贫攻坚主体责任情况，纪委（纪检监察组）落实监督责任和有关职能部门落实监管责任情况，以及对脱贫攻坚过程中各类监督检查发现问题整改落实情况等方面开展巡查。

石柱县成立了脱贫攻坚专项督导组，由一名县纪委常委担任组长，同时从县委组织部、县委县政府督察室等单位抽调 16 名工作人员专司脱贫攻坚监督工作。自督导组成立以来，已对全县 33 个乡镇、230 个村（社区）、104 个帮扶单位督导全覆盖，督促整改问题 931 个。每季度安排乡镇（街道）或者县级部门党组织主要负责人、纪检组织主要负责人分别向县委常委会、县纪委常委会汇报履行脱贫攻坚主体责任和监督责任情况，倒逼脱贫攻坚政治责任落实。按照市委落实中央脱贫攻坚专项巡视反馈意见整改工作信息平台下发的任务清单，县纪委常委会定期研究扶贫领域腐败和作风问题专项治理工作，定期开展扶贫领域问题线索专项分析研判，重点分析研判扶贫领域腐败和作风问题的总体情况和当前形势，以及形成的原因和治理对策等，对相关问题线索进行会商处置，按期通报相关问题线索查处情况，确保扶贫领域问题线索快查快处。建立扶贫领域问题线索专门台账，指定办案业务能力强的纪检监察室负责办理，确保问题线索件件有回应、事事有落实，使纪律真正成为带电的高压线。

（三）加强扶贫领域案例警示教育

扶贫领域的贪污腐败现象时有发生，如何将一些反面教材总结出来，教育广大干部不走"前路"，压实精准扶贫责任。石柱县从加强广大干部的思想教育出发，通过梳理典型与抓教育活动出发，将活生生的案例展现在广大干部面前，从思想上教育了广大党员干部。

按照有典型性、有教育意义的原则，石柱县将精选扶贫领域腐败和作风问题典型案例 19 个（其中县外案例 7 个，县内案例 12 个），汇编成《扶贫领域典型案例"以案四说"资料》，用于各级党组织辅助开展警示教育活动。案例资料中，既包括涉及侵占惠民惠农资金等方面，又包括扶贫领域形式主义、官僚主义方面，如黎场乡江云村精准扶贫失职失责等案例，通过案例讲述廉政风险点，用反面典型形成正面引导，严格把好警示教育活动质量关。同时为了严防警示教育活动走形式、走过场，石柱县建立由县纪委监委宣传部牵头，机关室配合，"以案四说"警示教育方案审核机制。针对机关单位开展警示教育按照方案送审、派员现场指导、会后对接跟踪的方式，将警示教育活动开出实效，达到"出汗排毒"的效果。针对不同领域、不同行业，鼓励和支持开展更具针对性的警示教育活动，又如针对乡镇基层扶贫领域工程建设涉腐涉纪案件多的特点，以片区为单位开展了专项警示教育活动。安排县纪委监委相关领导干部，加强党规党纪和法律法规知识宣讲，在县委党校、县行政学校主题班进行警示教育授课，派出授课 6 人次、18 课时。选用近年来扶贫领域腐败和作风典型案例，充实丰满"以案四说"警示教育案例，扩大受众面，确保党员干部从中吸取教训、引以为戒。

（四）建立举报奖励措施

精准扶贫是全社会参与的事业，高质量地保障其执行过程不仅要求广大党员严于律己，监督其行为；同时也需要广大人民群众的广泛参与，石柱县依照高质量要求，建立相关体制体系，切实落实奖励措施。

设立脱贫攻坚有奖监督举报电话、有奖监督举报邮政信箱，其他举报方式不纳入有奖监督举报范围。举报人或有关社会组织通过有奖监督举报方式向县纪委（监察局）反映有关情况，县纪委（监察局）落实专人受理举报登记、建立举报台账，提出分类处置意见交办有关单位限时调查核实。根据交办情况，有关单位对举报内容开展调查核实，形成调查报告报县纪委（监察局），举报属实的提交县扶贫开发领导小组认定。举报不属实的予以劝诫，经查证属恶意诬告的，依法依规对举报人进行处理。调查属实的监督举报事项经认定同意后，由县纪委（监察局）通知举报人或有关社会组织领取奖金。凡监督举报事项调查属实的，按每个事项予以举报人 1000 元奖励。相同事项多人重复举报的，只对首次举报人予以奖励，对其余举报人予以举报事项调查处理情况回复；同一事项多人联名举报的，奖励金额不按举报人数重复计算。依法保护举报人的合法权益，举报事项受理单位和工作人员须为其保密。对举报人进行打击报复的，依法严肃查处。

总的来说，石柱县脱贫摘帽的成绩充分印证了只要坚持实事求是原则，杜绝官僚主义和形式主义，扎扎实实落实好中央决策部署，就能够高质量完成脱贫攻坚既定目标，赢得群众满意和认可。也充分印证了习近平总书记关于扶贫工作重要论述是指引脱贫攻坚战的科学理论和方法，充分印证了中央脱贫攻坚顶层设计的科学性和有效性。

第三章

坚持供给侧改革
实施山地特色产业扶贫

　　"扶产业才是扶根本"，产业发展对于促进贫困人口脱贫增收，具有基础性、持续性、稳定性的作用。可以说，以贫困社区和贫困农户可持续发展稳定生计为旨归的产业扶贫工作，是中国政府主导开发式扶贫的精髓所在，是全面建成小康社会背景下脱贫攻坚的发动机与助推器。对于贫困户来说，只有产业发展了，才会获得稳定的收入，并不断积蓄动力从根本上摆脱贫困；对贫困村来说，只有发展壮大产业，才能不断增强集体经济，促进村集体经济的助贫济困功能；对于贫困地区来说，只有发展起产业，才能真正振兴。发展产业并建立完善的利益联结机制，方能降低贫困户返贫的可能。① 从乡村经济社会发展的整体性视角来看，若产业不兴，则留不住人，村庄"空心"，农村凋敝，民众贫弱。可以说，产业是乡村经济社会秩序的依托，是防止乡村衰败的关键。在中国政府的减贫政策体系中，产业扶贫一直占据着十分重要的位置，特别是脱贫攻坚阶段的顶层设计，将"发展生产和扶持就业"作为促进脱贫的"五个一批"之一，占据着绝对重要的位置。对产业扶贫工作的高度重视，恰恰显示了产业扶贫工作对于脱贫攻坚的重大意义，即产业发展是贫困地区建设自身的"造血"能力、内生动力的"本"和"源"，有了产业作为支撑，人们就会更有意愿与可能依靠自己的努力主动地摆脱贫困。甚至可以认为，脱贫攻坚如果离开了产业发展，必然是以数字和指标为导向的脱贫，而不是以内生动力成长为根本的高质量脱贫。

---

① 　左停等：《中国脱贫攻坚的岳西经验》，2018 年（未刊稿）。

　　然而，在实践层面，产业发展特别是产业扶贫面临着多方面的难题与挑战。好的产业扶贫项目一方面要立足地方特色资源禀赋，另一方面要在产业组织形式、生产经营形式、带贫机制等方面下功夫，在适应市场环境的要求下，最终让市场在资源的配置中发挥决定性作用的同时，增强其带贫能力。换言之，产业扶贫的核心在于一方面让市场运转起来，另一方面让市场的发展具有普惠性和包容性。就前者而言，产业发展能否成功，最终取决于与市场相互关联的一系列问题，例如是否有市场？市场收益怎样？市场未来走向怎样？在既往的产业发展经验中，一些地方罔顾产业发展的规律，由行政思维代替发展思维，通过"逼民致富"的做法追求产业规模的扩张，但产业及产品最终要经受市场的考验，市场机制自有其内在规律，单纯以政府行政意志推动的产业项目往往折戟沉沙，非但没有收到预期效果，反而浪费了宝贵的公共资源，导致农民利益受损。从另一方面来讲，产业扶贫工作又离不开政府的主导和干预。问题在于如何正确地发挥政府的作用，促进市场机制在资源配置中发挥决定性作用。总的来看，政府在产业扶贫领域的作用主要体现在产业规划、产业政策、配套改革等方面。在本章中，我们将展现石柱县山地特色产业扶贫模式的经验，并分析其取得巨大成功背后的制度逻辑。

　　前文已述，石柱县是西南地区典型的山地贫困县。从农业产业发展的角度来讲，山地贫困县面临着多方面的短板与难题。既具有其他贫困县面临的普遍困难，如农业基础设施建设薄弱，产业发展资金投入不足，农业产业化与组织化程度低，难以形成规模效应等[①]；同时还面临着自然地理条件限制、山地生态系统独特性等特殊难题。长期以来，以石柱县为代表的山地贫困县，往往农业部门现代化程度低，由于山多地少，地力瘠薄，农业生产多围绕着以口粮生产为核心的粮食农业和种养殖业，虽有一些特色产业项目，但总体"粮经比"居

---

① 左停等：《中国脱贫攻坚的岳西经验》，2018 年（未刊稿）。

高不下，极大地限制了农民增收脱贫。脱贫攻坚期间，石柱县立足山地特色，找准特色高效农业和康养生态旅游业发展路子，开启了农业产业结构调整的过程，逐渐建构起新型的产业结构，以此为带动，产业扶贫取得了巨大成绩。特别是 2017 年底以来，石柱县坚持以习近平新时代中国特色社会主义思想为指导，认真贯彻落实习近平总书记关于扶贫工作重要论述，带动贫困户持续增收、稳定脱贫。石柱县在产业扶贫方面的做法与经验，不仅探索出契合当地特点的山地特色高效农业发展路径，为高质量打赢脱贫攻坚战提供了支撑，也为其他西南山地农业贫困县谋划乡村产业发展提供了可学可借鉴的"样本"。在本章的讨论中，我们将着重介绍石柱县在产业扶贫方面如何谋篇布局、如何统筹推进，并展现石柱县产业扶贫所取得的巨大综合效益。

第一节　找准山地特色农业产业扶贫的路子

从自然地理特征来看，石柱县地处渝东褶皱地带，属巫山大娄山中山区。境内地势东高西低，呈起伏下降状。县境为多级夷平面与侵蚀沟谷组合的山区地貌，群山连绵，重峦叠嶂，峰坝交错，沟壑纵横。地表形态以中、低山为主，兼有山原、丘陵。西北方斗山背斜、东南老厂坪背斜，顺北东、南西近似平行纵贯全境，形成"两山夹一槽"的主要地貌特征。受地形地貌影响，石柱县境内呈现出中高山地区、低山地区和丘陵地区的垂直分布形态，其中海拔在 1000 米以上的中高山地区面积为 1940.4 平方千米，约占石柱县幅员的 64.4%；海拔在 500—1000 米的为低山区，面积为 885.1 平方千米，约占石柱县幅员的 29.4%；海拔在 500 米以下的为丘陵区，面积为 187 平方千米，约占石柱县幅员的 6.2%。全县海拔相对高差 1815.1

米，最高点为黄水镇大风堡（1934.1米），最低点为西沱镇陶家坝（119米）。可以说，石柱县是非常具有典型性的西南山地县。从气候特征来说，石柱县属于中亚热带湿润季风区，气候温和，雨水充沛，四季分明，具有春早、夏长、秋短、冬迟的特点，日照少，气候垂直差异大。独特的地理条件和气候特征，孕育了石柱县独特的山地特色农业生产体系。一方面，由于地形地貌限制，山地农业县多土地细碎，经营规模小而分散，规模化机械化生产难以实现；同时山地县基础设施建设成本高、难度大，基础往往十分薄弱，农业经营的整体收益不高；在人多地少的现实条件下，粮食生产占据着主导地位，经济作物生产的范围和规模都比较有限。但另一方面来看，由于山地生态系统的多元性和差异性，山地农业县往往具有独特的资源禀赋，适合发展种养殖、旅游等特色产业。因此，实现山地农业县农业产业发展、谋划山地特色产业扶贫体系，贵在坚持精准理念，立足地方优势发展特色产业。

从资源禀赋特点来看，石柱县具有较好的生物资源优势和旅游资源优势。前者，石柱县境内高山、中山、低山、丘陵等地貌并存，海拔落差大，形成了垂直带谱明显、立体气候显著的自然地理环境，适宜多种作物生长，已查明的野生植物资源超过了2200种，特别是中草药资源非常丰富，毛中药材超过1700种，其中常用中药材206种[1]。当地有较为久远的中药材和特色作物种植传统，如石柱县被誉为"中国黄连之乡"，黄连种植在当地有超过700年的历史。石柱县旅游资源丰富，旅游景点众多，集中体现出绿色生态、土家风情、历史文化三大特色。黄水国家森林公园里的原始森林大风堡、土家乐园毕兹卡绿宫、高原明珠黄水湖、中国一号水杉母树、天然画廊油草河等景区景点和喀斯特地貌大观园千野草场、

① 陈泠璇、史心怡、王燕、任泽旭：《我国西南贫困地区农业供给侧改革的调查研究——以石柱县农业产业结构优化为例》，《商场现代化》2017年第7期。

明清古镇西沱云梯街、千年古刹银杏堂、秦良玉古战场遗址万寿寨等犹如一颗颗璀璨的明珠闪耀在长江三峡旅游黄金线上①。尤其是，石柱县位于神秘的北纬 30°线上，是国家森林城市、"天然氧吧"，气候宜人、风光秀丽，森林广袤、生态良好，民风淳朴、人文独特，区位优越、交通便捷，绿色资源富集，是发展康养经济的理想之地。

鉴于此，石柱县确立了以农业产业结构深度调整为抓手，推动农业经济转型，着力打造山地特色高效农业产业扶贫体系的思路。具体来说，脱贫攻坚以来，石柱县按照"整体推进、重点突破、试验探路"思路，聚焦"转型康养、绿色崛起"发展主题，以创建全国有机农业示范基地县为抓手，以完善特色扶贫产业体系为目标，因地制宜、突出当前、兼顾长远，按照高山、中山、低山三大区域对农业产业定位和布局，举全县之力深度调整优化农业产业结构，大力发展长效产业助农增收。几年来，石柱县积极构建"3+3"现代山地特色高效农业产业体系，形成了中药材、干鲜果和休闲乡村旅游三大主导产业，以辣椒为主的调味品、以莼菜为主的有机蔬菜、以中蜂为主的生态养殖三大特色产业，并通过逐步健全完善深度调整农业产业结构机制，持续规范发展长效增收产业，健全完善利益联结机制，将贫困户"绑"在产业链上，提升脱贫"造血"功能，带动贫困户持续增收、稳定脱贫。②

通过不懈努力，石柱县产业扶贫工作取得了良好成效，逐渐探索出适合当地特点的山地特色高效农业产业扶贫模式。还应看到，石柱县在脱贫攻坚期间的探索与经验，为未来乡村振兴时期持续做好农业现代化发展工作提供了有益的借鉴。

---

① 罗丽莎：《重庆石柱县特色农业产业发展研究》，《全国商情（经济理论研究）》2015 年第 21 期。
② 石柱县扶贫办提供：《产业扶贫典型案例》。

第二节 石柱县产业扶贫的主要做法

对于石柱县而言，找准了山地特色高效农业产业扶贫体系的产业精准扶贫思路，解决了理念和方向的问题。但实践中，还存在着如何选择适合发展的产业项目、如何培育市场主体、如何出台扶持政策，如何搭建利益联结机制等多方面的问题。从调研了解的情况来看，石柱县在解决这些问题的过程中，始终坚持习近平总书记关于扶贫工作重要论述的指引，尤其是结合县域实际深入践行精准方略，取得了良好效果。

一、选准产业项目："三个适应性"为依据

在自给自足的自然经济条件下，农民的生产安排主要遵循"生计安全性"的原则，尤其是在灾害多发、生态瘠薄的山地农业系统中，"生计安全性"需要一系列正式和非正式的制度安排来保障。例如在作物选择方面，能够满足口粮需求和适应当地地理和气候条件必然是第一位的选择，实践层面上山区往往以玉米、马铃薯、红薯等高产作物为主要的品种，同时在每年的生产活动中，会同时种植耐寒、耐涝、耐旱等多个品种，以保障家庭生计在灾害来临时不至于过度脆弱。然而，在市场经济环境下，产业扶贫项目的选择则需要兼顾"地理适应性""社会适应性"和"市场适应性"三重尺度。地理适应性是指所发展的产业是否与当地的自然地理环境相适应；社会适应性主要是指当地民众是否接受并乐于从事相关产业的生产、加工和销售等；市场适应性主要指涉产业的生产和销售是否有市场、市场有多大等，即发展相关产业是否有市场前景。具体来说，产业扶贫的目的是通过

扶持生产项目最终带动贫困农户形成可持续生计，实现脱贫增收。而收入只能通过市场交换获取，于是市场适应性成为考量的重点，即"因市制宜"。如果一个产业具备了地理适应性、市场适应性，则还需要社会适应性，即农民要有相应的知识、技术和意识等。如果一个产业同时具有三个方面适应性，便可以认为是当地的优势产业。

几年的实践表明，石柱县建设起山地特色高效农业+康养休闲生态旅游业的产业形态，具有良好的"地理适应性+社会适应性+市场适应性"。以下我们结合石柱县的黄连和莼菜项目为例，来具体讨论石柱县在产业扶贫项目选择中，如何体现了"三重尺度"。

（一）因地制宜的"地理适应性"

石柱县不仅是全国乃至全世界最大的黄连生产、加工及出口基地，而且还是我国黄连的科研和教学基地。我们调查发现，石柱县农民善于种植也乐于种植黄连，而且黄连也有很好的市场，所以，黄连的生产成为石柱县的首选产业。黄连对种植环境的要求比较苛刻，对阳光、雨水、地势、植被等都有较高的要求。作为一种特殊的中药材产品，黄连在生产过程中，除了需要具备合适的阳光、空气、水分、土壤等一般植物农作物的共性外，还有一些其他中药材原料甚至农作物没有的特性，这些特性造就了石柱县黄连的地方特色价值。根据石柱县实际情况来说，黄连只生长于海拔 1100—1800 米之间的黄水镇、枫木乡、冷水镇、沙子镇、中益乡、金竹乡等乡镇全境，洗新乡大部，石家乡、悦崃镇、三益乡、桥头镇、三河乡、六塘乡等乡镇东部，以及县西南部三星乡、龙潭乡部分区域，这就造成了黄连传统核心产区的相对固定，集中产黄连的大乡、大镇甚至大组、大户几乎很少变动。[1]

---

① 参见王剑：《经济人类学视野中重庆石柱黄连交易系统调查与研究》，《广西师范学院学报》2018 年第 2 期。

莼菜有"植物锌王、水中人参"的美称，是国家一级保护的多年生宿根野生植物。石柱县发展莼菜产业有着得天独厚的优势。莼菜对生长环境要求严苛，适宜生长气温要求在 13.3℃—27.0℃，水温要求在 22℃—25℃，土壤要求是微酸性、有机质含量高、氮元素供应充足、土层深厚、表土结构良好、土体柔和、具有 30 厘米厚淤泥层的脱钙沼泽性或脱沼泽性潜育型水稻土，水质要求无污染。石柱县莼菜生长区以中高山为主，兼有山原、丘陵，属亚热带季风湿润气候，多年平均气温 16.4℃，平均降水量 1285 毫米。水资源充足，各类水库 33 座、大小溪河 75 条，常年流水不断，水质清洁。适宜的气候条件、特殊的地形地貌以及丰富的耕地资源和水资源，非常适宜莼菜生长。①

（二）根植传统的"社会适应性"

黄连和莼菜的种植，也有良好的社会适应性。相对于一般的大田作物和其他经济作物，黄连的种植除了对环境的要求非常苛刻外，对经验和技术的要求也比较高。前文已述，石柱县种植黄连已有超过 700 年的历史，在长期的生产实践中，当地老百姓精熟地掌握了黄连种植、管培、采摘、加工等各环节的技术，可以说黄连种植在当地既是熟悉产业，也是潜力产业。近年来，石柱县黄连先后获得多项殊荣，如 2004 年通过国家 GAP 认证，2006 年中国黄连的标准就是以石柱县黄连的标准为基础，2015 年石柱县黄连基地被评为中国出口农产品示范基地，2016 年黄连生产种植技术被农业部评为中国农业文化遗产等。相对于黄连来说，莼菜种植的历史相对较短，但距今有近 30 年的历史，据当地百姓介绍，石柱县最早于 1991 年开始人工种植莼菜。近几年来，随着石柱县莼菜基地的不断壮大，莼菜产品深加工

---

① 朱素华、柯剑鸿等：《石柱县莼菜产业发展现状问题与对策》，《南方农业》2017 年第 11 期。

也得到了快速发展。目前，石柱县莼菜种植占全球种植面积的 2/3，已成为世界规模最大的莼菜生产区，并建成国家级出口莼菜质量安全示范区。莼菜作为一大稀有产业，石柱县委、县政府把以莼菜为主的高山果蔬纳入四大主导产业重点发展，莼菜产业成为转型康养的重要支撑。[①]

（三）前景可期的"市场适应性"

有良好的地理环境适应性和社会适应性，还需要有很好的市场空间和市场前景。正是经历这多年的市场考验，黄连和莼菜都成为石柱县的优势产业。例如莼菜具备不可替代的自身优势。第一，从区域分布上来看，适宜种植莼菜的区域极其有限，目前已经种植的区域也很小。全球人工培植莼菜主要分布在北纬 30°的中国（包括重庆石柱县、浙江西湖、湖北利川、四川马湖、台湾宜兰）、韩国（釜山）、日本（秋田和北海道）等。据初步调研，石柱县共有 0.33 万公顷的耕地适宜种植莼菜。第二，从效益上来看，莼菜产业优于一般的粮经产业，目前莼菜收入每亩最高可达 18000 元，是一般粮经产业产值的 2—4 倍。第三，从产业名气上来看，石柱县莼菜产业被国家农业部纳入《特色农产品区域布局规划》，享有直接出口权，是出口创汇的特色产业。[②]

石柱县在选择产业扶贫项目的过程中，深刻体现了精准方略的精神实质，立足石柱县山地特色农业的总体特点，立足传统产业、立足特色优势，真正找准了发展路子。

---

① 朱素华、柯剑鸿等：《石柱县莼菜产业发展现状问题与对策》，《南方农业》2017 年第 11 期。
② 朱素华、柯剑鸿等：《石柱县莼菜产业发展现状问题与对策》，《南方农业》2017 年第 11 期。

二、发挥好政府主导作用和市场机制决定作用

石柱县在产业扶贫工作方面，明确了以深度调整农业产业结构和建设多元化利益联结机制为重点，综合运用财政、金融、服务等多重政策手段，着力解决好农业产业"小、散、弱"问题，推动山地特色农业产业扶贫体系形成。

（一）明确深度调整农业产业结构促脱贫目标

长期以来，受制于自然地理环境和发展基础限制，石柱县农业产业存在着"小、散、弱"，规模化、市场化、组织化水平不高等突出问题，迫切需要通过深度调整农业产业结构来加以解决。产业不强，带贫能力有限是脱贫攻坚期间做好产业扶贫工作首先需要解决的问题。为此，石柱县委、县政府多次展开专题调研、专题论证、专门试点，最终明确了以深度调整农业产业结构，建立山地特色农业产业扶贫体系的路径与目标。

从全县范围来看，2016 年石柱县全县粮经作物种植比为 6∶4，粮食产值与特色优势产业产值比重约为 2.2∶7.8，无论从种植面积还是产值来看，石柱县农业产业都以玉米、红薯等传统粮食作物占据着绝对主导地位，与此相应的农业部门经济效益不高，对农民增收带动十分有限。鉴于此，石柱县明确了通过深度调整农业产业结构提升农业现代化水平与产业精准扶贫统筹推进的思路与目标。具体来说，石柱县提出通过 3 年的努力，实现 2018 年全县粮经种植比例由 2016 年的 6∶4 调整到 4∶6，粮食产值与特色优势产业产值比重由 2016 年的 2.2∶7.8 调整到 1.6∶8.4；2019 年全县粮经种植比例调整到 3∶7；2020 年以后全县粮经种植比例稳定在 3∶7，粮食产值与特色优势产业产值比重调整到 1∶9 的目标。分产业而论，深度调整产业结构，调减传统玉米、红薯种植面积，积极发展优质水稻种植，新发展长效

增收产业 30 万亩，其中干鲜果 12 万亩、木本药材 11 万亩、有机茶叶 7 万亩。鼓励复种套作，巩固提升现有黄连、辣椒、蔬菜、草本药材、烤烟，积极发展有机辣椒、有机蔬菜、有机莼菜等，实现特色产业面积 90 万亩。在深度调整农业产业结构的同时，着力加强利益联结机制建设，提升农业产业的益贫性，以带动建档立卡贫困人口脱贫增收。明确要立足贫困群众短期脱贫有项目、中期致富有效果、长期稳定增收有保障，提高产业市场化、规模化、组织化水平。围绕长效增收产业，引导市场经营主体与贫困户建立稳固长效利益联结机制，大力探索多种扶贫带动模式，实现有能力、有意愿发展产业的贫困户长效增收产业全覆盖，长效利益联结机制对贫困户的覆盖率达 100%。

（二）立足各乡镇资源禀赋特征精准施策

山地农业县的突出特点是各区域之间地理位置、生态特征、资源禀赋均存在着明显的差异，不能借用整齐划一的推进模式，立足禀赋特征精准施策是取得成功的关键。基于扎实调研和缜密论证，石柱县明确了以有机农产品示范建设为目标，进一步优化产业区域布局，积极构建"3+3"产业体系的发展思路。即做大做强中药材、干鲜果和休闲乡村旅游三大主导产业，巩固提升调味品、有机蔬菜、生态养殖三大特色产业。全县围绕"三大区域"布局：高山生态特色农业区域，以黄水、沙子、马武等片区乡镇为主，重点发展高山核桃和李子等水果，以及黄连、木本中药材产业和有机茶叶；中山山地特色农业区域，以南宾、下路、悦崃、临溪等片区乡镇（街道）为主，重点发展李子等特色水果，同时套种草本中药材；沿江库区高效农业区域，以西沱片区乡镇为主，大力发展柠檬产业。各区域因地制宜发展乡村旅游，巩固提升现有调味品、有机蔬菜、生态养殖等产业。

石柱县下足绣花功夫，进一步明确对"3+3"产业体系的精准发展定位。如中药材产业方面，在海拔 1200 米以上的黄水、冷水、枫木、沙子、中益等高山片区建设三木（杜仲、黄柏、厚朴）药材产业带，同时黄连地套种皱皮木瓜；在海拔600—1200米的悦崃、临溪和城周中山片区发展皱皮木瓜、吴茱萸、栀子等木本药材，同时套种草本药材。而乡村旅游、休闲观光农业则主要集中在几块条件和基础比较好的区域，如县城周边及龙沙镇重点发展草莓、葡萄、猕猴桃等采摘体验农业和三河镇油菜花观光；大黄水旅游片区围绕乡村旅游重点发展莼菜、蓝莓、车厘子等特色蔬果采摘体验休闲观光农业及花卉观赏，持续推进鱼池镇"十里荷塘"、冷水镇"八龙莼乡"、石家乡九龙"梦里荷塘"建设；沙子、马武片区等配合地质公园建设重点发展高山蔬菜观光、油牡丹、有机茶园等观光旅游；以西沱古镇为核心重点发展柠檬及早季蔬果观光采摘。

（三）扶持经营主体，发挥市场机制作用

实现农业现代化转型，市场机制是根本，但农业是弱质产业，农业生产存在着投资规模大、见效周期长、风险高等特点，因此发挥好政府的引导作用至关重要。具体来说，除了上文已经提到的制定产业规划之外，至少包括如下几个方面的内容：首先，提供直接的信贷和资金扶持，帮扶市场主体建立具有规模效益的生产组织；其次，扶持农户，提供物资、资金、技术诸多方面的支持，提升农户经营意识和经营能力；再次，构建经营主体和农户之间稳定的利益联结机制，有效降低交易成本，保护农民受益权；最后，提供行业性公共产品，推动品牌建设和产业链条提质增效。可以说，正确发挥政府的主导作用，是推动产业扶贫项目高质量发展的关键，是提升产业有效性、安全性、益贫性的根本。脱贫攻坚期间，石柱县坚持围绕着"3+3"的山地特色高效农业产业扶贫体系建设，出台了财政、金融、保险、服务、技术支持、利益联结等一揽子政策，助力产业精准扶贫高质量发展。由于利益联结的内容在石柱县形式多样、极为丰富，并且利益联结机制对于产业扶贫项目而言具有极端重要性，我们单辟板块讨论。

1. 产业奖补政策

石柱县在产业扶贫工作中，积极建立农民主体、政府扶持、社会参与的多元化农业投入机制。在大力争取上级产业专项资金的同时，积极筹措本级财政资金，充分利用金融信贷支持，按照"先建后补、边建边补、达效才补"原则，每个支柱产业重点支持标准化基地建设、科技研发、良种繁育、精深加工、品牌包装、一二三产业融合、农业保险等环节，各产业主管部门具体制定验收办法和补贴兑现机制。主要包括如下十四个方面的内容：

（1）相对集中连片发展柠檬、李子（脆红李、粉黛脆李等）100亩以上的，每亩补助2100元，其中种苗补助每亩400元，有机肥料、栽植补助每亩500元；管护实行政府购买社会化服务，前三年每亩共补助1200元（分别是300元、400元、500元）。（2）相对集中发展核桃、木本药材100亩以上的，每亩补助1600元，其中种苗补助每亩400元，有机肥料、栽植补助每亩500元；管护实行政府购买社会化服务，前三年每亩共补助700元（分别是200元、200元、300元）。（3）利用退耕还林地发展三木药材，符合退耕还林验收标准的享受退耕还林补助政策。退耕还林范围之外发展相对集中100亩以上三木药材，每亩补助950元，其中种苗补助每亩300元，有机肥料、栽植补助每亩300元；管护实行政府购买社会化服务，前两年每亩共补助350元（分别是150元、200元）。以上（1）、（2）、（3）项产业扶持政策中的"100亩以上"可以是一个农业企业（合作社、家庭农场）单独发展，也可以是几个大户联合发展，几个大户联合发展申请补助时由其中一个大户牵头申报；100亩以上示范基地栽植同类品种且规模在10亩以上的大户，享受对应补助政策。（4）相对集中连片发展草本药材100亩以上的，给予每亩200元有机肥购买补助。同一基地连续补助不超过三年。（5）农户非退耕还林地已相对集中种植李子50亩以上，但尚未投产的给予每亩300元管护费补助，只补助一年。（6）相对集中连片发展蔬菜100亩以上的，给予每亩300

元有机肥购买补助，同一基地连续补助不超过三年。莼菜改良及新发展集中连片 5 亩以上，按 1200 元/亩给予补助。（7）种植三叶草蜜源植物，按每亩 100 元给予种子补助。（8）鼓励干鲜果和木本药材林下套种草本药材、蔬菜、辣椒及三叶草蜜源植物，叠加享受对应政策。（9）享受退耕还林补助政策的不再享受种苗补助费，其余补助按照相关产业补助标准对应执行。（10）当年新购买中蜂 30 群以上且存活率达到 90% 以上，按实际存活数量给予每群 300 元的种蜂补助，最高补助不超过 100 群。（11）辣椒和黄连产业发展、有机农产品示范创建、产业保险、科技研发、"三品一标"等按专项工作意见和县上统一政策执行。（12）农产品加工、休闲农业与乡村旅游产业融合发展、生态养殖、特色基地基础设施建设、标准化建设、品牌打造、冷链物流建设、流通渠道建设等实行项目申报制，兑现项目扶持政策。（13）茶叶产业扶持政策另行制定。（14）研究制定招商引资企业扶持政策实行"一企一策"。①

2. 资产收益扶持政策

在脱贫攻坚过程中，石柱县积极统筹资源，构建"1+4"资产收益扶持政策，将农户与产业"绑"在一起，助力微观市场主体释放活力。具体来说，扶持贫困户发展产业的补助从 2015 年开始执行，当年的产业补助当年兑现。每个贫困户累计补助总额不超过 3000 元（贫困户适度规模经营补助除外）。除此之外，针对农业经营主体的金融支持体系可以理解为"政府支持农业经营主体来实现脱贫"。在石柱县，资产收益扶持模式包括股权收益扶贫、基金收益扶贫、信贷收益扶贫、旅游收益扶贫。它联结产业发展与脱贫攻坚，主要事项形式是实行收益带动贫困村集体经济和农村脱贫增收。整体而言，石柱县资产收益扶持模式有三个方面突出特征：一是完成了扶贫资金的集

---

① 资料来源：中共石柱土家族自治县县委办公室 石柱土家族自治县人民政府办公室：《关于印发〈石柱县深化脱贫攻坚深度调整农业产业结构实施意见〉的通知》。

中使用；二是资金使用过程实现了"财政资金的金融性使用"，明确了"保证贫困户利益"的原则；三是既利于精准扶贫，也促进了产业持续发展。[①]

案例 3-1：石柱县 4 种金融扶贫收益模式

股权收益扶贫，即石柱县全县推进财政资金股权分红。凡是家庭农场、农民合作社、农业企业等农业经营主体，只要带动贫困户参与生产经营的，都可以得到等股权资金的扶持。农业经营主体每带动一个贫困户可得到 2 万元的股权资金。不同类型的农业经营主体可得到不同额度的股权资金：家庭农场 10 万元、农民合作社 40 万元、农业企业 50 万元、县级龙头企业 90 万元、市级龙头企业 120 万元。投入农业经营主体的财政补助股权资金按照 50%、40%、10% 的比例分别由农业经营主体、贫困户、农村集体经济组织以股权方式持有，其中农村集体经济组织和贫困户的持有股份为优先股，他们既不参与农业经营主体的经营管理，也不承担其任何债务。资金投入期限为 5 年，存续期内原则上不得要求退股。农村集体经济组织和贫困户每年按持股金额的 8% 实行固定分红，同时获得投入资金所产生效益的 40% 的效益分红，如果农业经营主体的年终效益无法核实，则按不低于持股金额的 4% 进行效益分红。投入期限届满，农业经营主体按股金原值（即财政补助股权资金的 40% 和 10%）返还给贫困户和农村集体经济组织。农村集体经济组织自收到资金后，要将其纳入村财乡镇（街道）代理机构代管，贫困户持股部分按股权份额退还到人（户）。为保障贫困户的利益，对农业经营主体符合政策性农业保险范围内的自然灾害和病虫害等均纳入保险。

[①] 冯彦明：《关于精准扶贫、产业发展与金融支持有机结合的探析——基于对重庆市金融扶贫"石柱模式"的调研》，《农村金融研究》2017 年第 8 期。

基金收益扶贫，即基金收益扶贫分红，它是由石柱县国资监管中心建立 1 亿元的专项基金，委托石柱县兴农担保公司具体负责管理，基金权属为县财政。基金的投资对象是农民合作社及参与产业扶贫的各类企业，受益对象是县重点贫困户。农民合作社和企业申请借用基金的额度按每带动一个重点贫困户 5 万元的标准计算（各基金借用单位带动的重点贫困户未全覆盖之前不能重复），主要投资于乡村旅游、特色产业发展以及能够为贫困户带来稳定收益的项目。基金借用期限最长为 5 年，一年一审。贫困户不参与实施项目的经营管理，不承担经营主体的任何债务。贫困户年底可得到两部分收益：一部分是按照同期银行贷款基准利率计算的固定收益，另一部分是基金借用单位按借用资金产生效益的 40%分配的效益收益；如果基金借用单位年终效益无法核实，则按不低于基金借用额 4%的比例进行效益分红。基金管理机构按照基金借用单位借用资金产生效益的 10%收取管理费。借用期内基金借用单位不得转让基金使用权，到期后基金借用单位按基金原值返还基金管理单位。

信贷收益扶贫主要是信贷收益扶贫分红，它是由石柱县扶贫办与相关银行建立扶贫合作关系，在银行设立信贷风险补偿金专户，银行按照风险补偿金的 10 倍向由贫困户组建的农民专业合作社或帮扶贫困户的经营主体发放无抵押、无担保的扶贫信用贷款，贷款期限一般为 1 年，最多不超过 3 年。农民专业合作社和经营主体每帮扶一户贫困户，可得到不超过 5 万元的贷款，贷款利率由县扶贫办与银行协定。贫困户不参与实施项目的经营管理，也不承担经营主体的任何债务，经营主体每年根据约定，按贷款资金的 6%向贫困户进行固定分红，同时将所贷资金产生效益的 40%向贫困户进行效益分红；若经营主体年终效益无法核实，则按不低于贷款金额的 2%进行效益分红。经营主体按期归还借款本息并完成向贫困户分红任务后，按国家同期基准利率给予贴息。石柱县扶贫办与合作银行按照"风险共担、损失共补"的原则，各按50%的份额共同承担贷款本息风险及弥补贷款呆账损失。

旅游收益扶贫包括两方面内容。一是对所有直接经营乡村旅游的贫困户，具备相应接待条件且加入"黄水人家"的，每户给予补助3万元。二是对非贫困户新发展乡村旅游扶贫的，给予专项资金补助，每年按补助资金的6%实行固定分红，同时按补助资金产生收益的40%向贫困户实行效益分红；如果经营主体年终效益无法核实的，经营主体按照不低于补助资金的4%进行年度效益分红。

可以说，石柱县四种资产收益扶持模式在实践中收到了较好的效果。财政支持、金融扶贫政策与产业发展和"建档立卡"贫困人口脱贫紧密结合，达到了产业壮大、农户增收、集体经济成长的多赢目标。石柱县的做法不能等同于一般意义的"分红"，而是体现了在农户广泛参与产业发展的基础上，加强对产业的扶持，提升整个产业的效益，从而带动贫困人口多维度可持续发展内生动能的成长。在县里各项政策的支持下，石柱县农业经济主体快速成长和壮大，据粗略统计，2017年全县累计发展农民合作社901个、家庭农场1120家、县级以上农业龙头企业83家，培育新型职业农民3600人。到2018年底，除了龙头企业数量未变之外，农民合作社增加了87个，达到988个；家庭农场也有所增加，达到1138家。石柱县有莼菜专业合作社27个，龙头企业3家，取得直接出口权的3家。目前，推动175家民营企业与85个贫困村签约结对。

案例3-2："黄水人家"由合作社转变为康养品牌

"黄水人家"如今已经成为石柱县康养休闲旅游的一大品牌，它经历了由乡村旅游合作社到石柱县康养品牌的转变。

　　与武汉、南京齐名，重庆是中国的三大"火炉"之一。重庆的夏天气温高达40℃时，石柱县的黄水国家森林公园及其周边地区却只有28℃。2009年，重庆市领导的肯定，激发了当地人以"黄水"这个地名为品牌的想法，开始创办夏日纳凉住和游的农家乐等。重庆高温时段，重庆市的人会在黄水住下来并游玩一段时间（一般是6月中下旬到9月中下旬）。2011年6月10日，经重庆市工商局特批登记注册，成立了"黄水人家"乡村旅游专业合作社，并于2011年7月23日正式挂牌。"黄水人家"乡村旅游专业合作社是黄水镇人民政府培育、农民自愿组成的合作组织，主要经营家庭宾馆、农家乐和旅游商品。最初"黄水人家"只是在黄水镇的范围。当时要修一个水库，老乡们搬迁到移民小区。搬迁之后，好多家庭原有的生计都难以为继。为了解决就业，就以"黄水"这个地名为品牌，建设了"黄水人家"。当时，建设"黄水人家"是用当地老乡自己的房子开住宿的店，但是达不到条件。于是在政府的倡导下，成立了合作社。当地老乡交一定的管理费，进行统一的、标准化管理。开始是在黄水一个地方，后来就不仅仅限于黄水了，石柱县33个乡镇、街道都可以申请"黄水人家"品牌，达标了的都有一定的补助。

　　在石柱县委县政府的指导下，"黄水人家"不断壮大。石柱县农旅集团派出工作人员黄建，让他家申请加入"黄水人家"乡村旅游专业合作社。2017年5月，"黄水人家"乡村旅游合作社召开社员大会，选举黄建为合作社理事长，由此开启了"黄水人家"发展的新模式，即以原有"黄水人家"乡村旅游合作社作为总社，并在其余各个涉及乡村旅游的乡镇设立"黄水人家"分社，发展社员。政府除了给予人力资助之外，还有资金支持。其一是资助贫困户发展乡村旅游，例如2017年的第一批旅游收益扶贫项目就资助33户贫困户（每户3万元）发展乡村旅游；其二是资助非贫困户发展乡村旅游（每带动一户贫困户补助 2 万元），并通过分红的方式带动了 268 户贫困户。2017 年这两项资助的资金累计达到 500 多万元。政府大力培育和资助，旨在以此整合全县乡村旅游资源、统一规范管理乡村旅游经营户、助推精准扶贫。

图 3-1　"黄水人家"乡村旅游合作社之一

资料来源：国家统计局及重庆市统计局。

2016 年"黄水人家"乡村旅游合作社有社员 89 家，社员资产总规模 4500 万元，共有接待床位 1704 个。2017 年合作社成员大约 330 家，2018 年是 1074 家，2019 年达到 1100 家。目前，"黄水人家"乡村旅游合作社在全县有了 23 个分社，床位达到 20000 张。2017 年比 2016 年，成员激增 241 家；2018 年比 2017 年，成员更是增加了 744 家；2019 年也有所增加。为什么会有这么大数量的增加？这主要得益于这几年石柱县发展的康养休闲旅游产业，既有政府的大力支持，更有民众的踊跃参加，还有就是开发相对较晚的乡镇也快速加入到这一产业中，例如中益乡

2018 年只有 20 多家，2019 年增加到 80 多家。

"黄水人家"乡村旅游合作社采取"政府主导、统一管理、分散经营"的模式进行运行和管理。其中在管理上实行了"八个统一"：①统一规划布局，即统一规划在移民小区，主要社员为水库移民、重点项目拆迁户；②统一形象标识，即统一设计专业合作社的标识，并以此为基础，制作统一的店牌、形象墙、灯笼、服务员民族服装等，形成统一的品牌形象；③统一接待用品，即统一定做配送印制有"黄水人家"标识的洗漱用品、毛巾、拖鞋、纸杯、手提袋等；④统一宣传营销，即通过各类媒体、建设网站、与旅行社合作等开展统一的对外营销；⑤统一服务标准，即制定统一的服务质量要求、服务承诺书、最高限价，并上墙公示，接受监督；⑥统一管理培训，即定期组织社员开展文明礼仪、宾馆餐饮服务培训，统一进行游客住宿登记录入；⑦统一评分定级，即设计 30 个指标，在硬件、软件两方面对社员进行评分定级，然后根据得分决定是否入社或清退，根据等级确定最高限价；⑧统一提取收益，即通过为社员提供登记录入等服务提取收益，通过经营浆洗业务提取收益，实现专业合作社的自我发展。

"黄水人家"乡村旅游合作社成立以来，累计接待游客 18 万余人次，户年均收入 8.1 万元。"黄水人家"乡村旅游合作社的成立与运行，较好地解决了"游客住宿难、移民增收难、行业管理难、手续办理难、小户经营难"等黄水旅游发展的突出问题。

三、建好利益联结机制，提升产业益贫性

几年来，石柱县坚持将深度调整农业产业结构与产业扶贫工作有机结合，探索出契合县域特点的山地特色高效农业产业扶贫体系，康养产业蓬勃发展，产业对农户特别是建档立卡贫困户的带动能力显著增强，

实现了产业发展和农民增收的双赢。与一般的农业产业项目不同的是，产业扶贫不仅要解决好产业发展的问题，更要带动贫困人口增收。换言之，产业发展的最终成果要体现在建档立卡贫困人口收入增加实现脱贫上面。石柱县通过探索多种利益联结机制，有效实现了产业发展对建档立卡贫困户的增收带动作用。不仅如此，利益联结机制的建设与创新，也使得产业与社区、产业与农户之间的关系更加紧密，有效节约了交易成本，实现了产业、村集体经济、农户的多赢局面。以冷水镇八龙村为例，该村位于重庆市与湖北省交界处，下辖 5 个村民小组，户籍人口 381户 1367 人，其中贫困户 31 户 92 人，已脱贫 28 户 86 人。2015 年以前，资源利用率低，农民的经济收入少。在脱贫攻坚阶段，八龙村通过发展山地特色高效农业与康养休闲旅游相结合，形成了"山上种花、水下种莼、家中迎客"的产业体系。八龙村的各项产业发展，有效地带动了本村和临近村落农户增收，特别是通过利益联结机制建设，对建档立卡贫困户形成了非常有效的带动作用（见表 3-1）。

表 3-1　石柱县冷水镇八龙村各项产业带动作用

		本村参与的户、人数及收益	带动本村的贫困户、人数及收益
已有收益的项目	黄水人家	87 户，综合收入 800 万元，户均旅游收入 8.2 万元	13 户 45 人
	云中花都	176 人常年就业，人均劳务费 9000 元/年	参与分红的 17 户 52 人，人均 2573 元；参与常年务工的 15 户 47 人，人均劳务费 9000 元/年
	高山滑雪场	务工 87 人	10 户 24 人
	种植莼菜、黄连	381 户 1367 人，户均收入 3.7 万元	31 户 92 人，户均收入 3.7 万元
在建项目	莼菜科普中心	整合全镇五个村的资产 1200 多万元与石柱县兴华农业开发有限公司开展合股联营，项目建成后，每年可接待游客 3 万人以上，预计村集体经济收入 50 万元	

第三节　石柱县产业扶贫的经验与启示

总的来看，石柱县产业扶贫工作取得了良好的成效，山地特色农业产业扶贫与康养休闲旅游扶贫相结合，有效促进了县域农业经济转型和农民增收，尤其是通过有效的利益联结机制建设，带动了建档立卡贫困户脱贫增收和可持续生计的形成。我们认为，石柱县产业扶贫模式的成功，是习近平总书记关于"找准发展路子"精准思想的生动体现、是"绿水青山就是金山银山"生态思想的科学实践，为西南山地贫困县追求高质量可持续发展提供了有效"样本"。

一、将地域资源禀赋转变为产业优势

石柱县的产业发展是依托于自身地域资源禀赋，寻找到了市场发展的契合点，在精准定位的产业上锲而不舍。首先，大力发展已经很有地理适应性、市场适应性的产品，例如黄连、莼菜的生产等。其次，将资源劣势转变为资源优势，并形成产业优势。石柱县的山区，海拔在1500米，夏凉冬冷，这样的气候条件对于传统的农业生产环境来说，相对而言是"恶劣"的。但是这些年，石柱县发展的康养产业，不断地吸收着重庆市区的民众前来"避暑"康养，一年有几个月在石柱县生活，也在石柱县消费，"避暑"康养既促进当地农牧产品的生产，也使得乡村旅游成为货真价实的"PPT旅游"，这就全方位地使得康养产业带动更多的贫困人口脱贫致富。当然，这并不排斥寻找新的、适应市场需要的产品，比如中药材的种植以及新引进的柠檬、龙眼等，开拓新市场。

二、深耕产业潜能挖掘，推动高质量发展

上文已经描述了黄连、莼菜在加工和销售中产业链的延伸。对于其他产品来说，不断延长产业链也是必经之路。如石柱县对莼菜加大了精深产品的研发和市场拓展，莼菜美容系列产品莼媛补水驻颜植物面膜、莼绅补水驻颜植物面膜、莼媛洁面啫喱、莼媛爽肤水、莼媛保湿乳液、莼媛修复精华液、莼媛眼霜已成功上市，莼养、莼芯、莼锌、莼葆、颈霜等 10 种产品已研发成功；饮料莼宝、莼养已成功上市；保健养生产品及药品产品正在研发。产品远销日本、韩国、新加坡等，年出口莼菜 700 吨，年创汇 300 余万美元。深加工产品在广州、成都、郑州、重庆等地签约区域经销。与此同时，莼菜产业还向旅游业拓展，以冷水镇八龙村莼菜基地为核心，整合周边旅游资源，正在打造以莼菜文化为主题的中国首家莼菜农业公园，建成后会更多地吸引游客，拉动旅游增收。[①] 此外，黎场乡的佛手产业，建成烤房和冻库，深加工佛手喉宝系列产品和精油的生产线正在筹备中。以上这些案例充分体现出石柱县在推进产业扶贫过程中，坚持发展定力，向集约发展、产业链条延伸、产品打造要效益的高质量发展理念。

三、统筹规划与精准施策相结合

产业发展要取得好的效果，必须坚持因地制宜的原则。农业产业都是从"土"里生长出来，一个产业项目是否契合地方特点，决定了产业的成败。石柱县科学规划、合理布局，全县围绕"三大区域"

---

① 朱素华、柯剑鸿等：《石柱县莼菜产业发展现状问题与对策》，《南方农业》2017 年第 11 期。

发展：其一，高山生态特色农业区域，以黄水、沙子、马武等片区乡镇为主，重点发展高山核桃和李子等水果，以及黄连、木本中药材产业和有机茶叶；其二，中山山地特色农业区域，以南宾、下路、悦崃、临溪等片区乡镇（街道）为主，重点发展李子等特色水果，同时套种草本中药材；其三，沿江库区高效农业区域，以西沱片区乡镇为主，大力发展柠檬产业。各区域因地制宜发展乡村旅游，巩固提升现有调味品、有机蔬菜、生态养殖等产业。各个乡镇发展的种植业有所不同。这种分类扶持的方式，恰恰是精准方略的生动诠释，并且在实践中也展现出其有效性。

四、兼顾短期收益与可持续发展

石柱县种植业的长短结合有两层意思：一是所种植的品种，有长有短，长短结合；二是同一地块内所种植的作物有长有短，实行套种。前者如河嘴乡，它的长效种植作物包括中药材（皱皮木瓜、辛夷花等，2000 亩）、青脆李＋蜂糖李（1000 亩）、茶叶（2000 亩）、核桃等，这些作物从种植到收成一般要 3—5 年。短期就能产生效益的作物主要是辣椒、前胡（前胡是一年到两年生植物）等。后者如长期种植作物套种短期作物。笔者在很多乡镇都看到了各式各样的套种。例如中益乡建峰村是辛夷花套种桔梗，在其他村庄还看到皱皮木瓜套种黄精或土豆等。为什么有这样的种植方式，这可概括为当地农民的"地方性知识"，它符合利用空间的种植规律，例如高矮搭配，利用空间。高的往往是需要种植时间较长才能见效益的，在其林下，套种矮小、生长周期较短的，这也满足了农户的收益需求。几年没有收益，对农户来说，未必是最优选择；几年之后有收益，每年也有收益，或许才是比较如意的。

五、地方消费主义视角下的"整体性发展"

在当代社会，居民作为消费者，不但重视对具体物品和服务的消费，而且越来越把地方作为一个整体性产品来消费。也就是伴随着消费单位的扩大，消费者的消费层级也将提高到更高的层次。更高的消费层级意味着消费对象范围的扩大，即从具体的物品消费上升到对一个区域的整体性消费。这种对更高层级或更大范围的消费对象的价值偏好和额外的价格支付意愿，可以称为"地方消费主义"。地方消费品的主要内容就是各种舒适物的组合，即舒适物系统。舒适物主要包括：自然舒适物（宜人的气候、气温和湿度、空气质量、冬季日照状况、临近江河湖海等水域、地形地貌的景观、森林与草地等），人造舒适物（交通运输基础设施、电力、自来水等生活基础设施以及其他），市场消费舒适物，社会舒适物（宽容与包容、当地公民素质等）。地方消费主义构成了一个地方或城市产业升级换代的重要影响因素之一。[①] 我们当然可以从脱贫攻坚的角度来看待石柱县产业发展，并认为它确实能从多角度助力脱贫攻坚。当然，我们还可以从"地方消费主义"的视角，大胆地认为，在走向乡村振兴的未来，石柱县的山地特色农业、康养产业的发展以及潜藏在其背后的生态保护，将使石柱县提供越来越多的舒适物，不仅能促进产业升级换代，更能促进石柱县的整体性发展。对于一定的区域来说，整体性发展较之于单一地强调某一方面的进步，更难能可贵。

[①] 王宁：《地方消费主义、城市舒适物与产业结构优化——从消费社会学视角看产业转型升级》，《社会学研究》2014 年第 4 期。

第四章

四个深度发力　攻克深度贫困

随着脱贫攻坚战的深入推进，深度贫困成为决胜阶段必须攻克的最后堡垒。2017 年 6 月 23 日，习近平总书记在山西太原主持召开"深度贫困地区脱贫攻坚座谈会"，研究和部署深度贫困地区脱贫攻坚工作。习近平总书记指出，深度贫困地区是脱贫攻坚中的坚中之坚，决胜深度贫困，必须合理确定脱贫目标，加大投入支持力度，集中优势兵力打攻坚战，区域发展围绕精准扶贫发力，加大各方帮扶力度，加大内生动力培育力度，加大组织领导力度，加强检查督察。①这些重要论述为各地聚焦深度贫困问题、攻克深度贫困堡垒提供了根本遵循和行动指南。具体到石柱县脱贫攻坚，2017 年 7 月以来，石柱县在深入践行习近平总书记关于扶贫工作重要论述，深入贯彻市委市政府聚焦深度贫困精准发力，集中火力攻克坚中之坚，始终坚持聚焦深度贫困，按照"四个深度发力"的思路，尽锐出战，成功战胜了深度贫困。在这一过程中形成的多方面的经验值得深入总结和梳理。在本章中，我们将首先介绍石柱县脱贫攻坚过程中所面临的深度贫困问题的概况，继而阐述石柱县在重庆市委市政府领导下，决胜深度贫困的实践探索及其成就与经验。

---

① 参见习近平：《在深度贫困地区脱贫攻坚座谈会上的讲话》，人民出版社 2017 年版。

第一节 石柱县深度贫困问题概述

前文已述，石柱县是典型的西南山区贫困县，其深度贫困问题具有自身的独特性。具体来说，除了贫困发生率高、贫困程度深、减贫成本高等共性因素以外，石柱县的深度贫困问题与一系列西南山地特征和地域文化特点相连，如耕地分散，山多地少，空间差异显著；受喀斯特地貌影响，一些村落用水困难；教育和公共卫生基础设施薄弱；民族文化崇尚自然，居民多因循守旧等。在这一部分，将介绍石柱县"一乡十五村"深度贫困的基本状况，继而剖析其成因和表现。

一、聚焦"一乡十五村"深度贫困攻坚

党的十九大报告特别强调，要重点攻克深度贫困地区脱贫攻坚。2017 年 8 月，重庆市参照国家认定深度贫困县的标准，按照"三高一低三差三重"识别标准，在全市 14 个国家扶贫工作重点县中精准识别了石柱土家族自治县中益乡、奉节县平安乡等 18 个深度贫困乡镇，作为全市脱贫攻坚工作的重点。这 18 个深度贫困乡镇共辖 173 个行政村，其中贫困村 91 个。石柱县聚焦县域内 1 个深度贫困乡中益乡和 15 个深度贫困村，实现了所有脱贫户"两不愁三保障"100% 解决，贫困村全部实现"建八有""解八难"。同时严格落实"四个不摘"重要指示要求，持续稳定贫困户教育、医疗、住房、产业、金融等扶贫政策，巩固了脱贫成效。石柱县按照长效产业"共建"、基础设施"共通"、协同发展"共享"，统筹推进脱贫攻坚与乡村振兴，深度调整农业产业结构 18.32 万亩，实现

有条件的贫困对象全覆盖。

二、石柱县深度贫困的成因与表现

石柱县的深度贫困成因主要有以下几点：一是自然条件艰苦，生产条件受限。石柱县地处渝东褶皱地带，县境为多级夷平面与侵蚀沟谷组合的山区地貌，呈现"两山夹一槽"的地貌特征，群山连绵，沟壑纵横，人均耕地面积少，大部分地块属"巴掌田""鸡窝地"，难以进行规模生产。深度贫困乡（中益乡）与十五个深度贫困村主要分布在山区，海拔较高，坡度较大，开发难度更大。二是基础设施建设落后。受制于自然条件限制和地方财力薄弱，石柱县深度贫困地区基础设施建设滞后，道路、水利、通信等基础设施全面落后，群众生产生活难以得到进一步改善。三是群众生活条件差。石柱县深度贫困地区的住房多为木房和土坯房，修建年限较长，C、D级危房存量大，同时存在火灾和其他安全隐患。另外受喀斯特地貌影响，饮水保障不充分，缺少水源和季节性缺水的情况较为突出。此外，受传统民居和生活习惯的影响，部分深度贫困地区的农户家庭卫生情况较差，影响群众身体健康和整体的生活环境。四是产业基础薄弱。中益乡和其他 15 个贫困村未形成主导产业，仅仅依靠农户分散种植马铃薯、玉米等传统作物，生产模式单一，抗风险能力弱，经济效益低，产业对群众的带动力不强，外出务工人员多。五是群众内生动力不足。部分群众存在"等靠要"的思想，不求发展，同时文化素质相对较低，思维方式和行为方式滞后，发展家庭经济缺计划、缺技术、缺管理能力，自主发展能力不强。六是深度贫困地区人才缺失。一方面党员干部年龄偏大，整体素质相对较差，基层党组织战斗堡垒作用缺失；另一方面外出务工人员多，村庄存在空心化的趋势，缺少能人带动地方发展。

第二节 四个深度发力实现四个深刻转变

石柱县强调扎实抓好中益乡和 15 个深度贫困村的脱贫攻坚工作，落实四个深度发力，实现四个深刻转变。中益乡和 15 个深度贫困村均实行市管领导定点包干，深入推进基础设施提升、产业扶贫提升等"七大行动"，每个深度贫困村新投入专项资金 200 万元以上，攻克深度贫困堡垒取得重大进展。

一、石柱县攻克深度贫困的总体思路

习近平总书记强调，脱贫攻坚要取得实实在在的效果，关键是要找准路子，抓重点、解难点、把握着力点。为深入贯彻落实习近平总书记在深度贫困地区脱贫攻坚座谈会上的重要讲话精神，以及 8 月 18 日重庆市深化脱贫攻坚作战电视电话会议、市委市政府《关于深化脱贫攻坚意见》（渝委发〔2017〕27 号）、《深度贫困乡（镇）定点包干脱贫攻坚行动方案》（渝委办〔2017〕91 号）精神，石柱县县委、县政府在石柱县（中益乡作为深度贫困乡，其所辖 7 个村均为深度贫困村，不再另行识别）精准识别一批深度贫困村，作为脱贫攻坚"重中之重、坚中之坚"，采取县领导"定点包干"方式，有针对性地实施脱贫攻坚行动。石柱县对标精准扶贫精准脱贫基本方略，认真贯彻落实全国扶贫开发会议明确的重点任务，按照陈敏尔书记"四个深度发力"指示要求，统筹好面上脱贫与深度攻坚，全力以赴攻坚拔寨、决战深度贫困。具体来说，根据习近平总书记重要论述的指引，结合市委市政府的工作指导，石柱县明确了聚焦深度贫困"一乡十五村"的攻坚思路，即由深度贫困乡和深度贫困村指挥部牵头，按照"四个深度发力"要求，通过以点带面、示范带动，在强力推进中益乡及15个深度贫困村脱贫攻坚工作同时，统筹推进脱贫攻坚面上工作。

按照全市统一部署，石柱县明确提出15个深度贫困村脱贫年度为2018年，要确保2018年石柱县贫困发生率控制在1%以内，并巩固70个村、4.91万贫困人口脱贫成果，确保一次性通过脱贫摘帽验收，为2020年如期高质量打赢脱贫攻坚战、全面建成小康社会奠定坚实基础。为了高质量实施15个深度贫困村定点包干脱贫攻坚规划，石柱县充分整合部门行业资金，撬动社会资金，充分完善基础设施、产业发展等七大提升行动。14个深度贫困村（不含中益乡坪坝村）规划建设项目共计228个、总投资1.72亿元。实践中，石柱县落实定点包干责任制，瞄准"1+15"深度贫困乡村，压实县领导定点包干责任、县级部门帮扶责任和深度贫困乡村主体责任，推动各项工作落地见效；集中精力集中火力，加大对深度贫困乡村的投入力度，有针对性地解决基础设施较差、产业结构不优、贫困群众脱贫内生动力不足等问题；发挥脱贫示范带动作用，通过深度贫困乡村的脱贫攻坚，示范带动周边乡镇村实现区域发展、联动发展，提升全县面上攻坚质效。中益乡和15个深度贫困村须按照规划要求，有力有序有效地推进各项工作，持续加大攻坚力度。

（一）在改善生产生活生态条件方面深度发力

为了补齐基础设施建设短板，石柱县实施了稳定脱贫提升行动与基础设施提升行动。稳定脱贫提升行动，聚焦深度贫困村贫困人口，进一步落实精准帮扶措施，水利、交通等基础设施建设向贫困户倾斜，危房改造、易地搬迁、生态保护等项目优先安排贫困人口。基础设施提升行动，主要是推进贫困村巩固提升工程，大力推进贫困村"路、水、电、讯、房"基础设施建设。引导鼓励电力、通信等企业加大对深度贫困村的支持力度，完成农村电网升级改造，实现村通宽带、人口聚集区有信号。加强人居环境整治，优先安排深度贫困村农村危旧房改造，农村危旧房实现应改尽改，普遍建立村庄保洁制度，实现村容村貌文明整洁。在生态保护方面，加大深度贫困村生态保护修复力度，退耕还林、天然林保护、石漠化治理等生态工程向深度贫困村倾斜。生态转移支付优先用于深度贫困村。加快推进易地扶贫搬迁，实现符合条件、有意愿搬迁的贫困群众"应搬尽搬"，对深度贫困户实行兜底搬迁。积极开发深度贫困村生态公益岗位，优先安排贫困人口。充分发挥深度贫困村生态优势，积极支持发展生态农业、生态旅游等生态经济，将生态优势转化为经济优势，让绿水青山变为金山银山。

（二）在深度调整产业结构方面深度发力

实施产业扶贫提升行动。石柱县立足资源禀赋、生态条件和市场需求，大力发展现代特色效益农业。围绕"旅游+""生态+"等，推进二三产业向乡村深度融合，探索建立产业扶贫"五个一"模式，即选准一个好产业、打造一个好龙头、培育一个好市场、创新一个好机制、形成一个好链条。大力构建"3+3"现代山地特色高效农业扶贫产业体系，做大做强中药材、干鲜果和乡村旅游三大主导产业，巩固提升以辣椒为主的调味品、以莼菜为主的有机蔬菜、以中蜂为主的生态养殖三大特色产业，巩固已发展的15.2万亩长效产业，在此基础上2019年启动新发展长效产业。大力扶持培育新型经营主体，每个深度贫困村至少要有1—2个农民专业合作社、2—3家种养大户和家庭农场。建立完善电商网上销售平台，改善发展环境，实现电商平台服务对深度贫困村全覆盖。

针对深度调整产业结构所带来的潜在风险，石柱县出台了《产业扶贫市场风险防控工作方案》，按照"关口前移、源头治理、风险预防、科学研判、持续改进"的要求，通过成立产业扶贫市场风险防控工作领导小组，强化组织领导，强化质量监管，提升市场竞争力，延伸农业产业链条，走就地加工转化之路，构建市场流通体系，减小产品损耗，加强市场信息服务，建立市场风险预警机制，完善风险共担机制，确保全县建成"点、线、面"有机结合、县乡村分级负责且较为完善、有效运行的扶贫产业市场风险分级管控体系，风险分级管控的机制、措施更加精准有效，市场风险管理能力明显提升。

（三）在推进农村集体产权制度改革方面深度发力

以农业产业结构深度调整为支撑，围绕资源变资产、资金变股金、农民变股东"三变"改革，以"股份农民"为核心，大力推进经营主体与贫困群众多形式开展"合股联营"，因地制宜推进土地经营权入股、土地流转、订单生产等多种经营方式。充分发挥长效产业经营主体带动作用，大力推行"土地入股保底分红+项目投产效益分红"模式，经营主体、群众和村集体建立股份合作长效利益联结机制。通过组织和动员群众抱团发展，实现主导产业对有劳动能力和意愿的贫困农户全覆盖。

（四）在落实各项扶贫和惠民政策方面深度发力

研究出台了深化交通扶贫、电力通讯扶贫、产业扶贫、健康扶贫、教育扶贫、农村环境整治扶贫等政策。同时实施深度贫困村"两委"提升行动，加强深度贫困村基层组织建设，下决心解决基层班子软弱涣散问题，抓好以村党组织为核心的村级组织配套建设，选好配强村"两委"班子，发挥好村党组织在脱贫攻坚中的战斗堡垒作用，加强督查检查，确保各项惠民政策落到实处。

二、攻克深度贫困的治理体系安排

石柱县委办公室、石柱县人民政府办公室 2017 年印发《深度贫困村定点包干脱贫攻坚行动方案》，明确了石柱县对深度贫困地区的工作安排。

第一是组织保障。石柱县组建深度贫困村脱贫攻坚工作指挥部，在县扶贫开发领导小组领导下开展工作。指挥部由县、乡、村三级干部共同组成，形成"县领导＋县级责任部门负责人及工作人员＋乡镇（街道）负责人＋深度贫困村主要负责人"的指挥和工作体系。深度贫困村的指挥长由县领导担任。石柱县《关于调整县领导和县级部门脱贫攻坚包干帮扶乡镇（街道）工作的通知》（石柱委办〔2017〕108号）明确了这一点，并指出指挥长对深度贫困村脱贫攻坚负总责，主要负责督促检查、考核问责，谋划好思路、把握好方向、统筹好资源。根据石柱县委办〔2017〕108号文件，由排第一位的包干帮扶单位主要负责人担任常务副指挥长，负责指挥部重大事项协调和指挥。深度贫困村所在乡镇党政主要负责人担任副指挥长，履行乡镇脱贫攻坚第一责任人责任，负责具体编制落实深度贫困村脱贫攻坚实施规划、工作方案，协调解决脱贫攻坚过程中的各种问题和困难，确保深度贫困村如期脱贫。在选派驻村工作队时，由指挥长在包干帮扶单位中选派2名干部（1名县管领导干部，1名中层干部或工作人员）、深度贫困村所在乡镇1名班子成员、村支"两委"负责人等人员共同组成。县管领导干部任驻村工作队联络员，负责工作队日常工作、上下联络、信息收集归类和分析上报，监测反映工程进度、挂图作战完成情况，提供贫困退出有关数据指标等工作。指挥长每月到村开展工作不少于3次，全年蹲点时间不少于30天。常务副指挥长每月到村开展工作不少于4次，全年蹲点时间不少于40天。副指挥长常态化到村开展工作，每月研究深度贫困村工作不少于4次。

第二是财政保障与支持。坚持新增脱贫攻坚资金优先满足深度贫困村、新增脱贫攻坚项目优先布局深度贫困村、新增脱贫攻坚举措优先集中于深度贫困村的"三个优先"原则，发挥政府投入的主体和主导作用，发挥金融资金的引导和协同作用。2017年、2018年，县财政每年为每个深度贫困村安排100万元专项资金，用于深度贫困村脱贫攻坚工作。县级金融单位、保险机构要加大对深度贫困村的支持力度；国土部门积极采取城乡建设用地"增减挂钩"等方式，优先保障深度贫困村发展用地需要。

第三是责任与考核。对深度贫困村的脱贫攻坚工作实行"季报告"制度，每季度最后一个月 25 日前，由各驻村工作队联络员负责，将上季度工作进展、典型做法、存在问题、贫困监测数据等报县扶贫开发领导小组办公室，县扶贫开发领导小组办公室梳理汇总后报县扶贫开发领导小组。县委县政府督查室每半年对深度贫困村脱贫攻坚工作开展一次督查。县委组织部对各指挥部常驻人员工作情况开展常态化明察暗访。2017 年年底、2018 年年底，由县扶贫开发领导小组牵头，对深度贫困村脱贫攻坚成效进行考核。在考核结果运用方面，深度贫困村脱贫攻坚工作成效特别明显，或对脱贫攻坚有突出贡献的干部，在评先选优中单列指标，按照有关规定给予表扬或提拔任用；或对不作为、乱作为、慢作为、不完成目标任务，有其他严重影响工作成效过失行为的，按相关规定严肃追责。

第四是强化监督督察。坚决防止"豆腐渣"工程和贪污截留挪用、优亲厚友等腐败问题，特别是深度调整农业产业结构中仍然存在少数业主骗取套取财政资金等现象，高度重视项目资金和质量监管。

第五是加快推进扶贫项目早启动、早开工。项目建设是脱贫攻坚的关键。各乡镇（街道）、县级有关部门、有关单位按照全县精准脱贫攻坚战实施方案，尽早谋划和尽早启动项目建设，抓紧推进项目前期工作，在项目审批方面并联适当要件，提高审批效率，确保项目快速推进。

第六是有针对性地处理深度贫困攻坚战中出现的问题。在脱贫攻坚过程中，主要出现的问题包括项目进展缓慢，村集体经济发展不足，存在信访矛盾和结对帮扶不够实等问题。针对这些问题，石柱县加大力度、加快进度，扭转项目建设缓慢的情况，使得项目建设能够如期完工；认真落实县领导定点包干责任、县级部门帮扶责任、贫困乡村主体责任，集中精力攻克深度贫困堡垒；发展壮大村集体经济，探索成立村集体经济组织，大力发展七型集体经济，推动集体产权制度改革；针对信访问题，分析原因、落实责任、化解矛盾，真正提高群众满意度。

第三节　中益乡决胜深度贫困的案例与启示

一、中益乡的深度贫困问题

中益乡地处武陵山区，位于石柱县中部，面积 160.5 平方公里，辖龙河、光明、华溪、盐井、坪坝、全兴、建峰 7 个行政村，共 34 个村民小组，全乡户籍人口 3013 户 8227 人。全乡现有建档立卡贫困户 539 户 1838 人，其中因病因残致贫 269 户 869 人，占 50%（因病 219 户 708 人，因残 50 户 161 人）；因学致贫 116 户 481 人，占 21.5%；因缺技术致贫 119 户 394 人，占 22%；其他原因致贫 35 户 94 人，占 6.5%。

作为重庆市 18 个深度贫困乡镇之一，其深度贫困体现在"两高五差"。"两高"一是贫困发生率高，中益乡贫困发生率为 22.39%；二是因病因残致贫占比高，从致贫原因来看，中益乡最主要的致贫原因为因病致贫，有 220 户 712 人，占 40.74%。

"五差"一是生产条件差，山高坡陡，土地撂荒严重。中益乡幅员面积 160.5 平方公里，平均海拔 1000 米左右。拥有耕地面积 23261.15 亩，在耕及可开发耕地 1.3 万亩，占 55.89%。传统种植业脱贫难、致富难，全乡近 3000 名青壮年劳动力外出务工，导致耕地利用率低，撂荒面积大。2017 年 8 月以前，中益乡利用耕地面积 7200 亩，土地撂荒 1.55 万亩，占 67%。

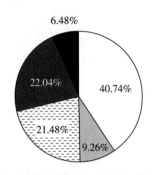

图 4-1　中益乡致贫原因分析

二是交通条件差。2017 年 8 月以前，中益乡只有 3 条对外公路与外乡联系，还有 5 个村民小组未通公路，村民小组通畅率 32%，通达率 67.6%，289 户没有实现交通保障。交通不通畅阻碍了农户进一步发展生产，影响农户收入，不利于农户生活水平的提高。

三是住房条件差。中益乡传统民居多为土木结构，长年累月受风雨侵蚀，安全程度低。中益乡 2017 年 8 月以前有砖瓦房 864 间，土木房 1125 间，C 级危房 669 间，D 级危房 84 间，多数土木房屋破败不堪，居住在危房中的低保户、贫困户及残疾户达 133 户。

四是产业结构差，产业发展"小、散、弱"。2017 年 8 月以前，全乡主要种植玉米等传统作物，包括玉米、水稻、黄连、辣椒、土豆、红薯等，粮经作物种植比约为 9∶1。不少农户以个体为单位面向市场，产品价格低，抵御市场风险能力弱。

五是发展意识差，群众内生动力不足。按照传统的耕作方式，中益乡群众一般从 11 月份到次年三四月份都不下地干活，存在"等靠要"思想和"干部干、群众看""干部着急、群众不急"的现象。

二、中益乡推进深度贫困治理的做法

中益乡聚焦四个深度发力，通过深度改善贫困地区生产生活条件、深度调整产业结构、深度推进农村集体产权制度改革、深度落实各项扶贫惠民政策等做法，在中益乡脱贫攻坚指挥部统一领导和市委办公厅扶贫集团倾情帮扶下，集中精力攻克深度贫困堡垒，"两高五差"情况得到显著改善，推动全乡脱贫攻坚工作取得阶段性成效。具体来说，中益乡深度贫困治理主要有以下做法：

（一）深度改善贫困地区生产生活条件

一是补齐交通设施短板。新建农村公路 114 公里、人行便道 20 公里，村通畅率、10 户以上通达率均实现 100%。计划新改建 3 条对外干线，规划实施沪渝高速沙子互通至渝利铁路沙子客运改造工程等，辐射带动中益乡脱贫致富。二是补齐生活设施短板，启动水厂改造提升、集中供水工程和农村分散饮水安全工程，新建电网专线和农网升级改造工程，实现村光纤网络全覆盖和户户饮水、用电安全。三是通过易地扶贫搬迁、危旧房改造和"五改"，改善群众生产、住房和人居环境。2018 年中益乡易地扶贫搬迁安置贫困户 106 户 350 人，其中集中安置 104 户 344 人，涉及 5 个居民点，分散安置 2 户 6 人。2017 年以来，中益乡实施 D 级危房改造 73 户，C 级危房改造 583 户。针对 C 级危房改造确定了 5 类 13 项改造内容，做到一户一策，在保留体现土家风格的基础上实施改造；针对 D 级危房改造要求新房建筑面积不超过 80 平方米，以村为单位打捆成项目包，由乡村为业主招标实施，动员群众全面参与，主动投工投劳。D 级危房改造按 2 人及以下农户每户 2.1 万元，3 人及以上农户每人 2.2 万元的标准予以补助，切实做到因户施策。

中益乡农村人居环境整治项目覆盖全乡 7 个村，涉及 1850 户 6105 人，重点实施以改风貌、改厨房、改地坪、改厕所、改习惯为主的"五改"项目，计划改风貌 1850 户 57 万平方米、改厨房 1210 户、改地坪 1630 户 25 万平方米、改厕所 895 户、建三格式化粪池 930 口，同步引导群众改变生活陋习、养成文明生活习惯。

（二）深度调整产业结构

盘活农村土地劳动力等资源要素，是做好深度调整产业结构的重点工作。为此，石柱县出台了撂荒地种植和土地流转政策，提升产业发展空间，提高土地利用率。中益乡针对 25 度坡度以下撂荒耕地执行两种政策，一是耕地撂荒的取消地力提升补助，将撂荒地让给他人（或流转）种植，恢复享受地力提升补助；二是对撂荒地复耕种植的给予耕种者一次性复耕补助 150 元/亩。土地流转方面，对流转土地成片发展经济作物种植 100 亩以上的，按中益乡政府确定的土地流转指导价的 80% 给予土地流转补助，其中种植一年生作物种植一年补助一年，最多不超过 3 年；种植 2 年生作物只补助一个生产周期；种植 3 年生及以上（含多年生）的补助 3 年。

根据产业发展规划，制定相应奖补政策。中益乡针对干果（核桃）、水果（李子）、中药材、中蜂、马铃薯等产业制定了有针对性的奖补政策，并对有机农产品基地建设、大棚等基础设施建设给予补助。首先是利用退耕还林发展干果、水果和木本中药材种植产业。除了符合退耕还林验收标准的享受退耕还林种苗补助政策外，财政给予一定的种苗、栽植及管护费补助，同时中益乡政府还与服务组织签订合同，在退耕还林范围之外对不同产业的发展给予不同金额的补助。其次是有针对性地对草本药材种植和中蜂养殖产业提供扶持。在产业发展的不同环节如种植（养殖）、加工收购、销售等均提供补助、激励和帮助。

发展乡村旅游，实现农旅结合。随着农业产业结构的不断优化，中益乡规划到 2020 年全乡建成 2 万群中蜂养殖基地、1 万亩中药材基地和 1 万亩经果林基地；以打造 5A 景区为目标，加快发展以民宿旅游为特色的乡村旅游，形成以乡村旅游为主导、有机农业为基础、劳务经济为补充的经济体系，建成产业特色鲜明、增长动力充沛、质量效益提升、可持续发展的活力小镇。目前乡村旅游发展主要是三个方向。一是中益乡坪坝村发展少数民族特色村寨保护与发展项目，以土家木房为主的居民风貌改造，进行院落环境整治，项目总投资400万元，资金来源全部为市级及以上。二是中益乡其他7个村依托"黄水人家"品牌，进一步推广发展旅游收益扶贫。利用市级及以上提供的资金100万元，中益乡发展"黄水人家"中益分社会员50家，建设"观赏作物+乡村旅游+民宿"产业链。三是以中蜂养殖为基础发展中华蜜蜂小镇。

通过多种产业调整的扶持政策，中益乡粮经种植比从9∶1调整为1∶9。通过开发中蜂养殖和深度产品开发，推动绿色有机农特土产品向旅游产品和商品提档升级，提高了农户收入，扩展了发展空间，为乡村振兴打下基础。

（三）创新利益联结模式，深度推进农村集体产权制度改革

结合产业发展规划，中益乡探索推进农村集体产权制度改革，提出了不同的利益联结模式，提高农户收入，保障农户利益。利益联结模式主要有以下四种：

一是股份分红。推动土地和劳动力入股合作，农户以土地承包经营权、劳动力等作价入股，农业企业、专业合作社以种子、肥料、农药等生产物资以及技术指导、产品初加工、产品销售等入股，村集体经济组织以生产过程协调服务、争取政策支持等入股，经营周期结束后农户、经营主体、村集体经济组织分别按比例分红。

中益乡前胡产业主要采取此种利益联结机制。石柱县泽泰中药材专业合作社联合社以生产物资及技术指导、产品初加工、产品销售等入股，占44%；农户以土地、劳动力入股，占50%；村集体经济合作社以协调解决纠纷、争取补助及政策支持等入股，占6%。前胡销售金额为总分红资金，石柱县泽泰中药材专业合作社联合社不再提取生产各个环节成本开支，三方按入股比例分红。药材专业合作社联合

社和村集体经济合作社向农户保底分红，即农户分红资金不低于所交合格前胡鲜品按 5 元/公斤标准计算的金额。

类似的还有坪坝村的瓜蒌产业，也是"股份分红"模式，中药材种植有限公司、农户、村集体经济合作社分别占 50%、42% 和 8% 的股份，年底瓜蒌销售后按比例分红，农户分红超出保底部分按土地劳动力 2∶8 比例分配。

二是代管代种+股份分红。村集体成立集体股份公司，通过"代种代管"或土地经营权入股的方式链接农户，以"互惠契约"锁定公司、农户、村集体经济组织各方面权责。

中益乡的脆红李种植主要采取的就是这种利益联结模式。项目实施前 3 年（2018 年至 2020 年）为"代种代养"模式，由石柱县锦垚生态农业有限公司利用相关产业发展资金（2300 元/亩，其中种苗、蕙条及栽植、嫁接和肥料补助 500 元/亩，管护费 600 元/亩/年）代农户购苗栽种，并负责全程生产管理，农户可以获取务工收入并学习管理技术。3 年后（2021 年）果树归农户管理，为"股份分红"模式，石柱县锦垚生态农业有限公司以生产资料、技术指导、市场销售等入股，占 25%；农户以土地和劳动力入股，占 70%；村集体经济合作社以生产组织协调入股，占 5%。同时对于栽植脆红李的农户前五年给予 1200 元/亩的结构调整效益补助（第一年 500 元、第三年 300 元、第五年 400 元）。

三是村集体成立公司统一经营统一管理。中益乡华溪村是全市"三变"改革试点村之一，该村率先在全县成立中益旅游开发有限公司，将全村土地进行整体流转，由公司统一种植、统一管理。如此一来，不但顺利调整了产业结构，也得以成功将村民转变为股份农民和职业农民。

比如华溪的莼菜产业项目就是此种利益联结机制。华溪村组织全体村民成立集体经济合作社，后与 16 个自然人（业主）联合成立中益旅游开发有限公司，其中 16 个自然人自筹资金 32 万元，持股

6.4%，村集体经济合作社利用财政扶贫资金、社会捐赠资金和帮扶资金出资 468 万，持股 93.6%。该项目在保证土地所有权不变的基础上，村民以土地经营权入股分红。

利益分配方面，项目达产总收益中 20% 被全村用于经营的土地入股分红，80% 用于公司分红，除去成本后按照村集体经济合作社持股占比进行分红，其中村集体经济股份合作社所获分红的 60% 用于全体合作社成员分红，30% 作为村集体扶贫济困经济用于对贫困群众开发公益性岗位和临时救助，10% 用于村集体公益金。

四是以房联营。为了推动中益乡旅游产业的发展，中益乡引进县农旅公司以货币出资入股，农户利用宅基地和共享产权房屋入股，民宿公司统一经营，经营收入由农户与公司 5∶5 分红。在重庆市国土局的指导下，中益乡带动了 40 余户农户利用宅基地和共享产权房参与公司民宿联营，为城市资本下乡、盘活闲置房屋和宅基地"沉睡"资源打通渠道。

总体而言，通过推进农村产权制度改革，中益乡将有土地、有劳力的农户转化为"股份农民"。对缺技术、缺劳力的农户实行"代种代管""联养合作"，由企业利用财政补助代农户发展脆红李、中蜂等高效产业，农户通过有偿劳动接受培训，进入收获期后享受保底分红，有能力的农户逐步承接产业自行发展。对"三无"深度贫困户实行"兜底分红"，运用"1+4"资产收益模式、小水电扶贫、小额信贷等政策，为"三无"户刚性保障财产性收入。

另外，中益乡村庄的集体经济得到了壮大。全乡 7 个村全部成立村集体股份公司，在产业发展中以财政补助资金作为配股资金，同时通过组织生产和协调服务入股，各村集体经济组织积极开展生产和代销农特产品、劳务和运输服务、撂荒地收储利用等经营项目，确保集体经济组织实现自我造血发展，成为引领乡村振兴的新引擎。目前中益乡华溪村已开始农特产品销售，各村收储撂荒地 1000 余亩准备开发，3 支集体机耕队已实现翻地业务收入 4 万余元。

（四）深度落实各项扶贫惠民政策

其一，精准识别为基础，到边到角。深度贫困攻坚中，石柱县对全乡所有农户先后进行 6 轮地毯式、拉网式排查核实，做到农户摸排、贫困户核查、疑难对象户研判"三个 100%"，严格执行贫困户识别"八步两评议两公示一比对一公告"程序，确保不错一户、不漏一人。精准制定办法，对照"两不愁三保障一达标"标准，先后开展 3 轮问题大排查大整改行动，针对排查出来的问题，逐户制定办法，做到一户一策一办法，确保贫困原因清楚、脱贫目标合理、帮扶措施可靠。

其二，确保政策宣传、政策培训、政策公示、政策落实"四个100%"。在政策宣传方面，县乡干部深入农户家中，一对一宣传脱贫攻坚、乡村振兴的政策，确保在家群众政策知晓率 100%；政策培训方面，邀请西南大学、重庆农科院、重庆畜科院、长江大学等院校专家培训中药材种植、中蜂养殖等种养技术，每月在各村开展 1 次技能培训，选送一批青壮年劳动力参加各类职业教育培训，确保有劳动能力的贫困群众政策掌握率 100%；在公示公开方面，对贫困户享受扶贫惠民政策进行公开公示，推行有奖举报公示制度，做到一个反映、一个调查、一个回应"三个一"标准，确保群众政策认可率 100%；在政策落实方面，对贫困户每月开展一次走访、一场宣讲、一件实事、一次大扫除"四个一"真情帮扶活动，对不符合贫困户条件但家庭困难的农户进行分类救助，确保群众满意率 100%。

其三，深入转变干部作风，提高组织战斗力。中益乡主要通过"三三"联动等方式，增强基层党组织的能力。中益乡将 7 个村全部纳入后进基层党组织整顿，调整村支书、主任 4 人，择优选配其他村组干部 28 名，回引大学生本土人才 12 名，村干部平均年龄下降 5 岁，培养党员致富带头人 26 人。特别是，中益乡总结了"先吃黄连苦、后享蜂蜜甜"的攻坚精神，制定《村级干部履职十诺》《驻村干部作风十条》，抓实扶贫领域腐败和作风问题专项治理，全乡上下始终保持不松懈、不滑坡，坚决克服畏难厌战情绪，顽强作战、越战越勇，真正以干部辛苦指数换群众幸福指数，乡、村两级干部务实的工作作风、忘我的工作状态赢得广大群众的认可。

三、中益乡深度贫困治理的成效与经验

中益乡的脱贫攻坚取得了显著的成效。第一，贫困发生率由22.39%降至1.72%，剩余贫困户46户121人，贫困群众人均可支配收入达9147元。第二，因病致贫得到有效改善，落实资助参保、基本医疗、大病保险、一事一议等多重医疗保障制度，健康扶贫政策实现贫困户全覆盖，无因贫弃医现象。第三，生产条件得到改善，耕撂荒地3000亩，新开荒土地847.77亩，完成宜机化土地治理，建设马铃薯、高山有机蔬菜基地等。第四，交通状况得到极大改善，新建和改造农村公路106.6公里、人行便道39公里，村通畅率、10户以上院落通达率均达100%。第五，住房条件与人居环境显著提升。通过落实易地扶贫搬迁、危房改造、老旧房屋宅基地复垦等住房保障政策，安置贫困户107户，完成危旧房改造838户，老旧房屋宅基地复垦537户，实现脱贫对象100%住房安稳，全乡实现清洁改厨改厕全覆盖，卫生厕所普及率达100%。第六，积极落实调整产业结构，发展中药材、特色果蔬种植1.9万亩，发展前胡、黄连、桔梗、栀子、黄精等中药材种植，粮经种植比从9∶1调整为1∶9。开发中蜂养殖和深度产品开发，推动绿色有机农特土产品向旅游产品和商品提档升级。第七，农户积极性提升，精神面貌焕然一新。通过开展志智双扶，开办"新时代文明实践站"，乡风文明积分等活动，培养致富带头人，带动350名外出务工人员返乡就业创业，帮助贫困户梳理脱贫信心，激发脱贫动力，改变干部群众关系。总的来看，中益乡的经验主要体现在以下三个方面：

一是区域发展理念与规划先行。总书记强调，深度贫困地区的区域发展是精准扶贫的基础，是精准扶贫的重要组成部分。中益乡高度重视区域发展理念，在基础设施建设与产业布局上充分考虑大黄水区域统筹发展。中益乡积极建设连接其与"大黄水"区域 4 个乡镇主干道，与黄水镇、冷水镇连片发展民宿旅游，与沙子镇连片发展中药材，与桥头镇连片发展脆红李。

在规划方面，中益乡紧密对接上级政策、脱贫目标，广泛征求群众意愿，充分开展科学论证，精准绘制攻坚蓝图，以 2016 年为规划基准年，编制形成中益乡 2017 年至 2020 年规划，同时还有 18 个行业专项规划和 7 个村方案。主要按照"缺啥补啥"原则，科学发展主导产业，分类补齐基础设施和公共服务短板，同步开展人居环节整治。

规划的落实得到了"三优先"的支持。一是优先保障扶贫项目用地。利用现状图、产业规划布局图绘制土地，推进"一方案"撰写和国土规划编制，积极争取用地指标，确保基础设施、产业项目、易地扶贫搬迁、公共服务等扶贫项目早日落地。二是优先实施宅基地复垦。组建 7 个测绘规划小组，采取"边测绘边包装边实施"方式，同步开展资料收集、资格审查、前期测绘、规划设计，加快推进宅基地复垦工作，盘活农户闲置资产，预计测绘包装 500 户 200 亩。三是优先实施土地整治。专项包装市级投资土地整治项目 2 个 2000 万元，开展山水田林湖综合整治，深度改善群众生产生活生态条件，助推特色产业发展。

二是坚持党的领导。压实各级党委的攻坚责任，从市委主要领导高位推动到基层干部狠抓落实。中益乡是石柱县的深度贫困乡，各级领导对中益乡的脱贫攻坚工作非常重视。在党的坚强领导下，中益乡的脱贫攻坚工作从规划组织到政策措施保障，都得到了有效的落实。2017 年 8 月以来，市、县、乡三级制定出台干部下沉措施，成立中益乡脱贫攻坚工作指挥部，抽调 8 名市级干部、32 名县级部门干部开展驻乡驻村工作，明确 14 名县级领导，分别承担中益乡 7 个村的脱贫攻坚包干帮扶责任，明确 128 名县级部门干部开展结对帮扶工作。同时调整中益乡领导班子，优选 5 名有农村工作经验的年轻干部到中益乡挂职锻炼；优选市、县、乡 60 名干部混编成中益乡驻乡工作队和 7 个驻村工作队，集中优势兵力作战，总体上中益乡形成集中精力、集中活力全力攻坚的浓厚氛围。乡党委不断提高政治站位，强化"四个意识"和政治担当。严明党组织书记抓党建第一责任人责任和班子成员"一岗双责"责任，落实党委主体责任和纪委监督责任的力度不偏不弱，组、宣、统、纪大党建格局不缺项。在全乡形成认识高度统一、行动高度一致的良好政治生态。以问题为导向落实巡视巡察整改政治责任，对照中央及市委脱贫攻坚专项巡视、县委脱贫攻坚专项巡察、历次督查检查审计等反馈问题，举一反三、全面深入开展自查自纠，共查找 4 个方面 12 个问题，按照"三单""六定"要求，成立工作小组，制定整改方案，建立整改台账，扎实推动问题整改"销号清零"。各支部层面，将学党章和习近平总书记系列讲话、重要论述纳入"三会一课"永久计划，交叉组合使用志愿服务、节日纪念等多种方式开展主题党日活动，严禁"虚大空""两张皮"等党建乱象，从严从实推动"两学一做"教育制度化常态化，增强党支部政治功能，提升支部组织力。可以说，正是因为坚持了党的坚强领导，才能够凝聚起强大攻坚合力，在复杂困难的局面中找到最科学最精准最有效的办法，在有限时间内解决最困难的问题，打赢最艰难的攻坚战。

在基层组织建设方面，中益乡提出"三三"联动抓党建促脱贫。针对以前部分群众不信任政府，不相信村干部，干群关系不协调等现状，中益乡提出"三三"联动工作法，抓党建促脱贫。"三三"指的是"三力并举、三链共生、三甜互促"，从不同方面增强党员战斗力，更好发挥党组织战斗堡垒作用，改善干群关系，激发群众内生动力。"三力并举"指的是提升党支部组织力、强化党员带动力、激发群众内驱力。为了提升党支部组织力，各村党支部坚持"两学一做"常态化制度化，严肃党组织生活，抓实"三会一课"、主题党日。部分村调整配强了支部书记，更换组长，回引本土人才，培养后备干部，选优派强驻村干部；定期召开干部工作作风整顿会，党员干部的政治素质、思想素质和工作能力得到有效提升。为了强化党员的带动力，中益乡鼓励党员带头发展规模产业。在家党员与贫困户结成对子，帮助他们制定发展规划，落实帮扶举措。在发展中，部分党员帮助贫困户垫资，在田间地头和群众一起干，充分彰显了党员的引领带动作用。为了激发群众内驱力，中益乡举办了"脱贫攻坚同步小康"讲习所，各村一个院坝接一个院坝宣讲政策、培训技术、收集问题、排解纠纷；部分村庄开展了"好婆婆""好儿媳""勤劳奋进家庭"等坪坝榜样评选活动，组上评选，村上优中选优，选出来的坪坝榜样大家认可、相互学习，村民积极性很高。

"三链共生"指的是"互需链""亲情链"和"责任链"。"互需链"主要针对产业发展。根据"集体经济组织、龙头企业和农户"的发展需求形成利益联结，引进企业，激发农户，壮大集体经济，形成利益链。"亲情链"主要针对干群关系的构建。要求党员干部和驻村工作队真心实意帮扶贫困户，打好感情牌。把贫困户当亲人，想群众之所想，急群众之所急，务群众之所需。把贫困户的事当自己的事办，就没有办不好的事，也没有脱不了的贫。同时发动贫困户亲友引领帮助贫困户发展，打好亲情牌。"责任链"主要针对党员的责任落实。各村党支部定期向乡党委政府汇报抓党建促脱贫；党员与党支部签订服务承诺书，推行"红黄积分榜"，每月晒出党员脱贫攻坚工作，压实党支部和党员干部的责任。

"三甜互促"包括"甜蜜家庭、甜净院落、甜美乡村"。为了建设甜蜜家庭，开创新生活，中益乡采取了传承家训、"梦想课堂"和技能培训，引导"懒汉"成为工地技术工，贫困群众从牌桌酒桌回到田间地头等具体做法。为了建设甜净院落，展现新面貌，中益乡组织党员干部担任院落长，以美环境、睦邻里、树典型为抓手，实施人居环境综合整治，定期评选"清洁户"。为了建设甜美乡村培育新风尚，中益乡依托文化中心户组织坝坝舞活动和流动电影院，依托"信用超市"建立乡风文明信用体系，逐步破除群众的陈规陋习，形成互帮互助的氛围，村民齐心发展产业，并将村庄打造成环境优美、宜居宜业、乡风文明、生活富足的美好家园。

三是乡风文明建设与基层有效治理。乡风文明建设与基层的有效治理是中益乡能够稳定脱贫的重要条件，也为今后乡村振兴战略的实施打下了良好的基础。为了落实移风易俗"十抵制十提倡"工作，不断提高乡村社会文明程度，石柱县重点围绕农村"四德"教育，以"孝、诚、勤、洁"为主题，开展乡风文明积分激励。根据石柱县的相关要求，中益乡制定了自己的文明积分激励管理办法，坚持以社会主义核心价值观为引领，以自治、德治、法治为基础，坚持问题导向、长效常态，大力弘扬中华优秀传统文化和传统美德，实现乡风文明和有效的乡村治理。同时各村还可结合实际设置切合当地实际的积分项目内容和标准。

中益乡的乡风文明积分项目包括讲爱国、讲卫生、讲勤俭、讲文明，"四讲"项目12项内容，包括爱党爱国、遵纪守法、讲究公共卫生、生活卫生和个人卫生、勤劳致富、勤俭持家、孝老爱亲、诚实守信、助人为乐、自强不息、邻里和睦等。除了积分项目之外，实施办法还列出了负面清单，出现负面清单所列情形的积分清零。负面清单列出7种情形，包括非法上访与参与重大群体性上访事件、参与"黄赌毒"及其他违法行为、不赡养老人及其他不尊老爱幼行为、在文明诚信等方面有不良记录、违规大操大办、破坏生态污染环境、违反社会公德、职业道德、家庭美德、个人品德的其他行为等。

在积分的运用方面，中益乡不仅仅采取了超市物质兑换的方式，还将积分与各类政策兑现和银行信用融资结合起来，进一步增强了积分制度的执行力。其中政策兑现主要针对的是前述负面清单中出现的情形，只要出现了负面清单中的任意一种情形，将以户为单位执行政策暂缓或停止实施。这些政策包括：缓办或停办林木砍伐、贷款和非建卡贫困户贫困证明等；不享受或缓享受法律和政策规定以外的惠民和公共设施建设；不享受农业产业发展等相关补贴政策；缓办或停办"森林人家""黄水人家"的相关审批手续；取消当年"好儿媳""好婆婆"等评先评优资格；取消其他发展政策。信用融资方面，主要指文明积分高的群众可享受银行政策允许情况下的倾斜支持。

在乡村社会治理体系建设方面，中益乡扎实推进网格化管理，完善社会治理体系。通过成立"贵和工作室"，以坪坝村为试点，推进网格化管理。在网格划分方面，结合当地自然地理条件和人口聚居形态，按照村、组、院落3个层面科学划分网格。村、组按照现有行政区域划分。院落划分遵循自然现状、管理现状、地理地势、便民高效等实际情况科学划分。"贵和工作室"的组建主要在于调解矛盾纠纷，是基层社会治理体系中的重要环节之一。基层社会治理体系中包括"四长"：家长、院落长、网格长和工作室长。其中工作室最主要的责任在于开展村民法制教育，提高干群法制意识，形成办事依法、遇事找法、解决问题靠法的良好氛围。工作室包括驻村警务员、法律咨询员、司法调解员和诉讼联络员，通过他们的工作，有效地解决了纠纷，做到小事不出网格，也推进了基层法治建设。志愿服务队也是基层治理中重要的组成部分。中益乡引导组建"留守志愿服务队"开展新时代文明实践活动，开展留守老人义诊，开展留守妇女互帮互助耕作，开展关爱留守儿童等活动；引导组建村级"用工协会"，盘点村内"工匠资源"，掌握各村民工作技术能力情况，掌握在家和外出工作情况，帮助联系就业或临时用工岗位，科学化针对性开展就业培训；建立移风易俗理事会，完善村规民约，对风俗旧规红白喜事自治管理，做到有人管事、有章理事、规范办事，结婚彩礼、婚丧喜庆费用等明显下降，遏制农村陈规陋习，促进乡风文明。

此外，中益乡还积极引导社会工作专业服务参与基层治理。中益乡政府与石柱县路漫社会工作服务中心签订了服务合同，主要针对坪坝村儿童开展"四点半课堂"活动。"四点半课堂"既是一种文化现象，也是文化客观载体。为了更好地帮扶留守儿童，同时兼顾留守老人、留守妇女等人群，中益乡在坪坝村首先开展了政府购买专业社会工作的服务。留守儿童四点半放学后的教育与照看问题是在外务工的父母和留守在家的老人最为关心的问题，中益乡社区市民学校在社会工作服务中心的管理下，基本形成了有专业服务人员、有固定场所、有服务计划、有活动开展的良好局面。专业社工从四点半课堂延伸到留守儿童家庭的系统化服务是保障和改善民生的有效形式之一。

具体来说，社工监管四点半课堂后，首先梳理学生和家长的需求，其次通过社工和监护人的有效沟通（建立学生家长群、社工常态化的入户走访），促进在外务工家长对地方事务的关系和参与，最后通过社工由浅入深的专业服务，盘活了社区、学校、学生及其亲属间的良性互动。项目全年保障1名社工定点开展专业服务，配置项目督导和项目主管各1名，全年根据各节假日开展不低于12场的专业社工活动。四点半课堂的开展，提升了当地老百姓对政府的信任及肯定。四点半课堂融入专业化的社会工作服务，作为政府的前沿服务阵地，有政策宣传机、专业服务器、信息收集反馈站、居民再教育点等多项功能，在实践过程中，中益乡四点半课堂证明了其实际价值，逐渐成为基层治理中非常重要的组成部分。

第五章

解决"两不愁三保障"突出问题

2019 年 4 月 15 日至 17 日，中共中央总书记、国家主席、中央军委主席习近平在重庆考察，并主持召开解决"两不愁三保障"突出问题座谈会。这是党的十八大以来，习近平总书记围绕脱贫攻坚工作第六次主持召开跨省区座谈会并发表重要讲话。在这次座谈会上，总书记强调："着力解决'两不愁三保障'突出问题，到 2020 年稳定实现农村贫困人口不愁吃、不愁穿，义务教育、基本医疗、住房安全有保障，是贫困人口脱贫的基本要求和核心指标，直接关系攻坚战质量。"①"两不愁三保障"是中央确定的脱贫攻坚目标，是党中央、国务院对于各地区各部门扶贫攻坚工作的任务要求，是关系到广大贫困群众获得感、满意度的关键问题，更是衡量到 2020 年能否全面建成小康社会的重要指标。因此，到 2020 年能否全面实现农村绝对贫困群体"两不愁三保障"的任务，对于全面打赢脱贫攻坚战和全面建成小康社会都具有重大意义。

回顾中国扶贫开发的历程可以发现，以往我国大规模减贫的主要推动力量是经济增长，特别是贫困地区农业和农村经济的持续增长。而当下以精准扶贫精准脱贫的指导方略的脱贫攻坚实践则是"有针对性地开发式扶贫，通过实施区域性的基础设施和公共服务建设，在帮助贫困地区经济社会发展方面起到了重要作用，有助于缓解日益扩大的收入分配差距和缩小贫困地区和一般地区的发展差距，使原本不

---

① 习近平：《在解决"两不愁三保障"突出问题座谈会上的讲话》，《求是》2019 年第 16 期。

利于穷人的经济增长过程在某些方面和一定程度上表现出益贫的性质"[1]。在此过程中,"两不愁三保障"以强调贫困地区的收入增长和基本公共服务的充分供给为目标,着力解决贫困人口从温饱保障到能力发展的根本性问题。石柱县在充分认识解决好"两不愁三保障"突出问题重要性的基础上,将稳定实现扶贫对象不愁吃、不愁穿,保障其义务教育、基本医疗和住房作为其扶贫开发的首要任务。在"1+5+16+33"领导责任体系支撑下,石柱县积极聚焦脱贫攻坚的目标实现,根据中央决策部署对标对表,切实统一思想、提高认识,以钉钉子精神高质量解决好"两不愁三保障"突出问题。石柱县通过反复全覆盖排查,彻底摸清"两不愁三保障"突出问题底数,精准掌握存在问题及其根源;通过分类指导、因户施策和靶向治疗,完善解决"两不愁三保障"突出问题政策,加大倾斜力度、集中力量攻关;通过细化各项工作部署,确保解决"两不愁三保障"突出问题责任体系清晰、政策执行有效、工作目标落实、监督考评到位。在实现全县脱贫摘帽的过程中,石柱县通过解决好"两不愁三保障"突出问题,为2020年高质量打赢脱贫攻坚战、全面建成小康社会奠定了良好基础,践行了习近平总书记下足"绣花功夫""六个精准""五个一批"等扶贫开发理念,验证了精细化贫困治理乃至精细化社会治理的可能,也为改革创新思维在扶贫开发领域的运用提供了一些启示和借鉴。

第一节 聚焦脱贫攻坚目标实现

根据《中共中央 国务院关于打赢脱贫攻坚战三年行动的指导

---

[1] 汪三贵、曾小溪:《从区域扶贫开发到精准扶贫——改革开放40年中国扶贫政策的演进及脱贫攻坚的难点和对策》,《农业经济问题》2018年第8期。

意见》《中共中央　国务院关于打赢脱贫攻坚战的决定》《中国农村扶贫开发纲要（2011—2020年）》等中央文件要求，石柱县将"两不愁三保障"作为其打赢脱贫攻坚战和农村扶贫开发的总体目标，高度聚焦、强调精准，以更大的力度、更实的措施保障和改善民生，加强和创新减贫治理，将精准扶贫、精准脱贫基本方略认真贯彻于解决"两不愁三保障"突出问题的全过程，取得了一些进展。面对贫困涉及面广、贫困程度深、致贫因素复杂、脱贫难度较大等一系列严峻扶贫挑战，石柱县一方面统一思想、提高认识，以解决好"两不愁三保障"突出问题为抓手，通过用心深入学、用情积极讲、用力扎实做等一系列措施将全县党员领导干部的思想认识聚焦到脱贫攻坚上来；另一方面精准识别、建档立卡，以从根本上摸清石柱县"两不愁三保障"突出问题的基本情况为目标，通过反复集中排查和不断甄别调整，切实提高识别准确率，真正做到底数清、情况明。

一、提高认识，解决好"两不愁三保障"突出问题

石柱县认为，到2020年稳定实现扶贫对象"两不愁三保障"，是中央确定的目标，是习近平总书记关于扶贫工作重要论述的关键组成部分，是习近平新时代中国特色社会主义思想的内容之一，是我国打赢打好脱贫攻坚战的根本遵循和行动指南，因此，必须在全县范围内深刻认识、准确把握"两不愁三保障"重大理论意义和实践价值。石柱县县委强调："必须带头学习好、宣传好、贯彻好总书记重要讲话和重要指示精神，真正把总书记对我们的亲切关怀、鼓励鞭策、指示要求转化为打赢打好脱贫攻坚战的内生动力，转化为推动高质量发展的强大动力，带头解决好'两不愁三保障'突出问题，带头推动高质量发展、创造高品质生活，努力成为学习贯彻落实总书记重要讲话和重要指示精神

的示范和榜样。"① 为了让全县党员领导干部都能牢牢把握脱贫攻坚的正确方向、充分认识"两不愁三保障"重要意义，石柱县着力在认识上下功夫、在站位上再提高、在作风上再改进、在党建上再投入、在工作上再扎实，先后召开县委常委会会议、县委理论学习中心组专题学习会议等 20 余次，精心开展学习总书记关于扶贫工作重要论述专题培训，组织开展集中学习 740 余场次，通过增强"四个意识"、坚定"四个自信"、做到"两个维护"，使全县各级各部门以高度的责任感、使命感和紧迫感理解、认识和解决好"两不愁三保障"突出问题。

首先，提高政治站位，将解决好"两不愁三保障"突出问题作为使命担当。石柱县是从巩固党执政的阶级基础和群众基础、从保持同人民群众的血肉联系的高度出发，来认识和理解解决好"两不愁三保障"突出问题的重要性的。石柱县认为，解决好"两不愁三保障"突出问题不是上级委派的一项简单工作，也不是脱贫攻坚的一项简单指标，而是广大贫困群众的根本利益诉求，也是共产党人初心使命的内在本质要求。作为对中国共产党人从执政中国的赶考，到发展中国的赶考，再到民族复兴的赶考的一系列考卷之一，能否让贫困群众不愁吃穿，义务教育、基本医疗、住房安全有保障是决胜全面建成小康社会的关键之举。石柱县进一步认为，解决好"两不愁三保障"突出问题的关键在于把思想和行动统一到习近平总书记重要讲话精神上来，习近平总书记把脱贫攻坚作为最深的牵挂、最大的担当，发表一系列重要讲话、作出一系列重要指示，为石柱县如期打赢脱贫攻坚战指明了方向、提供了根本遵循。

其次，咬定脱贫质量，将解决好"两不愁三保障"突出问题作为总攻目标。习近平总书记指出："保证现行标准下的脱贫质量，就

---

① 蹇泽西：《在中益乡"学习贯彻习近平总书记视察重庆重要讲话和重要指示精神，解决'两不愁三保障'突出问题"再部署再动员工作会议上的讲话》（2019 年 4 月 24 日，根据录音整理）。

可以解决传统意义上讲的'绝对贫困'，这在国际上也是一个高标准，能够确保兑现让贫困人口和贫困地区同全国一道进入全面小康社会的庄严承诺。"① 根据中央要求，我国"贫困户和贫困人口的脱贫，标准就是要达到'两不愁'和'三保障'"。② 石柱县牢记总书记嘱托，落实中央要求，将保证脱贫质量视为解决好"两不愁三保障"突出问题的关键所在，坚持一把尺子量到底，既不降低标准，也不吊高胃口，严格标准、严格程序，把好贫困退出关，确保脱真贫、真脱贫。特别是石柱县坚持时间服从质量，严格按程序办事，绝不贪功冒进，主动申请将全县脱贫摘帽时间由 2017 年调整为 2018 年，确立 2018 年脱贫摘帽、2020 年高质量打赢脱贫攻坚战"两步走"目标，并于 2019 年 1 月 27 日宣布达到脱贫摘帽标准，脱贫攻坚工作顺利通过 2018 年贫困县退出专项评估检查验收，全县 13955 户 50880 名贫困人口实现脱贫。石柱县咬定脱贫质量的做法，既防止了不思进取，又防止了揠苗助长，通过脱贫工作务实、脱贫过程扎实、脱贫结果真实，确保了解决好"两不愁三保障"突出问题这一总攻目标的实现。

再次，摸清贫困底数，将解决好"两不愁三保障"突出问题作为施策焦点。"扶贫或社会救助资源分配中的瞄准偏差是一个全球性'顽疾'。无论在福利体系相对成熟的发达国家还是在社会政策正在推进的发展中国家，瞄准偏差都是困扰社会政策的重要因素。"③ 为解决好"扶持谁"的问题，习近平总书记开创性地提出精准识别理念，强调逐村逐户开展贫困识别，对识别出的贫困村、贫困户建档立卡，通过"回头看"和甄别调整，不断提高识别准确率。石柱县以总书记关于扶贫工作重要论述为指引，将精准识别贫困人口视为精准

① 中共中央党史和文献研究院编：《习近平扶贫论述摘编》，中央文献出版社 2018 年版，第 24 页。
② 汪三贵、刘未：《以精准扶贫实现精准脱贫：中国农村反贫困的新思路》，《华南师范大学学报（社会科学版）》2016 年第 5 期。
③ 李棉管：《技术难题、政治过程与文化结果——"瞄准偏差"的三种研究视角及其对中国"精准扶贫"的启示》，《社会学研究》2017 年第 1 期。

施策的前提，将摸清贫困底数视为解决好"两不愁三保障"突出问题的关键，通过健全贫困识别机制、加强大数据运用、强化动态监测等多种手段，从严从实、用心用力开展"两不愁三保障"的精准识别工作，确保零漏评、零错评。石柱县对摸清贫困底数的高度重视和积极探索，不仅为解决好"两不愁三保障"突出问题提供了措施到户、项目安排、资金使用等方面的精准可能，也为脱贫攻坚各项政策焦点突出和细化完善奠定了基础。

最后，建立长效机制，将解决好"两不愁三保障"突出问题作为长远之基。有学者指出："'两不愁'靠开发式扶贫解决增收问题，靠低保发挥补差作用和兜底作用。'三保障'的主体是社会保障制度建设，涉及社会保障内不同制度的衔接问题。如在坚持低保的最低需求保障基础上，做好与支出型贫困有联系的'三个救助'（临时救助、教育救助、住房救助）之间的衔接。"[1] 可见，现阶段"两不愁三保障"的基本实现主要依靠社会保障体系的投入。石柱县认为，从长远来看，解决好"两不愁三保障"突出问题关键是要从可持续的角度巩固脱贫攻坚成果、建立稳定脱贫长效机制。为此，石柱县在有效防止思想松懈、积极化解返贫风险的同时，着力做好解决"两不愁三保障"突出问题同产业扶贫、金融扶贫、电商扶贫等多种稳定增收机制的有效衔接，做到户户有增收项目、人人有脱贫门路，通过确保贫困户持续稳定增收，夯实解决好"两不愁三保障"突出问题的长远之基。

二、石柱县"两不愁三保障"突出问题的基本情况

石柱县作为重庆市 14 个国家级重点贫困县之一，经济社会发展

---

[1]　左停：《"两不愁三保障"：扶贫与社保的精准与有效衔接》，《中国社会报》2016 年 3 月 12 日。

总体相对滞后，产业发展、城乡发展相对不平衡，农村贫困发生率较高。2014年，石柱县全县地区生产总值1199517万元，按常住人口计算的人均生产总值达到30321元，较当年我国人均国民生产总值低16210元，较当年重庆市人均地区生产总值低17538元；石柱县城乡居民收入相对不平衡，2014年城乡收入比为2.67∶1，农村居民人均可支配收入为8586元，较当年我国农村居民人均可支配收入低1903元，较重庆市农村常住居民人均可支配收入低904元。① 2014年，石柱县第一、第二、第三产业结构比为17.6∶50.0∶32.4，产业结构不优，第一产业占比较高且主要种植玉米、土豆、红薯等传统作物，经济附加值偏低。此外，2014年石柱县在教育、医疗卫生、社会保障和就业三个方面分别支出81665万元、33749万元和31246万元，但由于城乡发展严重不平衡，农村教育、医疗卫生、社会保障、文化体育等公共服务水平相对较低。"到2014年底，经过精准识别，全县有建档立卡贫困村85个，贫困户15758户，贫困人口54908人，占全县总人口的10%以上。从致贫原因看，因病致贫占32.22%，因学致贫占32.34%，因缺技术致贫占15.54%，其他占19.9%。从区域分布看，低山区域、中山区域、高山区域的贫困人口分别占20.04%、29.91%、50.05%。"② 石柱县"两不愁三保障"突出问题的总体表现、主要根源和重点难点如下：

第一，石柱县"两不愁三保障"突出问题的总体表现。在"两不愁"方面，石柱县的问题比较严重。2014年，石柱县贫困人口年人均可支配收入仅为2648元。由于石柱县贫困群众增收渠道窄，无稳定收入来源，因此兜底保障的压力比较大，截至2019年3月，石

---

① 2014年，我国人均国民生产总值46531元，重庆市人均地区生产总值47859元；2014年，我国农村居民人均可支配收入为10489元，重庆市农村常住居民人均可支配收入为9490元。以上数据参见国家统计局：《2014年国民经济和社会发展统计公报》；重庆市统计局：《2014年重庆市国民经济和社会发展统计公报》。

② 冯彦明：《关于精准扶贫、产业发展与金融支持有机结合的探析——基于对重庆市金融扶贫"石柱模式"的调研》，《农村金融研究》2017年第8期。

柱县全县共有低保 10321 户 18309 人，其中城市低保 2643 户 4147 人，农村低保 7678 户 14162 人，全县共有特困人员 1538 人，其中城镇 440 人，农村 1098 人。在义务教育方面，石柱县的形势比较严峻。石柱县农村义务教育基础设施建设相对滞后、师资力量相对薄弱，截至 2019 年 6 月，石柱县籍县内外在校贫困家庭学生 14707 人，其中农村建卡贫困户家庭学生 12384 人，处于义务教育阶段的贫困家庭学生 9868 人。在基本医疗方面，石柱县的压力比较明显。2014 年，石柱县有 2500 余名贫困人口未参加基本医疗保险，贫困村卫生室达标率仅为 80%，截至 2018 年 10 月，石柱县贫困人口仍未实现 100% 参加基本医保，全县新识别的贫困户中有 19 名未参保，另有 12 名因身份原因未实现户籍登记的贫困户没有参加基本医疗保险。此外，公共医疗开支较大、医疗服务能力不足、贫困人口健康意识欠缺等问题长期影响石柱县基本医疗保障的有效实现。在住房安全方面，石柱县的条件比较危急。石柱县农房多为木房和土坯房且年久失修，多有火灾或其他安全隐患，由于居住习惯或资金不足等原因，农户改造住房的积极性始终不高。2014 年，石柱县有 1.1 万贫困人口存在住房安全问题，贫困户住房安全比例仅为 79.81%。此外，由于石柱县基础设施条件差，15% 的贫困村通村公路未硬化，32 个村民小组未通公路，这不仅阻碍了石柱县贫困地区经济发展，也影响了当地危旧房改造的效率。在饮水安全方面，石柱县的情况比较突出。由于受喀斯特地貌条件影响，石柱县水源性、季节性缺水问题非常严重，群众饮水水源保障不充分。2014 年，石柱县有 2.1 万贫困人口存在饮水安全问题，贫困人口安全饮水达标率仅为 61%，这种情况不仅影响了贫困群众的卫生健康，也影响了基本医疗保障的实施效果。

第二，石柱县"两不愁三保障"突出问题的主要根源。从客观条件来解读，资源禀赋是影响石柱县贫困群众增收、实现"两不愁"的主要限制性要素。石柱县地处渝东褶皱地带，县境为多级夷平面与侵蚀沟谷组合的山区地貌，呈现"两山夹一槽"的地貌特征，群山连绵，沟壑纵横，全县中低山占幅员面积的 90% 以上，耕地面积仅为幅员面积的 18.7%，人均耕地面积极少，大部分地块属"巴掌田""鸡窝地"，难以进行规模生产，大部分贫困家庭始终保持自给自足式的传统精细化耕种方式，收入低、风险大，基本生活保障有困难。而且，随着生态环保力度的不断加大，石柱县也面临加快经济发展与保护生态环境的双重任务；从历史过程来考察，基础设施建设长期滞后、产业发展严重不足是阻碍石柱县快速实现经济发展、切实提供"三保障"的主要原因。石柱县总体经济水平不高，地方财力薄弱，因此在基础设施建设上主要靠中央、市级资金支持，由于道路、水利、通信等基础设施建设资金缺口大，基础设施条件难以改善，经济社会发展反而更受限制，再加上大部分乡镇未形成主导产业，因此石柱县税收相对不足，财政支出困难，难以有效为贫困群众提供"三保障"等公共服务产品供给；从价值观念来分析，贫困群众内生动力不足是妨碍石柱县"两不愁三保障"突出问题根本解决的长期影响因素。石柱县部分贫困群众缺乏家庭经济增长计划，不求上进、不求发展，"等、靠、要"思想严重，自主发展能力不强，由于对新事物、新技术、新观念接受程度不高，对脱贫攻坚工作认识不足，"看不见的贫困"问题一直非常严重。

第三，石柱县"两不愁三保障"突出问题的重点难点。石柱县"两不愁三保障"突出问题的重点在于如何做好贫困户、脱贫户、贫困边缘户的动态监测。受社会经济发展水平的制约，石柱县贫困群众即使在脱贫后收入水平也仍然较低，脱贫户和贫困边缘户都可能因受自然灾害、子女上学、因病就医、市场风险、工伤事故等因素影响再次返贫或致贫。因此，石柱县的返贫率高达 5%，"边减边增"现象相对严重。这就要求石柱县在做好既有建档立卡贫困户"两不愁三保障"突出问题动态监测的基础上，对贫困边缘户予以摸排监测，通过建立全覆盖动态监测机制有效解决好"两不愁三保障"突出问题。石柱县"两不愁三保障"突出问题的难点在于如何建立健全县域稳定脱贫长效机制。① 上述背景要求石柱县在贫困群众吃穿不愁、生活保障的基础上，建立健全稳定脱贫的可持续机制，特别是将产业增收作为县域脱贫攻坚的主要途径和长久之策，通过利益联结机制，让贫困户直接参与扶贫主导产业发展，让扶贫产业对有劳动能力、有发展需求的在家贫困群众实现全覆盖，把扶贫与扶志、扶智结合起来，把产业发展与贫困户利益紧密结合起来，着力激发贫困群众脱贫内生动力，筑牢"两不愁三保障"的根基。②

第二节 石柱县解决"两不愁三保障"突出问题的做法

习近平总书记强调："越是进行脱贫攻坚战，越是要加强和改善党的领导。"③ 石柱县始终遵循总书记指示精神，将党的组织领导视为解决"两不愁三保障"突出问题的基本保证。为高质量解决好"两不愁三保障"突出问题，石柱县各级党委和政府坚定信心、勇于担当，把脱贫职责扛在肩上，把脱贫任务抓在手上，在"1+5+16+33"领导责任体系的支撑下，通过"压实脱贫攻坚责任、加强干部队伍建设、切实转变攻坚作风、深化抓党建促脱贫"④ 等一系列措施，聚焦突出问题，全力推动解决。自扶贫攻坚战启动以来，石柱县

① 李小云：《构建实现"两不愁三保障"目标长效机制》，《中国社会科学报》2019年8月8日。
② 杨宏：《筑牢"两不愁三保障"长远之基》，《学习时报》2019年7月1日。
③ 习近平：《在中央扶贫开发工作会议上的讲话》（2015年11月27日），《十八大以来重要文献选编》（下），中央文献出版社2018年版，第46页。
④ 蹇泽西：《在县扶贫开发领导小组2019年第6次（扩大）（县委落实中央专项巡视重庆脱贫攻坚反馈意见对照整改工作领导小组第6次）会议上的讲话》（2019年5月22日，根据录音整理）。

委县政府多次围绕解决"两不愁三保障"突出问题召开县扶贫开发领导小组会议、全县脱贫攻坚工作会议以及"两不愁三保障"专项会议，通过对"两不愁"、义务教育保障、基本医疗保障、安全饮水保障和住房安全保障的专项研究部署，石柱县反复摸底排查，巡视、考核、整改各项相关工作，不断着力解决"两不愁三保障"中还存在的突出问题，促进脱贫质量的不断巩固提升。在解决"两不愁三保障"突出问题的具体做法方面，石柱县以摸清"两不愁三保障"突出问题底数为工作起点，以完善解决"两不愁三保障"突出问题政策为抓手，以压实工作责任、细化工作部署为措施，确保解决"两不愁三保障"突出问题的各项工作目标得以落实。

一、摸清"两不愁三保障"突出问题底数

习近平总书记指出："精准扶贫，关键的关键是要把扶贫对象摸清搞准，把家底盘清，这是前提。"① 只有把扶贫对象搞清楚了，才能因户施策、因人施策，才能找到"贫根"，对症下药，靶向治疗。在解决"两不愁三保障"突出问题座谈会上的讲话中，总书记同样强调，"解决'两不愁三保障'突出问题，摸清底数是基础"②，这就为"两不愁三保障"的有效实现指明了前进方向。石柱县在学习贯彻习近平总书记关于扶贫工作重要论述的基础上，将摸清"两不愁三保障"突出问题底数作为全部工作的起点和政策落实的前提，通过明确"两不愁三保障"各项标准、各行业主管部门牵头常态化排查、"两不愁三保障"全覆盖多轮集中排查、各部门数据比对衔接排查以及积极探索动态监测排查等多种方式，初步建

---

① 中共中央党史和文献研究院编：《习近平扶贫论述摘编》，中央文献出版社 2018 年版，第 59 页。
② 习近平：《在解决"两不愁三保障"突出问题座谈会上的讲话》，《求是》2019 年第 16 期。

立了一套精准、系统、长效的解决"两不愁三保障"突出问题摸清底数机制。

第一，明确"两不愁三保障"各项标准。有学者指出，"在我国精准扶贫实践中，贫困分类倾向客观和传统原因、缺乏对分类依据的界定、识别标准单一以及贫困信息不对称等问题，导致扶贫效率低下。"[①] 对此，石柱县认为，"两不愁三保障"是贫困人口脱贫的基本要求和核心指标，其有效落地的前提是根据中央文件要求制定一整套明确的、可执行的标准，而且要坚持这个标准不动摇，既不拔高，也不降低，让入村进户的基层干部有章可循、有据可依，让广大农村群众都能理解、共同认可。为此，石柱县分别就"两不愁"、义务教育保障、基本医疗保障、安全饮水、住房安全逐一制定明确标准。以"两不愁"为例，所谓"不愁吃"，是"根据居住地饮食习惯，首先看口粮是否有保障（看粮仓有无存粮），看农户是否有能力通过自产或自购，满足基本的口粮需求。其次看农户是否有一定的肉、蛋、豆制品等营养食物作为补充（看是否有存放的肉类、蛋类制品）"；所谓"不愁穿"，是"根据居住地环境，首先看衣柜，看农户是否有能力自主购买衣服。做到四季有换季衣服、日常有换洗衣服（主要靠社会捐赠、亲友接济的属于"愁穿"）。其次看床铺，看农户是否有可换季的被褥、床单等"。[②]

第二，各行业主管部门牵头常态化排查。习近平总书记强调："有关部门要指导各地摸清底数，确保工作有的放矢。"[③] 因此，在明确了"两不愁三保障"各项标准后，还需要按部门分工协作、组织排查、统计上报、汇总数据。石柱县依托其"1+5+16+33"领导责

---

① 裴文婷：《精准扶贫视野下精准贫困分类及其创新方法研究》，《改革与开放》2017 年第 21 期。

② 转引自《石柱县贫困群众"两不愁"保障达标工作方案》。

③ 习近平：《在解决"两不愁三保障"突出问题座谈会上的讲话》，《求是》2019 年第 16 期。

任体系分工部署，将"两不愁三保障"的各项排查工作分别落实给各主管行业部门牵头。县民政局牵头负责"两不愁"和安全饮水的排查工作，县教委、县卫健委和县城乡建委分别牵头负责义务教育保障、基本医疗保障以及住房安全保障的排查工作。通过压紧压实解决"两不愁三保障"突出问题的政治责任，四个行业主管部门在县委县政府的统筹安排下定期分头组织 33 个乡镇针对"两不愁三保障"突出问题逐项逐村逐户排查。借助各主管行业部门牵头的常态化排查，石柱县及时掌握了农村贫困人口"两不愁三保障"突出问题的基本数据、变动情况、落实效果、错漏人员和整改方向，为高质量完成脱贫攻坚提供了有力的数据支持。

第三，"两不愁三保障"全覆盖多轮集中排查。石柱县始终牢记习近平总书记"在扶贫的路上，不能落下一个贫困家庭，丢下一个贫困群众"的殷殷嘱托，为防止部门排查错漏，彻底解决"两不愁三保障"突出问题，在县域层面先后集中开展了 9 轮"两不愁三保障"问题情况全覆盖排查，通过加大工作力度，聚焦突出问题，逐村逐户逐项查漏补缺、补齐短板，石柱县更加精准地掌握了"两不愁三保障"突出问题的底数，并实行了台账化管理。比如，在安全饮水方面，石柱县"实施安全饮水项目 2461 个，累计解决 42.61 万（包含部分享受了此项政策的城镇人口）农村人口饮水难问题，全县集中供水率达 88%。……住房方面，大力实施易地扶贫搬迁和危旧房改造工程，累计改造危房 1.21 万户，旧房整治提升 17071 户，实施易地扶贫搬迁 6636 人"①。

第四，各部门数据比对衔接排查。习近平总书记强调："有关部门要加强数据比对衔接，不能一个部门一个数。"② 石柱县为摸清"两不愁三保障"突出问题底数，一方面在县域内部积极运用各行业

---

① 《"两不愁三保障"，决胜脱贫攻坚战》，《光明日报》2019 年 5 月 6 日。
② 习近平：《在解决"两不愁三保障"突出问题座谈会上的讲话》，《求是》2019 年第 16 期。

部门数据进行对比衔接排查，另一方面充分运用国家和重庆市的相关部门数据进行比对分析以及时发现问题。比如在基本医疗保障方面，石柱县通过加大数据比对、多部门联合审核等，精准兑现落实贫困人员资助参保和医疗救助相关政策，确保贫困人员医保扶贫政策应享尽享。对比数据显示：2019 年，石柱县扣除不纳入参保、职工医保参保和市外参保的 2247 人，应享受城乡居民医保参保资助的 51905 名农村建档立卡贫困人员中，已兑现落实 50925 人、共资助资金 602.72 万元，剩余因 2018 年度人员调整等未兑现的 980 人、98000 元参保资助资金通过事后资助方式兑现。

第五，积极探索动态监测排查。有研究表明，"中国农村家庭更多表现为暂时性多维贫困；暂时性多维贫困比重与户主年龄和家庭规模呈倒 U 形关系；与户主受教育程度和家庭居住地经济发展水平负相关；慢性多维贫困比重则相反。"[1] 换句话说，我国农村贫困家庭更易受到诸如灾害、疾病等各种不确定性风险的冲击，这就要求各地方政府做好对贫困人口的动态监测工作。在这方面，石柱县做出了很有意义的积极探索。石柱县出台了《石柱县"两不愁三保障"问题动态监测处置办法》，明确了"1353"动态监测流程，重点对未脱贫户、返贫风险户、临界对象户"一户一策"开展动态监测，为构建稳定脱贫长效机制、完善脱贫政策保障机制、探索贫困发生预警机制、落实考核监督评估机制提供了动态数据的有力支撑。

二、完善解决"两不愁三保障"突出问题政策

解决好"两不愁三保障"突出问题，标准是要"实现贫困地区

---

[1] 张志国、聂荣：《中国农村家庭多维贫困动态研究》，《农村经济与科技》2016 年第 1 期。

农民人均可支配收入增长幅度高于全国平均水平，基本公共服务主要领域指标接近全国平均水平。"① 前者指向了农村贫困群众的收入增长和兜底保障政策问题。一方面，产业扶贫、就业扶贫、电商扶贫等多种以增收为主要目的的脱贫措施在一定程度上已经覆盖了"两不愁"的一些内容。可以说，收入的增长就可以解决"两不愁"问题，这也是解决"两不愁三保障"突出问题的根本办法和长效机制；另一方面，一些贫困人口因病、因残、因灾确实无法实现收入稳定，这就需要建构农村最低生活保障政策等相对完备的社会福利体系予以救助，这则是解决"两不愁"问题的基本公共政策的组成部分。后者指向了农村贫困群众在教育、医疗和住房等方面的公共政策供给问题。由于我国农村贫困人口大多生活在边远地区、落后地区、山区和少数民族地区，这些地区本身与其他地区的经济社会发展差距就比较大，加之城乡二元结构所导致的城乡基本公共服务政策供给上的差异，使得这些人群极易陷入就学、医疗、住房等方面的贫困。② 事实上，在国务院扶贫开发领导小组出台的《关于解决"两不愁三保障"突出问题的指导意见》中，明确指出"教育部、住房城乡建设部、水利部、国家卫生健康委、国家医疗保障局等主管部门要把解决'两不愁三保障'突出问题作为重点工作，……根据部门职能，制定工作方案，明确工作标准和支持政策，加强对地方工作的指导"。这也为本章节总结石柱县解决"两不愁三保障"突出问题政策划定了研究范围。

石柱县认为，解决"两不愁三保障"突出问题，应以建立完善相应脱贫攻坚政策体系为抓手，不断加强政策供给，积极研究政策优化。石柱县通过分类施策，全面构建解决"两不愁三保障"突出问

---

① 习近平：《在中央扶贫开发工作会议上的讲话》（2015年11月27日），《十八大以来重要文献选编》（下），中央文献出版社2018年版，第33—34页。

② 李小云：《构建实现"两不愁三保障"目标长效机制》，《中国社会科学报》2019年8月8日。

题的各项政策，通过精准施策，不断补齐解决"两不愁三保障"突出问题的政策短板，通过综合施策，积极探索解决"两不愁三保障"突出问题的政策衔接，让各基层单位有策可依，让广大贫困群众有策可享。

首先，分类施策，全面构建解决"两不愁三保障"突出问题的各项政策。习近平总书记指出："各地和有关部门要对扶贫政策进行科学分类，制定精准扶贫的具体操作办法，该精准到户的一定要精准到户，该精准到群体的一定要精准到群体，防止出现新的矛盾和不稳定因素。"① 石柱县积极落实总书记指示，按主管部门职能分类推出解决"两不愁三保障"突出问题的各项政策，针对不同贫困人群情况分类细化每项具体政策，根据农户家庭情况切实因户施策，真正做到解决"两不愁三保障"突出问题政策全覆盖、施策无死角。以义务教育保障为例，石柱县教委先后牵头出台了《关于进一步完善城乡义务教育经费保障机制的实施意见》（2016）、《深化教育扶贫工作方案》（2017）、《石柱县籍建卡贫困家庭学生县外学前至高中教育学段就读资助工作方案》（2018）、《义务教育适龄残疾儿童送教上门实施方案》（2019）、《石柱县家庭经济困难学生认定办法》（2019）等多项政策。从义务教育的类型来看，这些政策对于处于义务教育不同阶段的贫困家庭学生有着不同的保障措施；从贫困家庭学生的种类来看，这些政策对于建卡贫困户学生、城乡低保家庭学生、孤儿（含困境学生）、义务教育适龄残疾学生以及县外就读的石柱县籍建档立卡贫困家庭学生等多种情况也有着不同的保障方案；从家庭贫困的水平来看，这些政策针对不同贫困程度家庭学生的认定和救助也有着相应办法。

其次，精准施策，不断补齐解决"两不愁三保障"突出问题的

---

① 习近平：《在中央扶贫开发工作会议上的讲话》（2015年11月27日），《十八大以来重要文献选编》（下），中央文献出版社2018年版，第39页。

政策短板。任何社会福利政策的出台都不可能一次性解决所有问题。其一，再全面的政策研究、再细致的政策制定也都难免会有疏漏；其二，社会福利对象本身的复杂性和变动性也有着让政策效果打折甚至完全失灵的可能；其三，政策执行落实的情况往往也会影响到政策的效率。对此，石柱县认为，只有遵循精准施策的原则，不断补齐政策短板，及时落实政策改进，才能确保解决"两不愁三保障"突出问题的政策措施不断完善、保障水平不断提升。以基本医疗保障为例，石柱县卫健委牵头 2017 年出台的《石柱县扶贫济困医疗基金管理办法（试行）》规定：农村建档立卡贫困人口实际自负医疗费用，按 50%—80%的比例给予救助；2018 年出台的《石柱县农村贫困人口健康扶贫医疗基金使用管理办法（试行）》规定：贫困人口实际自负医疗费用超过总费用 10%的，超出部分由本基金全额兜底救助；当年随后出台的《石柱县进一步完善农村贫困人口健康扶贫"一事一议"医疗救助实施方案》进一步规定：确实无力承担个人自负医疗费用、导致基本生活陷入困境的贫困人口，可以申请临时救助。上述基本医疗保障政策的历史脉络清晰地说明了石柱县完善解决"两不愁三保障"突出问题政策的积极投入，展示了石柱县为解决"两不愁三保障"突出问题"在精准研策、精准制策、精准施策、精准评策等各个环节综合发力，实现整个政策系统及政策过程的全面改进"[1] 的不懈努力。

最后，综合施策，积极探索解决"两不愁三保障"突出问题的政策衔接。石柱县认为，解决"两不愁三保障"突出问题是涉及多类保障内容、多种贫困家庭、多个行业部门、多重福利措施、多级救济标准的复杂社会工程，这就要求在政策制定上既要顾及全面性也要顾及协调性，既要考虑分类施策、精准施策也要考虑综合施策、政策

---

[1] 王春城：《政策精准性与精准性政策——"精准时代"的一个重要公共政策走向》，《中国行政管理》2018 年第 1 期。

衔接，既要保证行业职能部门各项政策的相互调和也要保证其内部政策的有效连续。为此，石柱县一再强调统筹施策，依托"1+5+16+33"领导责任体系统一部署、协调政策制定，在解决"两不愁三保障"突出问题上逐渐形成政策合力。以"两不愁"为例，有研究发现，一些地方只考核收入一个脱贫条件，而不考虑贫困户是否有能力"完全解决吃穿住用行等困难"，致使一些"贫困户获得低保后丧失贫困户资格"。① 这种做法严重偏离了"两不愁三保障"政策设计的初衷，影响了农村扶贫开发工作的有效性和公平性。习近平总书记曾明确指示："要统筹协调农村扶贫标准和农村低保标准，按照国家扶贫标准综合确定各地农村低保的最低指导标准，低保标准低的地区要逐步提高到国家扶贫标准，实现'两线合一'，发挥低保线兜底作用。"② 石柱县以总书记论述为指引，2015 年以来制定出台了《关于扎实做好低保与扶贫"两线合一"和因病致贫家庭医疗救助工作的通知》（2015）、《石柱县进一步加强农村最低生活保障制度与扶贫开发政策有效衔接实施方案的通知》（2017）、《深化低保扶贫工作方案的通知》（2017）等系列政策，通过有效解决建档立卡贫困人口和农村低保对象重合问题，为农村最低生活保障制度与扶贫开发政策的有效衔接提供了明确的指导意见，切实实现了贫困群众的应保尽保、应扶尽扶。

三、细化工作部署，确保工作目标落实

有研究表明，任何一项政策预期目标的实现，都会受到多种因素的影响和制约，其中，人的因素是最直接、最根本、最重要的因素。

---

① 余志刚：《农村贫困退出中的"低保悖论"及路径设计——基于黑龙江省 5 个贫困县的调查》，《农业经济与管理》2016 年第 6 期。

② 习近平：《在中央扶贫开发工作会议上的讲话》（2015 年 11 月 27 日），《十八大以来重要文献选编》（下），中央文献出版社 2018 年版，第 40—43 页。

公共政策要想发挥最佳作用，就必须要提升政策执行的有效性，特别在组织能力相对欠缺的深度贫困地区更是要积极提升基层政府的执行力。从执行主体的角度来看，政府执行力包括个人执行力和组织执行力，这就需要加大公共政策执行人员对政策执行行为的投入。"两不愁三保障"是脱贫攻坚工作核心内容中的基础部分，是关系贫困户能否维系生活的基本人权保障问题。加大政策力度，创新执行方式，千方百计地实现"两不愁三保障"目标是基层政府执政为民的重要宗旨。① 石柱县深知，"两不愁三保障"突出问题解决不好，不仅会阻碍贫困户脱贫步伐，更会拖慢全县整体脱贫进程，影响2020年全面建设小康社会目标的实现。因此，不仅要摸清"两不愁三保障"突出问题底数、出台相应政策，还要积极采取行动举措，有效落实政策内容，以确保最终目标的按时达成。为此，石柱县坚持精准扶贫精准脱贫基本方略，认真贯彻"六个精准"，大力实施"五个一批"，通过建立完善责任体系、细化部署各项任务、严格规范标准程序、有效落实工作措施、积极强化监督考核五个方面开展解决"两不愁三保障"突出问题工作部署，确保高质量完成"两不愁三保障"工作目标。

第一，建立完善解决"两不愁三保障"突出问题责任体系。习近平总书记强调："解决好'谁来扶'的问题。推进脱贫攻坚，关键是责任落实到人。要加快形成中央统筹、省（自治区、直辖市）总负责、市（地）县抓落实的扶贫开发工作机制，做到分工明确、责任清晰、任务到人、考核到位，既各司其职、各尽其责，又协调运转、协同发力。"② 在解决"两不愁三保障"突出问题的过程中，石柱县积极落实总书记指示，始终牢牢把握责任到人的基本宗旨，建立

① 陈冠宇：《政策执行视角下推进深度贫困地区精准扶贫研究——基于H省A县的实证分析》，《河南社会科学》2018年第12期。
② 习近平：《在中央扶贫开发工作会议上的讲话》（2015年11月27日），《十八大以来重要文献选编》（下），中央文献出版社2018年版，第39—40页。

完善责任体系，压紧压实责任工作。有研究表明，很多地方的"扶贫工作主要由政府专职部门——扶贫办统筹协调，其他政府部门在扶贫办的统一规划下参与脱贫攻坚工作。可以说精准扶贫工作涉及政府的所有部门，各部门可以根据自己的优势和资源开展扶贫工作。但由于资源比较分散，各部门的扶贫资源很难得到有效整合和优化配置，政府内部扶贫合作治理效率较低"①。为避免上述问题的发生，进而保证"两不愁三保障"的有效落实，石柱县积极加强资源整合和内部治理，在县级范围内，完善"1+5+16+33"责任体系，为解决"两不愁三保障"突出问题提供县域系统保障；在部门范围内，完善"两不愁"保障指挥部、教育扶贫指挥部等责任体系，为解决"两不愁三保障"突出问题提供行业职能保障；在乡镇范围内，积极探索各种责任体系，比如黄水镇建立了镇扶贫开发领导小组+村级攻坚小组+行业扶贫攻坚小组的"1+7+16"责任体系，中益乡建立了主要领导+驻村领导+（第一）支部书记+包组（户）干部的四级责任体系，这都为解决"两不愁三保障"突出问题提供有力的基层组织保障。

第二，细化部署解决"两不愁三保障"突出问题各项任务。有学者认为："在精准扶贫政策实施中，由于涉及多个部门参与、多行动主体和利益相关者，在短时期内多种政策频繁出台，各种帮扶措施和项目密集到位，这种政策实施的'过密化'在某种程度上对基层的政策实施日常管理产生了较大的压力和一定程度的负面影响。"②对此，石柱县认为，要使基层干部保持坚定的意志和旺盛的政策实施能力，不仅要依靠党建引领、责任落实，还要在工作部署上动心思、下力气。就解决"两不愁三保障"突出问题而言，应统筹规划各项

① 丁辉侠、郭康：《精准扶贫的合作治理绩效评估与改进对策——基于对河南省 D 市的调查》，《行政科学论坛》2017 年第 5 期。
② 熊跃根：《政策下乡与发展中的乡土躁动——对江西农村精准扶贫的田野观察》，《社会科学研究》2019 年第 2 期。

工作安排，做到精准分解目标、精准分类部署、精准执行程序，让各项工作井然有序，让基层干部也少走冤枉路、回头路。以住房安全保障为例，石柱县将农村危房改造工作分解为认定对象、危房鉴定、监管改造、完善档案、竣工验收、资金管理等多项目标，分别对应基层乡镇、技术指导、施工单位、信息系统、城乡建委、财政审计等多个部门或条线，通过统一分派、细化部署形成了住房安全保障的合力。

第三，严格规范解决"两不愁三保障"突出问题标准程序。众所周知，"行政服务于政治，行政依托科层制，秉持事本主义的理性原则，遵循常规性、程序性、规范性的方式处理问题，重在政策的执行。"① 换言之，任何政策都需要通过细化为具体可操作的程序、规范及技术指标，才能适应地方实际发展的需要。石柱县在落实解决"两不愁三保障"突出问题政策的过程中，始终牢牢把握"程序意识，自觉按规章制度办事，按程序尽职履责，严格落实'三重一大'制度，重大问题该请示的请示，该汇报的汇报，该集体研究的集体研究，确保每一项工作每一个环节符合程序要求"②。以石柱县三河镇为进一步解决"两不愁"问题而实施的"已纳入低保政策人员重新评定工作"为例，三河镇严格规范标准程序，按着个人提出申请、村民小组初筛、入户走访调查、村委会评议、镇民政办审核、集中公示 7 天，县民政局审核等一系列程序规范流程、层层把关、透明操作，确保了解决"两不愁"问题政策落实的公开、公平、公正。

第四，有效落实解决"两不愁三保障"突出问题工作措施。石柱县认为，落实工作措施既是政策执行环节的基本任务，也是政策效果的直接生产过程，只有从严要求、真抓实干，才能确保解决"两不愁三保障"突出问题的过程扎实、结果真实，让解决"两不愁三

---

① 赵晓峰：《精准扶贫政策的分级落实机制及其基层实践困境》，《西北农林科技大学学报（社会科学版）》2018 年第 6 期。
② 蹇泽西：《在全县脱贫攻坚暨深化作风效能建设推进会上的讲话》（2019 年 3 月 1 日，根据录音整理）。

保障"突出问题的成效经得起实践和历史的检验。为解决好"两不愁三保障"突出问题，石柱县河嘴乡书记王东表示："我们几乎每一周都要召开一个脱贫攻坚的例会，实行一个清单化的安排。我们在脱贫攻坚例会上，针对本周以及近段时间，我们具体的任务实行清单化的派送。我们不是简单地在会上强调一下，不光是对整体的工作进行安排部署，而是具体的任务清单，每一个科室本周重点做哪些事情，然后每一个村本周重点完成哪几项任务，完成的时间，责任人员是谁，是非常明确的，现在是环环相扣。以周为一个时段，周周压实、推进。"[1] 石柱县河嘴乡为解决好"两不愁三保障"突出问题而采用的清单化、周周制工作模式并非个案，而是石柱县有效落实解决"两不愁三保障"突出问题工作措施的一个缩影。正是依靠忘我的工作精神和扎实的工作态度，石柱县才能取得解决"两不愁三保障"突出问题的优异成绩，才能顺利实现脱贫摘帽。

第五，积极强化解决"两不愁三保障"突出问题监督考核。在监督方面，石柱县成立"两不愁三保障"专项督导组，坚持集中督导、重点抽查、专项巡察、随机暗访、社会监督"五位一体"的督查监督方式，开展全天候巡回督导、不定期综合督查，以最严格的督查推动解决"两不愁三保障"突出问题各项工作的落实；在考核方面，石柱县不断加强解决"两不愁三保障"突出问题在脱贫攻坚考核体系中的权重。2019年，在对乡镇街道的脱贫攻坚考核中，解决"两不愁三保障"突出问题占比25%；而在对行业部门的脱贫攻坚考核中，解决"两不愁三保障"突出问题则被列为减分事项，比如每发现一户"两不愁"未解决扣1.5%，每发现一户未安全饮用水扣1%，扣完为止。通过较真碰硬的考核，石柱县推动解决"两不愁三保障"突出问题责任落实、工作落实、政策落实，确保解决"两不

① 对石柱县河嘴乡书记王东的访谈（2019年8月6日，根据石柱县河嘴乡座谈录音整理）。

愁三保障"突出问题工作务实、过程扎实、结果真实，让"两不愁三保障"的成效真正获得群众认可，经得起实践和历史检验。

第三节　石柱县解决"两不愁三保障"突出问题的经验与启示

"2019年4月底，石柱县累计实现85个贫困村、16426户60201人脱贫，全县以零漏评、零错退，综合贫困发生率0.87%，群众认可度97.91%的成绩退出国家扶贫开发工作重点县。"[①] 在"两不愁"方面，石柱县对有劳动能力的贫困人口落实转移就业、技能培训、产业扶持、公益性岗位等措施，对丧失劳动能力的贫困人口落实低保兜底、土地入股分红等措施，对突发性、紧迫性、临时性基本生活困难的贫困人口加大救助力度，全县所有贫困群众均实现吃穿不愁；在义务教育保障方面，石柱县精准落实义务教育阶段资助政策，扎实开展义务教育送教上门工作，建立完善义务教育辍学劝返督办机制，全县贫困家庭义务教育阶段的孩子无一人失学辍学；在基本医疗保障方面，石柱县全面构建"资助参保、基本医疗、大病保险、民政救助、精准脱贫保、90%兜底资助"等医疗保障体系，贫困人口医疗保险参保率达到100%，贫困人口住院合规费用自付比例为9.87%，慢特病门诊合规费用自付比例为10.34%，累计救助43.55万人次11398.1万元，实现贫困群众常见病、慢性病有地方看、看得起，得了大病、重病后基本生活过得去；在住房安全保障方面，石柱县统筹实施农村危房改造和旧房整治提升，因地制宜推进易地扶贫搬迁，累

[①] 《重庆石柱：聚焦"两不愁三保障"书写高质量脱贫华章》，中国网，http://guoqing. china.com.cn/2019-09/20/content_75226340.html。

计完成农村危房改造 12181 户、旧房整治提升 17071 户，贫困户住房安全比例达 99.6%；在饮水安全保障方面，全力推进分散式供水、集中水厂巩固提升、新建农村集中供水、水源及管网联通四大工程，累计投资 3.85 亿元，实施农村饮水安全脱贫攻坚项目 2574 处，受益人口达 42.61 万，贫困人口安全饮水达标率达到 100%。通过解决好"两不愁三保障"突出问题，石柱县收获了如下经验与启示：

一、解决好"两不愁三保障"突出问题意义重大

农村贫困人口如期脱贫、贫困县全部摘帽、解决区域性整体贫困，是全面建成小康社会的底线任务，是我们党向全国人民作出的郑重承诺，也是国内外皆知的庄严承诺。习近平总书记多次强调，脱贫攻坚决不能落下一个贫困地区、一个贫困群众，但这个目标实现起来并不容易。一方面，我国不少农村贫困家庭稳定脱贫能力较弱，因灾、因病、因学致贫、返贫的情况时有发生；另一方面，到了脱贫攻坚后期，"从结构上看，现有贫困大都是自然条件差、经济基础弱、贫困程度深的地区和群众，是越来越难啃的硬骨头。在群体分布上，主要是残疾人、孤寡老人、长期患病者等'无业可扶、无力脱贫'的贫困人口以及部分教育文化水平低、缺乏技能的贫困群众。"[1] 因此，必须为广大农村贫困群众提供主要领域指标接近全国平均水平的基本公共服务，即实现贫困人口"两不愁三保障"，以稳定贫困人口脱贫能力、兜底失能人口社会救助，为夺取脱贫攻坚战的全面胜利提供有力保障。换言之，"'两不愁、三保障'反映的是贫困人口实现了的一种生活状态。'两不愁、三保障'是结果类指标，收入只是获

① 习近平：《在深度贫困地区脱贫攻坚座谈会上的讲话》（2017 年 6 月 23 日），人民出版社 2017 年版，第 5—6 页。

得这一目标的手段，贫困人口稳定实现'两不愁、三保障'才是当前扶贫开发的真正目的。"① 对于石柱县来说，解决好"两不愁三保障"突出问题有三重意义：

第一，在县域范围内基本消除传统意义上讲的绝对贫困现象，如期兑现脱贫承诺。石柱县实现了县域内贫困人口"两不愁三保障"并大体解决了区域性整体贫困问题、顺利脱贫摘帽，就是基本消除了传统概念上的绝对贫困现象，这既是实现我国脱贫攻坚伟大事业在县域层面的有机组成部分，也是我们党向全国人民如期兑现脱贫承诺的现实依据之一。通过解决好"两不愁三保障"突出问题，石柱县广大贫困群众"两不愁"、基本医疗、安全住房、义务教育、安全饮水有保障，享受到了实实在在的政策，感受到了实实在在的变化，也看到了广大党员干部的真心帮扶和辛勤付出，看到了我们党以最广大人民群众根本利益为宗旨、消除贫困、改善民生、实现共同富裕的坚定决心和信念。在干群同心协力解决"两不愁三保障"突出问题的过程中，石柱县贫困群众不断加深与党员干部的交流，满意度、获得感、幸福感逐年提升，党在农村的执政基础也得到了巩固和加强，正如石柱县中益乡华溪村地下党子女、86 岁的老共产党员马培清所说"翻身不忘共产党，脱贫不忘习主席"。

第二，在县域范围内实现基本公共服务主要领域指标接近全国平均水平，为积极布局乡村振兴打下坚实基础。有学者认为，"两不愁三保障"目标设定和政策实施，既考虑了基本生活需求，又兼顾了长远发展需求，科学概括了稳定消除多维贫困的目标，符合我国国情和当前发展阶段，是对反贫困理论的最新发展。② 石柱县通过解决好"两不愁三保障"突出问题，农村基础设施和公共服务发生了明显变化：保障能力持续增强，人居环境明显改善，办学条件不断优化，医

① 王小林：《建立贫困退出机制确保贫困人口稳定脱贫》，《中国财政》2016 年第 12 期。
② 鲜祖德、王萍萍、吴伟：《中国农村贫困标准与贫困监测》，《统计研究》2016 年第 9 期。

疗水平显著提升，水利设施日趋完善，在县域范围内实现了基本公共服务主要领域指标接近全国平均水平。有研究指出，"深度贫困的治理与农村基本公共服务均等化之间存在一定的耦合性，主要表现为农村基本公共服务均等化符合乡村振兴战略"。[①] 换句话说，作为实施乡村振兴战略的优先任务，打好脱贫攻坚战就是要为乡村振兴战略做好基础设施建设工作和公共产品供给工作。石柱县通过解决好"两不愁三保障"突出问题，为未来乡村振兴战略建立健全城乡基本公共服务均等化的体制机制，推动公共服务向农村延伸、社会事业向农村覆盖奠定了坚实的基础。

第三，在县域范围内为全面建成小康社会提供助力，逐步实现共同富裕。习近平总书记指出："农村贫困人口如期脱贫、贫困县全部摘帽、解决区域性整体贫困，是全面建成小康社会的底线任务，是我们作出的庄严承诺。全党要扎扎实实做好工作，确保到二〇二〇年贫困人口和贫困地区同全国一道全面建成小康社会。"[②] 石柱县通过解决好同贫困群众生活息息相关的"两不愁三保障"突出问题，为广大农村贫困人口提供了全覆盖的救济政策兜底和多领域的公共产品供给，有效稳定了贫困人群的脱贫能力和家庭生计，逐步缩小了城乡公共服务差距，切实提升了贫困群众的幸福感、安全感，实现了整县脱贫摘帽，取得了脱贫攻坚的阶段性胜利。可以说，正是"两不愁三保障"的政策细化、工作落实和高效推进，让石柱县朝着县域范围内"小康路上一个都不能掉队"的工作目标又迈进了一大步，为我国全面建成小康社会、逐步实现共同富裕提供了必要的县域助力。

[①] 易柳、张少玲：《农村基本公共服务均等化：深度贫困治理的机遇与挑战》，《湖北民族学院学报（哲学社会科学版）》2019 年第 4 期。

[②] 《习近平在中共中央政治局第三十九次集体学习时强调：更好推进精准扶贫精准脱贫确保如期实现脱贫攻坚目标》，《人民日报》2017 年 2 月 23 日。

二、下足"绣花"功夫，精细化贫困治理

2019 年 4 月 15 日下午，正在重庆市调研的习近平总书记来到石柱土家族自治县中益乡华溪村村民、老党员马培清家中，同村民代表、扶贫干部围坐院中，共话脱贫攻坚。习近平说："小康不小康，关键看老乡，关键看脱贫攻坚工作做得怎么样。我今天乘飞机、坐火车、坐汽车，先后用了三种交通工具，专程来这里看望大家。看到大家不愁吃、不愁穿，教育、医疗、住房安全越来越有保障，心里感到很托底。"① 习近平总书记对石柱县脱贫攻坚工作尤其是"两不愁三保障"工作给予充分肯定，激励着石柱县人民脱贫致富奔小康的决心和热情，也说明了总结石柱县解决"两不愁三保障"突出问题经验的重要性和必要性。

首先，深入把握精准扶贫精准脱贫基本方略，提高解决"两不愁三保障"突出问题实效。党的十八大以来，习近平总书记对扶贫工作作出了一系列重要论述，创造性地提出了精准扶贫精准脱贫基本方略，推动了脱贫攻坚工作的理论创新。"这些系统的扶贫与脱贫思想体系，是中国共产党在不断推进扶贫开发实践、系统总结扶贫开发经验的基础上提炼出来的符合中国国情的扶贫开发思想和理论体系，是中国特色社会主义思想理论体系尤其是反贫困思想理论体系的重要内容。"② 必将极大地推动中国扶贫政策与扶贫事业的发展，也必将极大地提升中国扶贫开发政策的效果。石柱县在深入把握精准扶贫精准脱贫基本方略的基础上，积极运用其中所蕴含的强大思想力量和丰富工作方法，指导解决"两不愁三保障"突出问题的各项具体

---

① 《习近平：脱贫致富不能等靠要，既然党的政策好，就要努力向前跑》，新华网，http://www.xinhuanet.com//politics/leaders/2019-04/16/c_1124373608.htm。
② 丁建定：《改革开放以来中国共产党对扶贫开发认识的发展》，《中州学刊》2018 年第 10 期。

工作，通过强调在思想上统一认识、高度聚焦，在识别上反复排查、摸清底数，在施策上分类建策、高度衔接，在落实上细化部署、强化执行等多种精准方略，切实提高了"两不愁三保障"的工作实效。石柱县解决"两不愁三保障"突出问题的经验"是对多维贫困思想及习近平精准扶贫思想的体现和实践，也表明'两不愁、三保障'标准和目标具有极高的科学性和先进性，深刻地体现了多维贫困的思想"①。可以说，石柱县"两不愁三保障"的基本实现，反过来又验证了习近平总书记精准扶贫精准脱贫基本方略的创新性、科学性、系统性和实践性，为精准扶贫精准脱贫基本方略的进一步创新提供了素材，相信精准扶贫精准脱贫基本方略必将继续指导石柱县根本解决"两不愁三保障"突出问题、高质量完成脱贫攻坚任务。

其次，下足"绣花"功夫，精准解决"两不愁三保障"突出问题。习近平总书记强调："要继续选派好驻村干部，整合涉农资金，改进脱贫攻坚动员和帮扶方式，扶持谁、谁来扶、怎么扶、如何退，全过程都要精准，有的需要下一番'绣花'功夫。"② 这里所说的"绣花"功夫，就是强调在脱贫攻坚的全过程中都要聚焦再聚焦、精准再精准，以最精细的工作去瞄准特定贫困群众精准帮扶。石柱县在精准解决"两不愁三保障"突出问题的过程中就下足了"绣花"功夫，取得了明显效果。在扶持谁上，石柱县运用部门排查、集中排查、数据对比、动态监测等多种方式反复精准识别；在谁来扶上，石柱县利用明确责任体系、上下多级联动、精确任务布置等手段做到精准派人；在怎么扶上，石柱县应用分类施策、精准施策、综合施策等多个措施因地制宜、因村因户因人施策；在如何退上，石柱县牢牢把握"四不摘"工作要领，扶上马、送一程，为建档立卡贫困户提供

---

① 章元、李全、沈可：《论精准扶贫思想的实证基础》，《农业经济问题》2019 年第 4 期。
② 《习近平李克强张德江俞正声刘云山张高丽分别参加全国人大会议一些代表团审议》，《人民日报》2017 年 3 月 9 日。

"两不愁三保障"长效机制。

最后，精细化贫困治理，推动农村基层社会治理方式的创新。有学者认为，中国的贫困治理经历了体制改革推动扶贫、大规模开发式扶贫、"八七"扶贫攻坚、综合扶贫、全面建成小康社会扶贫攻坚等阶段，实现了由"政府包揽"到"多元共治"，"救济式扶贫"到"开发式扶贫"，"物质帮扶"到"扶志扶智"，"区域瞄准"到"个体瞄准"，"大水漫灌"到"精准滴灌"的转变。① 石柱县解决"两不愁三保障"突出问题的经验表明，以注重多元社会力量、新发展理念、内生发展动力、个体存在价值、政策灵活多变为特质的精细化贫困治理在我国农村基层社会行之有效。要知道，农村基层社会治理不仅是农村问题，更关乎党在农村执政基础的巩固，关乎中国特色社会主义基层群众自治制度的实践，特别在我国农村社会结构正经历剧烈转型的当下，及时推动农村基层社会治理方式的创新更是尤为必要。石柱县解决"两不愁三保障"突出问题的成功实践说明，精细化贫困治理作为农村基层社会治理方式的创新，是国家治理现代化的有益尝试，在整个国家治理体系中占有重要位置。

三、善于运用改革创新思维，破解难点问题

脱贫攻坚是一项宏大的社会工程，截至 2015 年年底，我国还有 14 个集中连片特困地区、832 个贫困县和 12.8 万个贫困村，建档立卡贫困人口 5630 万人。这些地区、县市、乡镇、村落各有特点，这些贫困家庭、贫困人口也各有诉求，虽然精准扶贫精准脱贫基本方略的有效运用能够解决广大贫困人群的脱贫问题，但也仍然会存在一些

---

① 向德平、华汛子：《改革开放四十年中国贫困治理的历程、经验与前瞻》，《新疆师范大学学报（哲学社会科学版）》2019 年第 2 期。

复杂现象或是特殊人群难以被现有扶贫政策所覆盖，而且精准扶贫政策在基层实施的过程本身也可能带来意外的社会后果①，这都给基层政府的贫困治理带来了意想不到的挑战，提升治理能力、增强执政本领迫在眉睫。在解决"两不愁三保障"突出问题的过程中石柱县也遇到了一些困难。为此，石柱县抓好理念创新、政策创新、手段创新以及基层工作创新，妥善运用改革创新思维，破解难点问题。

一方面，坚持改革创新思维的问题导向，及时回应贫困群众"两不愁三保障"诉求。习近平总书记在党的十九大报告中指出，增强政治领导本领，要坚持"五种思维"，其中之一就是创新思维。总书记的创新思维，充满着强烈的问题意识、贯穿着鲜明的问题导向。他强调："问题是创新的起点，也是创新的动力源。"② 发现问题、研究问题、解决问题都离不开创新思维。石柱县从发现问题入手，坚持改革创新思维的问题导向，将创新作为解决"两不愁三保障"突出问题的主要手段，及时回应贫困群众诉求。以基本医疗保障为例，2018 年，石柱县出台了《石柱县农村贫困人口居家康复临时医疗救助方案》，在原有"扶贫济困医疗基金""健康扶贫医疗基金""'一事一议'医疗救助"的基础上，对需常年门诊购药维持治疗的农村贫困人口，根据患病情况提供一定的药品费用补助。对于该政策的出台，石柱县卫健委的相关负责同志表示："医保以外的那些慢性病，也确实需要救助。如果通过其他的一些刚才我们说的方式方法覆盖不了，我们就又搞了一个县级的补充救助政策，居家康复临时医疗救助政策。……通俗地说，就是不去住院的这一部分群体去药店买药、长期服药，家庭开支也不小，但享受不到住院门诊的一些政策，我们针对这种长期的、家庭确实有困难的家庭，

---

① 左停、杨雨鑫、钟玲：《精准扶贫：技术靶向、理论解析和现实挑战》，《贵州社会科学》2015 年第 8 期。

② 习近平：《在哲学社会科学工作座谈会上的讲话（2016 年 5 月 17 日）》，人民出版社 2016 年版，第 14 页。

通过调研后出台了政策。"① 石柱县卫健委的做法充分体现了石柱县坚持问题导向，运用改革创新思维解决贫困群众"两不愁三保障"突出问题的努力与成效。

另一方面，坚持改革创新思维的实践导向，结合实际创造性推动"两不愁三保障"工作。习近平总书记曾经反复倡导各级领导干部都要增强创新本领，"要建设一支政治过硬、专业过硬、能吃苦、富有开拓创新精神的干部队伍"②。因为面对新情况新问题，只能是努力想新办法、找新出路、创造新经验、开创新局面。就脱贫攻坚而言，化解返贫风险和预防贫困发生是建立"两不愁三保障"体系的主要原因，但是如何在反贫困的政策实践中对"两不愁三保障"情况加以动态管理，进而为政府反贫困政策提供可操作的依据则是一个亟待解决的问题。对此，石柱县不断增强改革创新本领，保持锐意进取的精神风貌，以实践为导向积极探索精准识别的动态机制，通过出台《石柱县"两不愁三保障"问题动态监测处置办法》，借助互联网技术和信息化手段，对全县"两不愁三保障"任务落实情况施以全覆盖监测，结合实际创造性地推动了"两不愁三保障"工作。

总之，石柱县通过解决好"两不愁三保障"突出问题，坚持"必须多谋民生之利、多解民生之忧，在发展中补齐民生短板、促进社会公平正义，在幼有所育、学有所教、劳有所得、病有所医、老有所养、住有所居、弱有所扶上不断取得新进展，深入开展脱贫攻坚，保证全体人民在共建共享发展中有更多获得感，不断促进人的全面发展、全体人民共同富裕"③。

---

① 对石柱县卫健委相关负责同志的访谈（2019 年 8 月 9 日根据访谈录音整理）。
② 《习近平在京津冀三省市考察并主持召开京津冀协同发展座谈会》，新华网，http://www.xinhuanet.com//politics/2019-01/18/c_1124011707.htm。
③ 习近平：《决胜全面建成小康社会　夺取新时代中国特色社会主义伟大胜利（2017 年 10 月 18 日）》，人民出版社 2017 年版，第 23 页。

第六章

做好脱贫摘帽后续扶持

习近平总书记在解决"两不愁三保障"突出问题座谈会上的讲话中明确指出："贫困县摘帽后，要继续完成剩余贫困人口脱贫任务，实现已脱贫人口的稳定脱贫。贫困县党政正职要保持稳定，做到摘帽不摘责任；脱贫攻坚主要政策要继续执行，做到摘帽不摘政策；扶贫工作队不能撤，做到摘帽不摘帮扶；要把防止返贫放在重要位置，做到摘帽不摘监管。"① 总书记的讲话为已经脱贫和即将脱贫的贫困县明确了脱贫摘帽后续扶持的基本思路，指明了脱贫摘帽后的工作方向、确立了工作目标、部署了工作重点、落实了工作责任，为及时巩固转化脱贫成果，如期全面打赢脱贫攻坚战、如期全面建成小康社会提供了根本遵循。石柱县深入学习贯彻习近平总书记关于扶贫工作重要论述，牢牢把握高质量脱贫这一基本宗旨，真扶贫、扶真贫、真脱贫，多管齐下提高脱贫质量，真抓实干巩固脱贫成果，在 2018 年如期实现脱贫摘帽目标的基础上，持续加强后续扶持，积极培育发展能力，坚持时间服从质量，严格执行时间表和路线图，稳步推进 2018 年脱贫摘帽、2020 年高质量打赢脱贫攻坚战"两步走"计划，取得了切实的进展。在瞄准预警上，石柱县抓排查、促整改，积极探索"1353"贫困动态监测和响应体系；在政策安排上，石柱县稳军心、达民意，严格落实"四不摘"后续扶持政策体系；在成果转化上，石柱县扶上马、送一程，切实稳定脱贫能力、逐步培育发展能

---

① 习近平：《在解决"两不愁三保障"突出问题座谈会上的讲话》，《求是》2019 年第 16 期。

力；在体制机制上，石柱县抓产业、促增收，建立完善稳定脱贫长效机制。通过准确研判脱贫摘帽后县域减贫工作形势，大力巩固脱贫成果，深化提升治理能力，石柱县在做好脱贫摘帽后续扶持的工作中砥砺前行、再创佳绩。

第一节　石柱县脱贫摘帽后减贫工作形势

2019年4月，习近平总书记在重庆考察期间曾就"直接影响脱贫攻坚目标任务实现的问题"作出重要指示，他指出："脱贫摘帽后工作放松，有的摘帽县出现撤摊子、甩包袱、歇歇脚的情况，有的摘帽县不是把精力物力用在巩固成果上，而是庆功搞铺张浪费。"[①] 总书记的指示饱含深意、振聋发聩，为石柱县做好脱贫摘帽后续扶持工作提供了精神指引和行动指南。对脱贫摘帽后的减贫工作形势，石柱县有着清醒的认识，石柱县委表示："当前，尽管石柱县已经脱贫摘帽，但是离中央的要求，离总书记的要求，离市委、市政府的要求，我们还有很大差距。全县脱贫攻坚任务还远远没有完成，防止返贫任务还非常艰巨，脱贫质量还不够高，要真正高质量打赢打好脱贫攻坚战，还有很多工作要做。……到2020年实现现行标准下农村贫困人口全部脱贫，是我们党作出的庄严承诺，是必须完成的硬任务，没有退路。……既要顺利完成打赢打好脱贫攻坚战三年行动各项目标、又要抓好脱贫攻坚和乡村振兴有机衔接，既要抓好今明两年脱贫攻坚工作、又要推动经济社会高质量发展，任务显然很重、要求明显更高、时间很是紧迫。"石柱县各级党员领导干部遵照总书记的指示，深学

---

① 习近平：《在解决"两不愁三保障"突出问题座谈会上的讲话》，《求是》2019年第16期。

笃用、知行合一，以担当诠释初心，以使命践行责任，为广大农村贫困群众谋幸福，通过对存量贫困人口状况、建设脱贫长效机制、巩固转化脱贫成果等脱贫摘帽后减贫工作基本形势的判断，石柱县深切地意识到："脱贫攻坚工作压力不是减小了、而是加大了，要求不是降低了、而是更高了"①。

一、存量贫困人口脱贫问题

石柱县虽然于 2019 年 1 月 27 日宣布达到脱贫摘帽标准，脱贫攻坚工作也顺利通过了 2018 年贫困县退出专项评估检查验收，但这并不意味着石柱县全县贫困人口实现了 100% 脱贫。截止到 2019 年 4 月，石柱县的综合贫困发生率为 0.87%②，截止到 2019 年 5 月，石柱县仍有 1169 户 3272 人未脱贫。对于 2019 年和 2020 年的脱贫攻坚形势，习近平总书记有着清晰的判断："今后两年脱贫攻坚任务仍然艰巨繁重，剩下的都是贫中之贫、困中之困，都是难啃的硬骨头。"③ 石柱县存量贫困人口的脱贫问题充分说明了总书记论断的精准性。目前，石柱县尚未脱贫人口中，残疾人、孤寡老人、长期患病者等特殊困难群体占比较高，这些人群已经完全丧失或部分丧失劳动能力，无法依靠产业帮扶或就业帮扶摆脱贫困；部分贫困群众教育文化水平低、缺乏技能、收入微薄；还有少数贫困群众不同程度存在"等、靠、要"思想，自身发展动力不足，脱贫致富的主观能动性有待提高。综合来看，石柱县存量贫困人口脱贫存在以下问题：

---

① 蹇泽西：《在县扶贫开发领导小组 2019 年第 6 次（扩大）（县委落实中央专项巡视重庆脱贫攻坚反馈意见对照整改工作领导小组第 6 次）会议上的讲话》（2019 年 5 月 22 日，根据录音整理）。

② 《重庆石柱：聚焦"两不愁三保障"书写高质量脱贫华章》，中国网，http://guoqing.china.com.cn/2019-09/20/content_75226340.html。

③ 《习近平参加甘肃代表团审议》，央广网，http://china.cnr.cn/news/20190308/t20190308_524534773.shtml。

　　首先，"无业可扶、无力脱贫"的特殊困难群体占比较高，存量贫困人口呈现出致贫因素多重性、交叉性、易变性等特点。石柱县存量贫困人口中，因残致贫、因病致贫、孤寡老人的贫困家庭比较多，丧失劳动能力或者因照顾家人而无法释放劳动能力的情况屡见不鲜，"一人失能，全家失衡"问题具有一定的普遍性。同时，石柱县绝大多数未脱贫家庭都存在多种致贫原因，这些致贫因素彼此重叠、交叉影响、变动难料，给找准"病根"、开对"药方"造成了不小的困扰。以石柱县石家乡为例，截止到2018年年底，全乡建档立卡贫困户517户1878人，其中未脱贫贫困户34户106人。在未脱贫的贫困户中，因病因残因伤致贫26户78人，分别占存量贫困户总数的76.5%和73.6%，单身患病贫困户或有2位以上病患的贫困户共有10户16人，分别占存量贫困户总数的29.4%和15.1%，因病致贫户中有家庭成员就学的为13户53人，分别占存量贫困户总数的38.2%和50%。石家乡存量贫困人口的特点具有一定的代表性，因病失能致贫和多重因素致贫彼此交织的特点非常明显。

　　其次，一些存量贫困家庭就学子女多、家庭人口多、家庭负担重，短时间内较难形成稳定脱贫能力。有研究表明："家庭人口规模和子女数与长期多维贫困呈正向关系，子女数越多、人口规模越大的贫困家庭不平等程度也越高，且非常显著。家庭人口规模越大、子女越多，家庭的消费支出和抚养子女的成本也越高。家庭中较多的子女，需要挤占父母较多的时间和精力，花费更大的抚养投入（金钱和时间），增加了家庭落入贫困的可能性。"[①] 石柱县存量贫困人口的一些特征符合上述研究结果。同样以石家乡为例，在未脱贫的贫困户中，因学致贫有5户19人，分别占存量贫困户总数的14.7%和17.9%，其中3个因学致贫户有两名以上家庭成员就学，家庭支出明显受到就学影响，脱贫难度较大。从家庭人数来考察，石家乡未脱贫

① 郭熙保、周强：《长期多维贫困、不平等与致贫因素》，《经济研究》2016年第6期。

的贫困户中 4 人以上（包括 4 人）家庭规模的有 14 户 69 人，分别占
存量贫困户总数的 41.2% 和 65.1%，其中有劳动能力者约为 31 人，
占 4 人以上（包括 4 人）家庭规模存量贫困户人口总数的 44.9%。
显然，家庭规模大、劳动力人口少是影响这些家庭顺利脱贫的又一主
要因素，加之这些劳动力的文化水平相对较低、缺乏技能，收入相对
不足，家庭人均可支配收入不达标的情况比较常见。

最后，个别贫困群众存在一定程度的"懒汉思维"，内生动力亟
待激发。阿根廷学者马里亚诺·格龙多纳将影响进步的文化因子归为
两类，一类为"趋向进步文化"，另一类为"阻碍进步文化"。有学
者结合我国贫困人口思想观念所存在问题，将精准扶贫中阻碍脱贫的
文化因子归纳为四类"阻碍进步文化"，分别是宿命论、好逸恶劳、
不负责任生育以及向后看的时空观。[①] 上述四种影响脱贫的"阻碍进
步文化"，在石柱县存量贫困人口中也不同程度地存在。截至 2019 年
4 月，通过"两不愁三保障"集中排查，石柱县发现了两例没有解决
"两不愁"的存量贫困户。石柱县"两不愁"保障指挥部和民政局高
度重视，曾就这两例存量贫困户向县扶贫开发领导小组作了专门汇
报，调研显示：其一，家庭人口 7 人，中年夫妇携四女一儿，其中 2
人在读（均正常享受贫困户相关教育政策），3 人为学龄前儿童，男
户主已经被纳入公益性岗位，工资 5200 元/年，但该户因自身发展动
力不足，有懒惰行为，导致家庭愁吃；其二，家庭人口 1 人，拥有耕
地 3.5 亩且已流转（每年将田地给邻居种植庄稼，再由邻居给该人供
应一定数量的水稻以解决其基本生活），其经济来源主要是靠帮人打
官司和帮周边农户操持红白喜事而获得一定劳务费用，具体收入不
明。民政、乡镇、村两委和驻村工作队多次做其工作，拟将其纳入低
保，但本人拒绝配合，送衣物和救济款也拒绝接受。生活愁吃愁穿但
却仍然没有足够的脱贫主动性和参与度，这是明显的内生动力不足问

[①] 郭晓冉：《我国精准扶贫中的文化驱动力研究》，《理论月刊》2019 年第 7 期。

题，这种现象既影响当前减贫成效，也不利于长期稳定脱贫，更滋长了社会不良风气，是石柱县脱贫攻坚中最难啃的"硬骨头"。

二、建立稳定脱贫长效机制

习近平总书记强调："防止返贫和继续攻坚同样重要，已经摘帽的贫困县、贫困村、贫困户，要继续巩固，增强'造血'功能，建立健全稳定脱贫长效机制，坚决制止扶贫工作中的形式主义。"① 对此，学界普遍认为，当下"'运动式'贫困治理充分发挥了中国特色社会主义的政治优势，一定程度缓解了贫困治理压力，短期治理效果明显，但这种依靠外力帮扶的治理模式只能治标，不能治本，存在很强的路径依赖、返贫风险大"，"因此更需要一种慢工出细活式的精细治理，常态化、制度性的长效机制治理是一种必然选择。"② 总书记的指示表明，脱贫攻坚决不能"一脱了之"，而是要持之以恒，决不能只顾当下，而是要放眼长远，要充分考虑到广大贫困群众脱贫后的返贫可能性问题，要充分认识到防止返贫也是脱贫攻坚的重要内容。"稳定脱贫，是指通过创新观念、激活动力、稳定收入来源、完善基础设施、提升公共服务等方式，降低脱贫群体的脆弱性，增强其发展能力，不断改善其生活水平，永久跳出'贫困陷阱'。建立健全稳定脱贫长效机制不仅能够消除一家一户的绝对贫困，促进贫困社区经济社会的可持续发展，而且有助于阻断贫困的代际传递。"③ 石柱县遵循总书记指示精神，充分认识到贫困的长期性、多维性和动态性特征，将稳定脱贫长效机制建设视为高质量打赢脱贫攻坚战的必要设

① 《习近平李克强张德江俞正声刘云山张高丽分别参加全国人大会议一些代表团审议》，《人民日报》2017年3月9日。
② 唐任伍：《贫困文化韧性下的后小康时代相对贫困特征及其治理》，《贵州师范大学学报（社会科学版）》2019年第5期。
③ 黄承伟：《建立健全稳定脱贫长效机制》，搜狐网，http://www.sohu.com/a/313114655_100122958。

置和有效保证，以使命担当的工作热情、常治长效的工作理念、扎实推进的工作作风，调研、规划、设计稳定脱贫长效机制建设，为促进石柱县地区经济社会可持续发展、消除绝对贫困、减缓相对贫困履职尽责。对于建设稳定脱贫长效机制的工作趋向和基本形势，石柱县明确了具体的工作思路：

第一，尽快建成稳定脱贫的系统政策体系。稳定脱贫长效机制建设是一个系统工程，它的运行模式、瞄准策略、工作方法同脱贫摘帽前的做法必然有所不同。从工作过程来看，它更强调对贫困人口的动态监测、预警机制、及时整改等一系列措施；从工作思路来看，它更主张脱贫举措的可持续性、长效性、发展性等机制特点；从工作方法来看，它更侧重加强"造血"、扶志扶智、兜底保障等多种稳定脱贫策略。因此，必须尽快建成一个能够保障主体责任明晰、规划设计完备、各方协调妥善、资源配置优化、措施落实有效的稳定脱贫的系统政策体系，以确保脱贫攻坚后续扶持工作的稳步推进。事实上，石柱县在制定"两步走"计划时就已经着手考虑脱贫摘帽后稳定脱贫政策体系的构建问题。石柱县委县政府在2018年制定的《石柱县精准脱贫攻坚战实施方案》中指出："2018年为'脱贫攻坚冲锋年'，……全县整体脱贫摘帽。2019年至2020年为'脱贫攻坚提升巩固年'，重在提升脱贫攻坚质量和巩固脱贫成果，对全县整体脱贫摘帽后的脱贫攻坚各项工作进行全面查漏补缺，完善防止返贫机制，所有已摘帽贫困村、贫困人口实现高质量稳定脱贫。"

第二，尽快完成"输血"扶贫向"造血"扶贫的转化。习近平总书记强调："要激发贫困人口内生动力，把扶贫和扶志、扶智结合起来，把救急纾困和内生脱贫结合起来，把发展短平快项目和培育特色产业结合起来，变输血为造血，实现可持续稳固脱贫。"[①] 总书记

---

① 中共中央党史和文献研究院编：《习近平扶贫论述摘编》，中央文献出版社2018年版，第142页。

的指示说明，长期输血，片面强调福利与保障，只能是暂时脱贫，而且也极容易养成"靠穷吃穷"的"等靠要"思想；而恢复造血能力，则是要帮助广大贫困群众寻找致富门路，培育可持续发展的产业，真正"拔掉'穷根子'"。石柱县在脱贫摘帽前主要采取"输血"与"造血"并重、用"造血"巩固"输血"的做法，强调基本保障与长期发展相结合、政府扶持与市场开发相结合、福利救助与特色产业相结合，切实走出了一条"输血"和"造血"同步进行的脱贫攻坚之路，取得了良好的成效。对于脱贫摘帽后的稳定脱贫长效机制建设，石柱县主张，要在保障"输血"的同时花更大力气强化"造血"，通过在特色产业扶贫、乡村旅游扶贫、电子商务扶贫、就业创业扶贫等方面内外兼顾、同向发力，不断增强脱贫源动力。正如石柱县发改委有关负责同志所说："'输血'不能解决你的'造血'功能，最后还是你自己'造血'才行，你自己不'造血'，再输多少血都没用。"①

第三，尽快促成扶贫和扶志、扶智的有机结合。有学者指出，"'贫困'犹如癌症一样，在很大程度上是一种精神状态，扶贫开发如果仅仅停留在经济技术层面，很难达到最终效果。……'精神贫困'的治理，重点在于通过对贫困者进行教育培训、技能传授的方式，提升他们的基本素质，使他们有一技之长，在心理上树立起自尊和自豪感"。② 自扶贫攻坚启动以来，扶志、扶智始终是石柱县脱贫工作的重点内容，通过驻村干部宣讲、精气神提振培训、实用技能课堂、农用技术下乡、教育扶贫资助、致富带头人培育、乡风文明建设等多种方式，石柱县贫困群众的脱贫意识和脱贫技能有了一定的提升。石柱县认为，在脱贫摘帽后，扶志、扶智工作变得更加重要和紧迫。一方面，石柱县坚信贫困群众是脱贫攻坚的对象，更是脱贫致富

---

① 对石柱县发改委相关负责同志的访谈（2019 年 8 月 9 日，根据访谈录音整理）。
② 唐任伍：《元叙事语境下后小康时代"精神贫困"治理研究》，《贵州省党校学报》2019年第 4 期。

的主体，只有牢固树立贫困群众的主体意识和脱贫精神，持续激发贫困群众的内生动力，才能形塑稳定脱贫的根本动力源，这就需要在扶志、扶智方面花更多心思、下更大力气，将广大贫困群众的致富意愿和动机更充分地调动起来；另一方面，石柱县也意识到一些贫困群众的"穷根"还没有断干净、富源还没有开广阔，有必要在脱贫摘帽后坚持不懈地继续做工作。石柱县中益乡的相关负责同志曾谈到该乡在后续扶志扶智上面临的问题和未来的思路："发展意识还是比较保守的，我们说发展什么产业，大家很难接受。觉得这个东西不赚钱，觉得传统的东西干习惯了。习惯养成后，不愿意去改变。然后客观地讲，因为强壮劳动力都出去了，留在家的这些老百姓，他们的发展意愿特别淡薄。意愿一淡薄显得人就特别懒散，也没有精气神。……现在我们不说大家都有内生动力，其实我们只要选准了发展的方向，他们就有无穷的动力。要是你没给他好的路走，那就'等靠要'，所以我们说把产业发展起来我们再去调动，你没产业，你跟他说调动内生动力，这是说不出说不动的。"①

三、及时巩固转化脱贫成果

习近平总书记在解决"两不愁三保障"突出问题座谈会上的讲话中强调："脱贫既要看数量，更要看质量，不能到时候都说完成了脱贫任务，过一两年又大规模返贫。要多管齐下提高脱贫质量，巩固脱贫成果。要严把贫困退出关，严格执行退出的标准和程序，确保脱真贫、真脱贫。要把防止返贫摆在重要位置，适时组织对脱贫人口开展'回头看'，对返贫人口和新发生贫困人口及时予以帮扶。"② 随着我国脱贫攻坚工作的有序推进，现行标准下农村贫困人

---

① 根据石柱县中益乡座谈会的录音转写（2019 年 8 月 8 日）。
② 习近平：《在解决"两不愁三保障"突出问题座谈会上的讲话》，《求是》2019 年第 16 期。

口从 2012 年的 9899 万人减少到 2018 年的 1660 万人，累计减少 8239 万人，截止到 2019 年 4 月，全国 832 个贫困县，153 个已宣布摘帽，284 个正在进行摘帽评估。在这样的背景下，总书记再次强调"巩固脱贫成果"，为脱贫攻坚决胜阶段的工作部署明确了重点，对于脱贫摘帽后县域层面的后续工作而言，意义重大、影响深远。石柱县坚决贯彻总书记关于扶贫工作重要论述，将及时巩固转化脱贫成果视为石柱县脱贫摘帽后减贫工作的重中之重，积极谋求在防止脱贫人口返贫、抑制新生贫困、提升脱贫成果以及推进脱贫攻坚与乡村振兴有机衔接等几个方面有所规划，以确保 2020 年同步全面建成小康社会。

第一，及时建立化解返贫风险和防止新增贫困的有效机制。大量的学术研究和地方实践都表明，贫困的动态性特征是影响脱贫效果的关键因素。贫困的动态性是指"在一段较长的历史时期内，由于社会收入水平和生活水平不断提高而引起的贫困标准的变化连同个人或者家庭状况的改变共同引起的个人或者家庭进入或者退出贫困的运动和状态"①，即个人或家庭的贫困状况始终处于不断变动的过程中。这意味着只有动态地去监测贫困群体在不同时期贫困状态的变化过程，才能有效预防贫困、精准施策。在这方面，石柱县主要面临三个问题：其一，贫困人口基数大。石柱县的贫困发生率比较高，截止到 2019 年 4 月，贫困村有 85 个、贫困户有 15758 户 54908 人，农村贫困发生率高达 12.7%。其二，返贫率相对较高。受发展条件和水平制约，石柱县贫困群众脱贫后收入水平仍然较低，且脱贫后易受自然灾害、子女上学、因病就医、市场风险、工伤事故等因素影响而再次返贫，返贫率高达 5%，"边减边增"现象比较严重。其三，新增贫困户的可能性较大。作为国家级贫困县，石柱县经济社会发展总体相对

---

① 该概念系根据 Valletta R G（2006）的观点提炼得出。转引自张清霞：《贫困动态性研究》，《湖南农业大学学报（社会科学版）》2008 年第 3 期。

滞后，农村居民人均可支配收入相对不足，一些贫困"临界户"也可能因各种生活动荡而随时陷入贫困。对于上述三个问题，石柱县认为，只有及时建立化解返贫风险和防止新增贫困的有效机制，特别是相应的动态监测机制，才能妥善应对贫困的动态性、长期性，才能有效巩固脱贫成果。

第二，及时确立基础设施建设和公共服务供给的常态机制。《中共中央　国务院关于打赢脱贫攻坚战三年行动的指导意见》对于贫困地区基础设施建设和公共服务水平给予了特别关注，提出"实现贫困地区基本公共服务主要领域指标接近全国平均水平"的总体要求，具体内容包括"乡镇和建制村通硬化路，贫困村全部实现通动力电，全面解决贫困人口住房和饮水安全问题，贫困村达到人居环境干净整洁的基本要求，切实解决义务教育学生因贫失学辍学问题，基本养老保险和基本医疗保险、大病保险实现贫困人口全覆盖，最低生活保障实现应保尽保"等。石柱县认真执行中央指导意见，在基础设施建设方面着力打通"最后一公里"，在公共服务供给方面基本实现"两不愁三保障"。进入脱贫摘帽后续扶持阶段后，石柱县坚持贯彻中央指导意见，在大力补齐基础设施和公共服务短板的同时，积极谋划确立基础设施建设和公共服务供给的常态机制。石柱县认为，基础设施和公共服务是后续扶持的坚中之坚，它们不仅是关系到人的生存生活质量和发展质量的关键性要素，也是使贫困地区稳定脱贫、不再返贫的重要保障。因此，必须积极探索建立农村基础设施运行管护长效机制和"两不愁三保障"突出问题常态管理机制，让已经建成的基础设施长期发挥作用，让"两不愁三保障"工作能够常态化发现问题、常态化及时有效解决问题。

第三，及时设计脱贫成果转化与乡村振兴战略的衔接机制。《中共中央　国务院关于实施乡村振兴战略的意见》指出，"乡村振兴，摆脱贫困是前提"，"脱贫攻坚战取得决定性进展，农村生态文明建设显著加强，农民获得感显著提升，农村社会稳定和谐。农业农村发展取得的重大成就和'三农'工作积累的丰富经验，为实施乡村振兴战略奠定了良好基础。"中央的意见说明，"打好脱贫攻坚战是实施乡村战略的优先任务，这是由脱贫攻坚与乡村振兴的内在逻辑所决定的"①，二者具有一致性的目标。石柱县认为，作为已经脱贫摘帽的县，在巩固提升脱贫成果的工作中，必须要通盘谋划脱贫成果转化与乡村振兴战略的有效衔接，从产业扶贫到产业兴旺、从生态扶贫到生态宜居、从扶志扶智到乡风文明、从驻村帮扶到治理有效、从高质量脱贫到生活富裕，全面统筹乡村经济建设、政治建设、文化建设、社会建设、生态文明建设五位一体的多重目标，夯实县域顶层设计的系统性，以乡村振兴战略实施促进脱贫攻坚成果巩固、质量提升，以高质量打赢打好脱贫攻坚战奠定乡村振兴的坚实基础。因此，石柱县县委明确提出，"要抓好脱贫攻坚与乡村振兴统筹，衔接好规划、目标、任务、措施、项目等内容，坚决防止出现'两脱节'"。②

第二节　石柱县脱贫摘帽后续扶持的主要做法

2019 年 4 月，习近平总书记在重庆考察期间指出："脱贫攻坚战进入决胜的关键阶段，打法要同初期的全面部署、中期的全面推进有所区别，最要紧的是防止松懈、防止滑坡。"③ 石柱县将总书记关于扶贫工作的重要论述作为指导脱贫摘帽后续扶持工作的根本遵循，以脱贫攻坚的初心使命，共同富裕的责任担当，大力发扬"钉钉子"

---

① 黄承伟：《打好脱贫攻坚战是实施乡村振兴战略的优先任务》，《贵州日报》2018 年 11 月 20 日。
② 蹇泽西：《蹇泽西、左军同志在全县实施乡村振兴战略暨农业农村工作会议上的讲话》（2019 年 3 月 29 日，根据录音整理）。
③ 习近平：《在解决"两不愁三保障"突出问题座谈会上的讲话》，《求是》2019 年第 16 期。

精神，锲而不舍、驰而不息地狠抓脱贫攻坚工作，努力做到坚定信心不动摇、咬定目标不放松、整治问题不手软、落实责任不松劲、转变作风不懈怠，不获全胜、决不收兵。在脱贫摘帽后续扶持的具体做法上，石柱县坚持精准识别先行，妥善建立"1353"贫困动态监测和响应体系，以化解返贫风险和防止新增贫困；坚持落实"四不摘"，积极完善后续扶持政策体系，以增强群众信心和稳定脱贫能力；坚持平衡发展、统筹协调，着力加强对非贫困村和非贫困户的扶持，以防止"悬崖效应"和实现带动致富；坚持巩固脱贫成果，切实提升贫困治理能力，以形成常态机制和衔接乡村振兴。

一、建立"1353"贫困动态监测和响应体系

对于解决贫困的动态性、长期性、易变性等问题，习近平总书记给出的方案是："要紧盯扶贫对象，实行动态管理，应该退出的及时销号，符合条件的及时纳入，定期开展'回头看'活动，既不要漏掉真正的贫困人口，也不能把非贫困人口纳入扶贫对象。"① 石柱县认真领会、积极落实总书记的重要指示，规划设计了"1353"贫困动态监测和响应体系，以实现脱贫摘帽后续扶持阶段的精准识别。该体系依托《中共石柱土家族自治县委石柱土家族自治县人民政府关于打赢打好脱贫攻坚战三年行动的实施意见》《石柱县"两不愁三保障"问题动态监测处置办法》《石柱县 2019 年临界贫困对象动态监测调查实施方案》等主要政策，对全县 230 个涉农村（社区）所有农户，特别是已脱贫户、未脱贫户和贫困"临界户"，开展月月排查、月月整改的动态监测与应急响应，初步形成了每月底开展 1 次监测、疑似问题乡镇 3 日内入户核实、无法解决的次月 5 日前上报指挥

---

① 中共中央党史和文献研究院编：《习近平扶贫论述摘编》，中央文献出版社 2018 年版，第 73 页。

部、指挥部 3 日内形成整改方案的"1353"动态监测基本流程，做到贫困群众最新动态精准掌握、发生问题及时解决。"1353"贫困动态监测和响应体系极大地增强了石柱县防止返贫和预防新增贫困的能力，为石柱县及时巩固转化脱贫成果和形成稳定脱贫长效机制提供了坚实的制度保障和政策支持。

首先，主体责任分级分类。石柱县依托其"1+5+16+33"领导责任体系，确立了各行业部门牵头、乡镇（街道）组织、驻村工作队和村组干部具体负责的分级分类的主体责任系统。具体而言，驻村工作队和村组干部每月底对农户家计情况进行入户走访监测，将有返贫致贫风险的农户信息上报所在乡镇（街道）；乡镇（街道）汇总辖区内信息，并在 3 个工作日内组织专人完成入户核查，建立台账，分类整改；乡镇（街道）无法整改的，于次月 5 日前上报至行业主管部门，各行业主管部门对照现行行业标准在 5 个工作日内完成集中研判、确定整改方式，牵头抓好整改落实，并将相关信息报送至县扶贫开发领导小组办公室备案。该主体责任系统的优势有三：其一责任明晰，各层级各部门各司其职、分工有序；其二识别精准，通过分级核实保证找准"病根"；其三，整改分类，对接各行业部门实现"因户施策"。

其次，预警研判分级分类。"1353"贫困动态监测和响应体系的预警研判也执行分级分类的模式。一方面，信息收集分级分类。比如，对于动态监测"两不愁三保障"，主要核实农户是否稳定实现不愁吃、不愁穿，义务教育、基本医疗、住房安全有保障，而对于动态监测"临界户"，则主要核实家庭各方面收入和支出指标。最后通过收集内容详尽、可操作性较强的调查信息进行综合比对，"1353"贫困动态监测和响应体系实现了监测内容的精准可信；另一方面，预警标准分级分类。石柱县认为，如何在贫困尚未发生时对其可能存在的风险类型及程度做出科学的研判是决定后续跟进措施及其干预效果的关键所在，因此，"1353"贫困动态监测和响应体系在预警判断上下足了"绣花"功夫，对预警对象的返贫原因和程度有所分级分类："预警标准是数据库对返贫对象状态进行判断的依据，既可以通过单一关键指标进行判断，也可以通过多维贫困指标进行判断，……在预警指标数值计算出来以后，系统可以将其与预设的警度进行比对，根据其分布区间选择下一步行动。"[1]

再次，干预措施分级分类。"1353"贫困动态监测和响应体系根据预警分级分类结果选择最有针对性和最有效的措施进行干预。这些措施包括物质资助、兜底保障、医疗救助、教育扶贫、精神扶贫等等。提供物质资助是作为极端贫困状况的主要帮扶手段，优先考虑受助对象的"不愁吃"问题；兜底保障是考虑到预警对象可能因灾因病暂时失去劳动能力，因此给予低保等相应待遇；医疗救助是要保证预警对象能够看得上病、看得起病；教育扶贫是要确保预警对象家庭内的义务教育阶段适龄儿童不因经济困难失学辍学；精神扶贫主要是开展脱贫教育，扶贫扶志，激发贫困人口的自主脱贫意识，为贫困人口树立脱贫信心。"1353"贫困动态监测和响应体系强调各干预主体必须从预警对象的级别需求出发，在不同阶段给予受助对象不同的帮助，对排查出来的问题限时整改销号，进而在源头上预防"脱而又返"的不良结果。

最后，体系机制协调统一。由于主体责任、预警研判以及干预手段的分级分类，可能会导致个别主体执行不到位、各部门间政策存在一定的冲突、政策执行分割或者扶贫力量"碎片化"、重叠化的现象。为此，"1353"贫困动态监测和响应体系以石柱县扶贫开发领导小组作为总负责机构，一方面统一部署各行业部门间的政策协调工作，特别是对于涉及多个领域的情况复杂的预警对象，组织相关部门形成政策合力，保证精准施策、因户施策；另一方面统一落实监督考核，每季度组织督查组进村入户开展督查检查工作，对达到预警标准

---

[1] 包国宪、杨琍：《我国返贫问题及其预警机制研究》，《兰州大学学报（社会科学版）》2018年第6期。

未上报或者干预措施不到位的村落、乡镇乃至行业部门根据其情节严重程度给予相应惩戒，并将结果纳入年底脱贫攻坚绩效考核。总之，"1353"贫困动态监测和响应体系通过行之有效的预警机制构建，"从源头上掌握返贫的演化机理，阻断演化过程，及早防范返贫风险，消除返贫现象或减轻后期返贫治理难度"[1]，有效化解了返贫风险并防止了新增贫困。

二、构筑后续扶持政策体系

2019 年 3 月 7 日，习近平总书记参加十三届全国人大二次会议甘肃代表团的审议时指出，"贫困县摘帽后，也不能马上撤摊子、甩包袱、歇歇脚，要继续完成剩余贫困人口脱贫问题，做到摘帽不摘责任、摘帽不摘政策、摘帽不摘帮扶、摘帽不摘监管。"[2] 石柱县认为，摘帽退出贫困县只是阶段性成果，达成了一个"小目标"，实现全面脱贫的总体目标、彻底打赢脱贫攻坚战，就需要坚决贯彻总书记的指示精神，保持脱贫政策的稳定性和连续性。一方面，"四不摘"是贫困群众的实际需要。摆脱贫困是一个过程，不可能一蹴而就，很多贫困村、贫困户尽管已经脱贫了，但脱贫根基不牢固、稳定脱贫能力不强，一旦离开扶贫政策的后续扶持，就有陷入返贫困境的危险，这就需要保持政策的连续性，特别是将要延续的政策加以明确，给贫困群众吃上"定心丸"，增强上下一心、脱贫致富的信念。另一方面，"四不摘"是政府和扶贫干部的应有担当。对石柱县而言，脱贫攻坚关系到全县 1.6 万户贫困家庭近 6 万贫困群众的民生，是全面建成小康社会过程中县域层面最艰巨最繁重的任务，只有不断增强做好扶贫开发工作的责任感和使命感，在后续扶贫的工作中，认真落实每一个

---

① 范和生：《返贫预警机制构建探究》，《中国特色社会主义研究》2018 年第 1 期。
② 《习近平：脱贫攻坚不获全胜决不收兵》，新华网，http://www.xinhuanet.com/mrdx/2019-03/08/c_137877545.htm。

项目、每一项措施，才能无愧于初心使命、无愧于责任担当。正如石柱县委书记蹇泽西代表全县党员领导干部所宣告的那样："严格按照总书记的重要指示要求，认真履行脱贫攻坚政治责任。我作为县委书记，是石柱县脱贫攻坚的一线总指挥和施工队长，贫困群众不脱贫，我决不下火线。"①"四不摘"作为石柱县脱贫摘帽后续扶持政策体系的主体内容，正代表了石柱县脱贫攻坚事业不获全胜决不收兵的时代气魄。脱贫摘帽后，石柱县初步形成了以"四不摘"为主体，充分结合"造血"扶贫和志智双扶的后续扶持政策体系，为稳定脱贫提供了政策保障、坚实支撑和内生动力。

第一，切实落实"四不摘"，为稳定脱贫提供政策保障。为了防备出现松劲懈怠、撤摊子、歇歇脚的现象，石柱县一方面加强党建引领和作风整改，另一方面强化"四不摘"政策的切实落实，为稳定脱贫提供政策保障。其一，摘帽不摘责任，进一步压实攻坚任务，以更高要求凝聚强大攻坚合力。脱贫摘帽后，石柱县多次召开动员会议，找问题、找不足、抓落实、抓整改，全县 32 位县领导、107 个县级单位、959 名驻乡驻村工作队员和 4880 名结对帮扶干部会同村支两委，以全新的态度担当脱贫攻坚责任、落实后续扶持政策；其二，摘帽不摘政策，进一步加大攻坚投入，以常态化机制延伸各项公共服务。石柱县各项利民、便民举措和政策倾斜并未因"摘帽"而停止，而是对以往脱贫攻坚实践中暴露出的突出问题和薄弱环节跟进出台相应的政策措施，使脱贫政策更接地气、更为精准、更常态化；其三，摘帽不摘帮扶，进一步提升攻坚水平，以真抓实干坚决啃掉"硬骨头"。石柱县各级扶贫干部在"摘帽"后坚守岗位，积极保持工作连续性，着力完成存量贫困人口脱贫任务，实现已脱贫人口的稳定脱贫。同时，要抓好村两委建设、培养致富带头人，努力打造一支

---

① 蹇泽西：《做好"四不摘"为稳定脱贫加上"保险阀"》，《重庆日报》2019 年 4 月 29 日。

"不走的扶贫工作队";其四,摘帽不摘监管,进一步巩固攻坚成果,以动态监测响应化解返贫风险。脱贫摘帽后,石柱县进一步加大致贫返贫风险的防控力度,建立"1353"贫困动态监测和响应体系,适时组织对脱贫人口开展"回头看",对已脱贫的贫困户和"临界户"进行动态监测并及时预警,发现返贫风险及时采取帮扶措施,确保脱贫户不返贫。

第二,"四不摘"和"造血"扶贫相结合,为稳定脱贫提供坚实支撑。中共中央办公厅、国务院办公厅印发的《关于建立贫困退出机制的意见》中明确规定:"贫困人口、贫困村、贫困县退出后,在一定时期内国家原有扶贫政策保持不变,支持力度不减,留出缓冲期,确保实现稳定脱贫。"所谓"留出缓冲期",除了补齐短板、改善民生、防止返贫之外,更是留出时间去大力增强"造血"能力。石柱县将"四不摘"和"造血"扶贫相结合,抢时间、抢进度最大限度利用"四不摘"政策发展特色产业扶贫、乡村旅游扶贫、电子商务扶贫、就业创业扶贫等多种增收渠道。以石柱县中益乡为例,该乡2019年上半年借助"四不摘"政策利好,聚焦"深度调整产业结构"持续发力:其一,组建了由县乡级专家团队和村技术负责人组成的三级农业技术服务体系,巩固提升7个村1.8万亩特色产业;其二,继续深化"中华蜜蜂小镇"主题定位,完成了电商平台优化升级,将各村平台整合到乡级"中益蜜蜂小镇"电商平台统一经营;其三,对100余户有发展乡村旅游意愿户开展统一培训和宣传营销,截至2019年6月实现40家正式开门迎客。通过"四不摘"和"造血"扶贫相结合,石柱县中益乡逐步打造了"种养+""乡村旅游+""电商+"产业链条,为稳定脱贫提供了产业基础。

第三,"四不摘"和扶志、扶智相结合,为稳定脱贫提供内生动力。习近平总书记指出:"客观上讲,贫困县摘帽后培育和巩固自我发展能力需要有个过程。这就需要扶上马、送一程,保证贫困县摘帽后各方面扶持政策能够继续执行一段时间,行业规划、年度计划要继续倾斜，专项扶贫资金项目和对口帮扶等也要继续保留。"[1] "四不摘"就是对贫困县和贫困群众的"扶上马、送一程"。就增强"造血"能力而言，已脱贫群众的致富能力每增强一分，收入水平就能提高一步，返贫概率就会相应减小。而对于提高内生动力来说，刚脱贫的群众，经济还不殷实，信心还不稳固，技能还不熟练，如果扶贫政策停摆，脱贫的主观意愿容易动摇。石柱县将"四不摘"和扶志、扶智有效结合，通过继续开展入户走访、面对面交流、心贴心帮扶、手挽手致富，在脱贫信念上鼓舞贫困群众；通过继续增强就业培训，提升贫困劳动力就业创业技能水平，坚定了贫困户增收致富的决心、信心和能力；通过继续加强宣传引导，开展各类宣传宣讲、典型评选、包干帮扶、志愿服务及文化活动，贫困群众观念由"要我脱贫"向"我要脱贫、我要创业、我要就业、我要改变"转化明显。根据石柱县县委宣传部调研与分析，截止到 2019 年 7 月，全县滥赌人数较 2018 年减少 74.65%、酗酒人数减少 80.19%、懒惰人数减少 65.64%，从事产业发展人数较去年增加 19.58%、返乡就业创业人数增加 36.9%，可见"四不摘"和扶志、扶智的充分结合，为石柱县稳定脱贫提供了显著的内生动力。

三、非贫困村和非贫困户的扶持

自脱贫攻坚战打响以来，如何在政策供给、资金投入和人员安排等方面平衡贫困村与非贫困村、贫困户与非贫困户的关系始终都是困扰地方政府的一项难题。在各项优惠政策的助推下，很多贫困村在基础设施和公共服务方面得到了显著改善，广大贫困户的收入也逐步增加。而与此同时，由于缺少政策和资金支持，一些非贫困村行路难、

---

[1] 习近平：《在中央扶贫开发工作会议上的讲话》（2015 年 11 月 27 日），《十八大以来重要文献选编》（下），中央文献出版社 2018 年版，第 44—45 页。

饮水难、就医难等问题短期内无法解决，加之很多处于贫困"边缘地带"的群众认为自己按照标准应该被识别为贫困户，因此有些非贫困村和非贫困户有怨言。随着贫困县陆续脱贫摘帽，重视非贫困村和非贫困户的发展，统筹推进非贫困村与贫困村、非贫困户与贫困户的后续扶持工作，显得至关重要。其一，这是实现脱贫成果转化与乡村振兴战略衔接的必要措施。乡村振兴战略是包括贫困村与非贫困村、贫困户与非贫困户在内的全国农业农村的优先发展和现代化，非贫困村和非贫困户的薄弱状况与滞后发展不符合乡村振兴战略的实施目的，只有补齐这块短板才能实现从脱贫攻坚向乡村振兴的顺利过渡；其二，非贫困村中的贫困户和作为非贫困户的"临界户"也有后续扶持的必要。一些建档立卡贫困户相对较多的非贫困村经济基础通常都比较差，加强对这些村落的投入，有利于稳定贫困户的脱贫能力。同时，对"临界户"给予足够的支持，也可以防止新增贫困；其三，这是防范"悬崖效应"、提高农村群众对脱贫攻坚满意度的有效举措。通过加强对非贫困村和非贫困户的扶持，可以防止贫困户和非贫困户享受的待遇差距太大，避免造成新的社会撕裂，提高农村群众的获得感和幸福感。

在脱贫摘帽前，石柱县主要采取统筹推进贫困村和非贫困村的发展、深度聚焦贫困村和贫困户的做法，因此在非贫困村和非贫困户上一直有所投入。而在脱贫摘帽后，石柱县在重点倾斜贫困村和贫困户的同时，更加注重贫困村和非贫困村的统筹推进，强调对非贫困村和非贫困户的扶持。石柱县深知，"按照人为划定的收入标准将一部分群体纳入扶贫政策对象，则必然产生政策排斥对象即贫困'边缘户'。他们对政策不满，造成扶贫政策落地难。要解决这个难题，可从农村贫困的性质入手，将单一给钱给资源的扶贫政策，调整为综合性的反贫困政策。"[①] 具体如下：

---

① 桂华：《相对贫困与反贫困政策体系》，《人民论坛》2019 年第 7 期。

第一，加强对非贫困村基础设施、公共服务和帮扶人员的投入，为非贫困村的贫困户提供脱贫致富环境，为衔接乡村振兴部署做好准备工作。脱贫摘帽后，石柱县逐步加强了对非贫困村水电路网等基础设施建设和文化活动室、卫生室等公共服务设施建设，对于那些基础设施和公共服务设施建设特别滞后的非贫困村，石柱县根据实际情况积极争取政策支持和建设项目，逐步加以改善，通过为广大农村群众提供便利的生产生活条件，增强了他们的内生发展动力和自身发展能力。此外，石柱县还向非贫困村投入了更多的驻村干部开展驻村帮扶工作。《石柱土家族自治县扶贫开发领导小组关于进一步加强驻村帮扶工作的通知》（2019）明确规定：各驻村工作队应"统筹做好深度贫困乡与其他乡镇、贫困村与非贫困村、贫困户与非贫困户发展，全面提升乡村发展水平"。《全县驻村帮扶工作情况汇报》（2019）也强调："注重向非贫困村选派驻村干部，同步开展非贫困户走访宣传，帮助改善非贫困村生产生活生态条件，切实做到派驻全覆盖、无遗漏，努力提高群众认可度，有效防止'悬崖效应'。"

第二，加强对于非贫困户的基本政策供给，特别在产业发展、住房安全保障、就业指导、金融贷款等方面加大扶持力度，逐步缩小或趋同于对贫困户的扶持标准，以预防新增贫困，防止"悬崖效应"，促进协调发展，提升群众获得感和满意度。以住房安全保障为例，石柱县在解决"两不愁三保障"突出问题的过程中发现非贫困户住房改造的意愿也非常强烈。为此，石柱县自筹资金实施农村危旧房整治项目，惠及近1.7万非贫困户家庭。石柱县城乡建委的同志表示："重点放在贫困户，但是对于非贫困户来说，他们一样有非常强烈的改造需求和意愿。所以对于非贫困户来说，在危房改造的基础之上，新增一个项目叫住房整治提升，对达不到C、D级（农村危房改造标准）标准的房屋，我们统一纳入住房整治提升。农村危房改造和农村危旧房整治总共涉及27940多户，其中贫困户只有9000多，绝大多数都属于非贫困户，整个事情的经费全部是我们县里筹集的。"①

第三，加强非贫困户的示范带头作用，积极建立非贫困户和贫困户的利益联结，合力稳定脱贫、合力啃掉"硬骨头"。石柱县认为，很多非贫困户的致富能力都比较强，可以支持贫困户发展起来，通过建立贫困户与非贫困户的利益联结机制，可以形成规模、抱团发展，实现稳定增收、稳定脱贫。因此，石柱县坚持把贫困户精准受益作为产业扶贫的主要目标，在产业扶贫中积极探索非贫困户与贫困户的要素融合，形成利益共同体，提倡非贫困户结对帮扶贫困户，开展"先富带后富""携手奔小康"行动。以石柱县冷水镇为例，该镇依托产业发展，以三种模式构建非贫困户和贫困户的利益联结机制，取得了良好的效果。石柱县冷水镇相关负责同志表示："利益联结机制是这样的，第一是莼菜产业，我们有两个莼菜专业合作社对贫困户的莼菜全部实行上门订单收购，也签有协议，这是从存储莼菜的角度来讲；第二是旅游产业，'云中花都'旅游项目带动 21 个贫困户获得土地流转收入、25 个贫困户获得基金收益、33 个贫困户获得股权收益，还有 100 个贫困户获得信贷收益；第三是旅游扶贫，带动了 55 个贫困户，比如对于非贫困户新开设的农家乐，可以获得政府一次性给予的两万元补助，前提有两个，一是必须帮扶至少一个贫困户且每年分红 2000 元以上，二是必须加入'黄水人家'乡村旅游专业合作社，服从统一管理，统一培训，统一营销与运营。"②

四、巩固脱贫成果、提升治理能力

自扶贫攻坚启动以来，石柱县认真贯彻习近平总书记关于扶贫工作的重要论述，坚持精准扶贫精准脱贫基本方略，全力抓好责任落

---

① 与重庆市石柱县扶贫办及各部门的座谈会（2019 年 8 月 4 日，根据录音转写）。
② 根据 2019 年 8 月 7 日对石柱县冷水镇相关负责同志的访谈录音整理。

实、政策落实和工作落实，在顺利实现脱贫摘帽的过程中，基本完成了贫困人口脱贫的主要任务，取得了以下几个方面的脱贫成果。其一，基础设施和公共服务发生了最明显的变化，包括水利设施不断完善、供电能力持续增强、道路交通更加通畅、通讯条件明显改善、居住环境变得越来越好、教育条件不断优化、医疗条件显著提升、社会保障不断增强等；其二，经济社会发展焕发崭新面貌，包括产业基础更加牢实、市场环境和金融环境更加优化、贫困群众思想观念发生根本转变等；其三，党建引领下的基层社会治理实现了有效提升，包括自治法治德治相结合的乡村治理体系得到了完善、基层党组织凝聚力和战斗力有所加强、党群干群关系更加密切等。石柱县认为，上述三个方面的脱贫成果，既是石柱县脱贫攻坚所取得的切实成就，也是实现贫困人口脱贫致富的基本策略，更是石柱县脱贫摘帽后续扶持的主要抓手。在这三个方面继续花心思、下力气，一方面可以巩固脱贫成果、筑牢脱贫基础、稳定脱贫能力，另一方面可以提升治理能力、深化治理创新、完善治理体系。

第一，通过建立农村公共产品的常态化供给机制，巩固脱贫成效。长期以来，农村基础设施和公共服务落后，是农民反映最强烈的民生痛点，也是制约贫困户脱贫的主要生产生活要素。石柱县立足基础、思虑长远，持续加大对贫困村和边远落后村落的公共产品供给，在脱贫摘帽后仍坚持查问题、找差距、补短板，统筹推进贫困村和非贫困村的发展。同时，石柱县还认为，基础设施不能"一建了之"、公共服务不能"一次了之"，应积极提升乡村社会治理能力，妥善建立基础设施建设和公共服务供给的常态化机制，只有用好、管好、维护好基础设施和各项公共投入产品，才能切实巩固好脱贫成果，才能使之持续发挥各种社会服务功能，助力脱贫稳定。以农村基础设施建设为例，石柱县委提出："要建立农村基础设施运行管护长效机制，坚持建管并重原则，重点围绕农村水利、交通等领域抓紧研究制定管护长效机制，明确基础设施建设、使用、管理、维护各方责任，确保投入大量资金的基础设施能够长期发挥作用。"① 石柱县河嘴乡根据县委指示，不断提高治理水平，初步建立了饮水安全的常态化管理机制，总结提炼了一些很好的经验和做法。河嘴乡相关负责同志表示："我们河嘴乡有一个大的薄弱环节，就是没有大的水源来支撑，季节性缺水应该说是比较突出的。我们采取了一些工程性的蓄水措施，尽可能把水留得住、蓄得起。现在建设大体告一段落了，重点是管护，改变原来重建轻管的局面，加强人饮协会监管，有人管、有人护，定时放水，宣传节水，养成好的管水、用水习惯。"②

第二，通过倡导争先致富、共奔小康的乡风文明，夯实脱贫氛围。石柱县认为，在脱贫摘帽后续扶持阶段，应深化乡村治理创新，通过开展乡风文明建设、推动移风易俗，持续狠抓精神扶贫，增强广大农村群众干事创业的精气神，形成争先发展、共奔小康的脱贫致富文化氛围。为此，石柱县综合采用人居环境改善、"志智双扶"培训、完善村规民约、文明家庭创建、宣传宣讲引导等多种手段共建美好乡风文明，不断增强贫困群众自我发展能力和内生动力，大力提升群众生活习惯、卫生习惯、文明习惯，房前屋后"脏乱差"、不讲究个人卫生、大操大办、打牌赌博等不良风气得到了显著改观，乡村文明新气象进一步巩固了广大贫困群众争先致富的良好氛围。通过深化乡村治理创新，石柱县推出了《石柱县乡风文明积分激励管理办法（试行）》，重点围绕农村"四德"教育，以"孝、诚、勤、洁"为主题，开展乡风文明积分激励。2019 年 1 月，在试点基础上，该工作在全县各村（社区）逐步有序有效推开，取得了良好的乡风文明治理效果。以石柱县新乐乡红河村为例，该村自开展乡风文明积分激励工作以来，"群众参加积极性高，涌现了很多先进典型，……激发大家的参与热情，发挥榜样示范引领作用，为打赢脱贫攻坚战和乡村

---

① 蹇泽西：《蹇泽西、左军同志在全县实施乡村振兴战略暨农业农村工作会议上的讲话》（2019 年 3 月 29 日，根据录音整理）。

② 根据 2019 年 8 月 6 日对石柱县河嘴乡相关负责同志的访谈录音整理。

振兴奠定坚实基础，活动也将持续开展下去。"①

第三，通过加强基层组织建设和提高自治水平，凝练脱贫能力。习近平总书记指出："要把夯实农村基层党组织同脱贫攻坚有机结合起来，选好一把手、配强领导班子，特别是要下决心解决软弱涣散基层班子的问题，发挥好村党组织在脱贫攻坚中的战斗堡垒作用。"②石柱县认为，农村基层组织不仅是脱贫攻坚的核心力量和战斗堡垒，还是治国理政的神经末梢，是乡村治理体系的重要组成部分，是彰显乡村治理能力的重要载体。因此，石柱县自脱贫摘帽以来，持续加强基层组织建设，将提高基层治理能力和增强脱贫带动能力相结合，不断提升班子履职能力、加大人才选育力度，通过打造一支"不走的扶贫工作队"巩固乡村脱贫成果、稳定乡村脱贫能力。同时，石柱县还大力提高乡村自治水平，持续加大法治宣传、法律援助、扶贫领域逃避赡养义务突出问题整治力度，通过认真落实"枫桥经验"、探索推广"和美工作法"和"贵和工作法"、积极打造"平安乡村·智惠农家"平台等方式，逐步促成村落内部自我服务、自我管理、自我决策的自治氛围，为形成稳定脱贫长效机制和实现乡村社会治理有效、和谐有序奠定了坚实的基础。

第三节　做好脱贫摘帽后续扶持的经验与启示

2019年10月17日，在第六个国家扶贫日到来之际，习近平总书记对脱贫攻坚工作作出重要指示强调："当前，脱贫攻坚已到了决战

---

① 《新乐乡红河村开展乡风文明积分激励工作》，石柱县网络广播电视台，http://shizhu.cbg.cn/2019/05/22/28612040.shtml。

② 习近平：《在深度贫困地区脱贫攻坚座谈会上的讲话（2017年6月23日）》，人民出版社2017年版，第17—18页。

决胜、全面收官的关键阶段。各地区各部门务必咬定目标、一鼓作气，坚决攻克深度贫困堡垒，着力补齐贫困人口义务教育、基本医疗、住房和饮水安全短板，确保农村贫困人口全部脱贫，同全国人民一道迈入小康社会。要采取有效措施，巩固拓展脱贫攻坚成果，确保高质量打赢脱贫攻坚战。"① 总书记的指示充分说明，对于县域扶贫工作而言，脱贫摘帽不是终点，而是新的起点，是更严格的要求、更艰巨的任务、更沉重的担当。只有做好脱贫摘帽后续扶持，保持力度不减、目标不变、靶不散、尽锐出战，才能啃掉"最难啃的硬骨头"，才能以不获全胜决不收兵的坚定决心，兑现脱贫路上"一个都不能少"的庄严承诺；只有做好脱贫摘帽后续扶持，坚持标准不变、求真务实、摸清底数、补齐短板，才能有效化解返贫风险，才能实现高质量脱贫，使脱贫成果经得起历史和人民检验；只有做好脱贫摘帽后续扶持，狠抓责任落实，动态预警、产业扶贫、志智双扶，才能及时巩固转化脱贫成果，才能妥善建立稳定脱贫长效机制，确保扶贫工作务实、脱贫过程扎实、脱贫结果真实。从这个角度讲，总结好石柱县脱贫摘帽后续扶持的主要做法和基本经验，对于充分认识脱贫摘帽后续扶持的重要性、准确把握脱贫摘帽后续扶持的基本思路有一定的借鉴和启示。

一、做好脱贫摘帽后续扶持的重要性

习近平总书记指出："行百里者半九十，越到紧要关头，越要坚定必胜的信念，越要有一鼓作气攻城拔寨的决心。"② 石柱县的经验表明，脱贫摘帽后续扶持不是徒费资源、无的放矢，而是脱贫攻坚伟

---

① 《习近平对脱贫攻坚工作作出重要指示强调　咬定目标一鼓作气　确保高质量打赢脱贫攻坚战》，新华网，http://www.xinhuanet.com/politics/2019-10/17/c_1125116696.htm。

② 《习近平：咬定目标加油干　如期打赢脱贫攻坚战》，新华网，http://www.xinhuanet.com/politics/2018-10/17/c_1123572002.htm。

大工程的必要组成部分和有效推进措施。通过建立健全"1353"贫困动态监测和响应体系、落实完善"四不摘"后续扶持政策体系、统筹规划非贫困村和非贫困户的扶持、持续巩固转化脱贫成果以及着力提升乡村治理能力等多项脱贫摘帽后续扶持措施，石柱县有效化解了返贫风险、坚决防止了新增贫困，着力筑牢了脱贫根基、持续稳定了脱贫能力，妥善防范了"悬崖效应"、积极赢得了群众信赖，初步形成了长效机制、切实完善了治理体系，基本建构了一个责任落实清晰、攻坚克难有力、问题整改到位、脱贫质量可信、脱贫政策稳定、工作作风从严的脱贫摘帽后续扶持工作格局，为确保如期全面打赢脱贫攻坚战提供了根本保障，为确保如期全面建成小康社会奠定了坚实基础，为推动乡村振兴战略实施贡献了有力支撑。

首先，脱贫摘帽后续扶持是确保如期全面打赢脱贫攻坚战的重要保障。脱贫摘帽退出贫困县只是一个阶段性成果，达成了一个小目标，并不是彻底消灭了绝对贫困、完成了脱贫攻坚任务。其一，还有少量的存量贫困人口没有完成脱贫，这些贫困群众往往都是贫中之贫、困中之困，是"最难啃的硬骨头"；其二，一些贫困群众的稳定脱贫能力还不强，因病、因灾、因学重新返贫的可能性还存在；其三，稳定脱贫的长效机制还尚未完善，贫困村落的贫困治理能力、贫困群众的脱贫内生动力都有待提升。这就需要做好脱贫摘帽后续扶持工作，竭尽全力将存量贫困人口减至最少，将返贫可能性降至最低，将稳定脱贫长效机制健全完备，从根本上彻底解决区域性整体贫困，做到脱真贫、真脱贫，以确保2020年如期全面打赢脱贫攻坚战，确保"决不能落下一个贫困地区、一个贫困群众"[①]。

其次，脱贫摘帽后续扶持是确保如期全面建成小康社会的坚实基础。习近平总书记强调："二〇二〇年，我们将全面建成小康社会。

① 习近平：《在中央扶贫开发工作会议上的讲话》（2015年11月27日），《十八大以来重要文献选编》（下），中央文献出版社2018年版，第34页。

全面建成小康社会，一个也不能少；共同富裕路上，一个也不能掉队。我们将举全党全国之力，坚决完成脱贫攻坚任务，确保兑现我们的承诺。"① 全面小康目标能否如期实现，关键取决于脱贫攻坚战能否打赢，脱贫攻坚战能否打赢重点在于是否强化落实脱贫摘帽后续扶持。通过加强脱贫摘帽后续扶持，在县域层面能够继续根除绝对贫困、增进人民福祉、补齐民生短板、促进社会公平正义，让广大贫困群众和非贫困群众一道获得更多的安全感、幸福感和满意感，不断促进人的全面发展、实现人民的共同富裕。脱贫摘帽后续扶持作为脱贫攻坚工作的有机组成部分，是打赢脱贫攻坚战的必经之路和重要保障，是确保如期全面建成小康社会、兑现党对人民庄严承诺的坚实基础。

最后，脱贫摘帽后续扶持是推动乡村振兴战略实施的有力支撑。"脱贫攻坚与乡村振兴之间在目标导向、政策内容、主体作用和体制机制等方面都存在共同点"，"实施乡村振兴战略要注意把贫困地区作为重点，为巩固脱贫攻坚成果提供支撑保障。贫困地区在摆脱贫困之前，实施乡村振兴战略的中心任务是脱贫攻坚，一心一意抓脱贫，不能偏离脱贫攻坚的靶心"。② 换言之，实现乡村振兴，前提是要打赢脱贫攻坚战，只有脱贫有成果，乡村振兴才会更有效果。脱贫摘帽后续扶持作为脱贫攻坚的必要组成部分，在以下四个方面助力乡村振兴战略的实施：第一，做好脱贫摘帽后续扶持符合新时代实施乡村振兴战略的重大意义，即推动农业全面升级、农村全面进步、农民全面发展；第二，做好脱贫摘帽后续扶持符合乡村振兴战略的指导思想，即让农业成为有奔头的产业，让农民成为有吸引力的职业，让农村成为安居乐业的美丽家园；第三，做好脱贫摘帽后续扶持符合乡村振兴战略的目标任务，特别是符合到 2020 年乡村振兴取得重要进展，制

---

① 《习近平谈治国理政》（第三卷），外文出版社 2020 年版，第 66 页。

② 高强：《脱贫攻坚与乡村振兴有机衔接的逻辑关系及政策安排》，《南京农业大学学报（社会科学版）》2019 年第 5 期。

度框架和政策体系基本形成这一近期目标；第四，做好脱贫摘帽后续扶持符合乡村振兴战略的基本原则，具有制度安排和政策设计上的协调性、兼容性。

二、脱贫摘帽后续扶持的基本思路

总结石柱县在脱贫摘帽后续扶持上的基本经验和主要做法，可以发现：习近平总书记关于扶贫攻坚重要论述是脱贫摘帽后续扶持工作的根本遵循和指导方略；坚持党的领导、落实攻坚责任是脱贫摘帽后续扶持得以实现的根本保证；坚持实事求是、找准脱贫路径是脱贫摘帽后续扶持得以落实的基本方针；坚持强化保障、形成强大合力是脱贫摘帽后续扶持得以推进的投入要求；坚持志智双扶、激发内生动力是脱贫摘帽后续扶持得以长效的内在需要。从石柱县的经验拓展开来，脱贫摘帽后续扶持在县域层面的基本思路有三点，分别是：夯实县域顶层设计、提升县域治理能力和探索县域扶贫创新。

第一，夯实县域顶层设计。脱贫摘帽后，打法要同初期的全面部署、中期的全面推进有所区别，最要紧的是防止松懈和滑坡。因此，在县域层面应以提高系统性、适用性、协调性水平为宗旨，重构顶层设计，以有效衔接后续扶持与乡村振兴，统筹规划贫困地区与非贫困地区，加强融合区域发展与改善民生。具体而言，县级党委和政府承担脱贫摘帽后续扶持的主体责任，负责制定后续扶持实施规划，优化配置各类资源要素，组织落实各项政策措施。在脱贫退出巩固提升工作中，应通盘谋划后续扶持与乡村振兴战略的有效衔接，充分考虑贫困村与非贫困村、自然村与中心村、贫困户与非贫困户、无劳动力户与有劳动力户以及农户人口状况、家庭条件、内部关系等方面的差异，真正做到因地制宜、分类指导、分户施策，夯实县域工作方案的适用性；应有效融合区域发展与民生改善、保障性政策与产业类政策、物质帮扶与精神帮扶，真正做到部门间协同、落实中有序。特别要强调的是，在脱贫摘帽后续扶持阶段，"农村贫困人口主要由难以通过就业或自己创业来脱贫的人口组成，因此，保障式和公益式扶贫减贫脱贫的作用将大大上升。也即是说，……扶贫政策应加大民政救助的重视程度和财政投入，从开发式扶贫为主转入到保障式和公益式扶贫并重。"[1]

第二，提升县域治理能力。2014年3月17日至18日，习近平总书记在河南省兰考县调研指导党的群众路线教育实践活动期间，提出了县域治理"三起来"要求，即"把强县和富民统一起来，把改革和发展结合起来，把城镇和乡村贯通起来"。县域是贯彻落实党和国家民生政策的"最后一公里"，是保障和改善民生的主阵地，也是脱贫攻坚的主战场。脱贫摘帽后续扶持是"三起来"的基本要求，是提升县域治理能力的内在动力，是实现富民、促进发展、贯通城乡的治理需要。在脱贫摘帽后续扶持上，应通过要继续推动乡村交通、水利、电力、信息、防灾等基础设施建设，努力提升农业农村现代化水平；应大力构建农村教育、医疗、养老、文化、体育等公共服务设施和服务体系，提升城乡服务均等化水平；应在稳定和优化驻村帮扶的基础上，加强农村党建工作，健全自治、法治、德治相结合的乡村治理体系，培养造就一支懂农业、爱农村、爱农民的"三农"工作队伍，全面提升乡村治理水平。[2]

第三，探索县域扶贫创新。脱贫摘帽后，县域扶贫层面逐渐暴露出了一些新问题，比如"退出户"和"临界户"的不满、福利性扶贫措施的搭便车、"现金式扶贫"的不可持续性以及农村养老保险的"断保"风险等。[3] 如何在精准扶贫精准脱贫基本方略指导下，紧密

① 何秀荣：《改革40年的农村反贫困认识与后脱贫战略前瞻》，《农村经济》2018年第11期。
② 杜国明：《巩固脱贫成果　铺就振兴基石》，《黑龙江日报》2018年8月24日。
③ 郑秉文：《"后2020"时期建立稳定脱贫长效机制的思考》，《宏观经济管理》2019年第9期。

围绕"六个精准""五个一批""四个问题"，在脱贫摘帽后续扶持的具体工作中对新问题、新现象予以回应和整改，是对县域扶贫创新机制能力的一种考验。总体而言，应"以可持续脱贫为战略导向，多方面帮助贫困人口长期地、持续不断地远离贫困状态，才能最终实现由贫困人口向非贫困人口转变的'质的飞跃'"[1]。首先，应妥善使用互联网手段和大数据技术进一步增强识别精准，不断完善动态监测的信度和效度；其次，应积极利用现代化的公共管理理论和方法逐步提升乡村治理效能，着力打造具有创新精神和创新能力的基层干部队伍；再次，应积极探索各种扶贫创新模式，丰富县域层面的后续扶贫实践，为实现高质量脱贫目标提供更多支撑；最后，应进一步创新第三方评估机制，确保脱贫摘帽后续扶持质量，为确保到 2020 年如期完成全面消除农村绝对贫困目标提供制度性保障。

---

[1] 凌经球：《乡村振兴战略背景下中国贫困治理战略转型探析》，《中央民族大学学报（哲学社会科学版）》2019 年第 3 期。

第七章

推动脱贫攻坚与乡村振兴衔接

　　农业、农村、农民问题是关系国计民生的根本性问题。党的十八大以来，我国坚持将解决好"三农"问题作为全部工作的重中之重，实施以解决农村绝对贫困为核心目标的脱贫攻坚，并于党的十九大之后推动实施乡村振兴战略。总体来看，脱贫攻坚与乡村振兴作为实现我国农业与农村现代化、农民生活富裕必须完成的两个重大战略任务，具有很强的内在关联和承接关系。一方面，高质量打赢脱贫攻坚战是乡村振兴的前提、基础和底线。脱贫攻坚的重点是稳定实现贫困人口的"两不愁三保障"，确保到 2020 年我国现行标准下农村贫困人口实现脱贫，贫困县全部摘帽，解决区域性整体贫困，为实现全面建成小康社会提供保障。不补齐农村绝对贫困的"短板"，乡村振兴绝对不可能实现。另一方面，乡村振兴是对脱贫攻坚成果的巩固提升，以及在此基础上实现的城乡融合发展和人民共同富裕。脱贫攻坚只有合理利用乡村振兴的历史发展机遇，才能有效防范脱贫地区、人口的返贫风险并激发长效减贫的内生动力。此外，脱贫攻坚所形塑的组织载体和运作经验亦可为乡村振兴提供宝贵经验。目前，我国正处于脱贫攻坚与乡村振兴的历史交汇时期，统筹谋划并在实践中推进脱贫攻坚与乡村振兴的有机衔接，对于巩固脱贫成果、提高脱贫质量以及有序推进乡村振兴具有重大意义。

　　自脱贫攻坚战打响以来，石柱县始终将脱贫攻坚作为头等大事和第一民生工程，举全县之力解决区域性贫困问题，交出一份高质量的减贫"成绩单"。在推进脱贫攻坚进程中，石柱县统筹脱贫攻坚与乡村振兴的衔接，坚持脱贫攻坚与乡村振兴两手抓、两促进，抓好规划、目标、任务、措施、项目等内容衔接，推动产业扶贫与产业兴旺、旅游扶贫与生态宜居、精神扶贫与乡风文明、驻村帮扶与治理有效、高质量脱贫与生活富裕有机结合起来，以乡村振兴战略实施促进脱贫攻坚成果巩固、质量提升，以高质量打赢打好脱贫攻坚战奠定乡村振兴的坚实基础，有效地激发了两大战略衔接的叠加效应。

第一节　从县域看脱贫攻坚与乡村振兴衔接

当前，我国农村工作实行"中央统筹、省负总责、市县乡抓落实"的领导体制①。这意味着，县域不仅仅是国家脱贫攻坚行动在基层落地的"最后一公里"，也是乡村振兴地方实践的"主战场"。在县域实践中，脱贫攻坚与乡村振兴的目标共融、作用互构以及主体一致奠定了两大战略衔接的可行性基础。由于乡村振兴现处于建构与完善制度框架和政策体系的谋篇布局阶段，脱贫攻坚与乡村振兴的衔接需要在县域实践中因地制宜地探索，逐步形成体制机制、政策落实等多方面、系统性的有机衔接。

一、脱贫攻坚的成效与乡村振兴的要求

（一）石柱县脱贫攻坚的总体成效

习近平总书记在十八届中央政治局第三十九次集体学习时强调，"言必信，行必果。农村贫困人口如期脱贫、贫困县全部摘帽、解决区域性整体贫困，是全面建成小康社会的底线任务，是我们作出的庄

---

① 参见中共中央于 2019 年 8 月印发的《中国共产党农村工作条例》，http://www.gov.cn/zhengce/2019-09/01/content_5426319.htm。

严承诺。^①"作为位于我国西部集民族地区、三峡库区、革命老区、武陵山特困地区于一体的特殊县份，石柱县在脱贫攻坚之前受县域总体经济社会发展滞后、城乡发展差距较大、公共服务非均等化凸显等多重因素影响，结构性的区域性贫困较为突出。贫困特征方面，石柱县农村贫困面广、贫困程度深、致贫因素复杂、脱贫难度较大的贫困属性，呈现出群体性贫困与区域性贫困的复杂交织。首先，群体性贫困层面，农村贫困发生率高。依据石柱县经过 5 次动态调整的建档立卡数据，全县识别出贫困村 85 个、贫困户 17595 户 63473 人，农村贫困发生率高达 15.7%。同时，贫困人口以从事传统农业生产的小农户为主，部分贫困人口"等靠要"思想严重，自主发展能力较弱，易受自然灾害、子女上学、因病就医、市场风险、工伤事故等因素影响再次返贫。其次，区域性贫困方面，石柱县域基础设施条件差，基本公共服务水平低，乡村产业基础薄弱。作为贫困县，石柱县地方财力薄弱。中央政府和重庆市虽然给予石柱县以资金支持，基础设施建设和基本公共服务均等化仍面临巨大资金缺口。此外，石柱县乡村产业基础薄弱。脱贫攻坚之前，传统第一产业（玉米、土豆、红薯等）是石柱县乡村产业的主导产业，生产经营以分散性、抗风险能力弱的小农户为主体。由于第一产业未能有效地"接二连三"，产业附加值低，难以带动贫困户脱贫致富。

面对严峻的减贫形势，石柱县坚持以习近平新时代中国特色社会主义思想为指导，深学笃用习近平总书记关于扶贫工作重要论述、视察重庆重要讲话以及亲临石柱县视察调研重要指示精神，全面落实党中央、国务院决策部署，认真贯彻精准扶贫精准脱贫基本方略，提高政治站位并压实责任体系，以脱贫攻坚统领县域经济社会发展全局，坚决打好脱贫攻坚战。脱贫攻坚中，石柱县积极建构大扶贫格局，统筹推进

---

① 中共中央党史和文献研究院编：《习近平扶贫论述摘编》，中央文献出版社 2018 年版，第 19 页。

"三大攻坚战"和"九项行动计划"，坚持脱贫攻坚目标和现行扶贫标准，围绕如期稳定脱贫、巩固脱贫成果、完善长效机制三大任务，全面聚焦深度贫困乡村和特殊贫困群众的"两不愁三保障"问题，不断深化精准到户到人政策措施，夯实贫困人口稳定脱贫基础，有效激发贫困人口内生动力。同时，在城乡融合发展的背景下，石柱县通过动员并整合各种社会资源，大力推进农村基础设施、基本公共服务以及新型农业产业化等诸多方面的建设或改革，兼顾、平衡了贫困村与非贫困村、贫困户与非贫困户的利益并锻造共融性的利益联结纽带，营造了良好的县域经济社会发展环境，有效缓解了结构性的区域性贫困。

经过艰苦奋战，石柱县在 2019 年初顺利脱贫摘帽，脱贫攻坚取得了阶段性的胜利。一方面，在群体性贫困层面，有效解决了贫困群体的"两不愁三保障"问题，农村贫困发生率锐减。石柱县部署实施"两不愁"和产业扶贫、义务教育、基本医疗、住房安全、饮水安全六大专项行动，全力解决"两不愁三保障"突出问题。据统计，截至 2018 年年底，石柱县累计实现 85 个贫困村、16426 户 60201 人脱贫，剩余未脱贫人口 1169 户 3272 人，贫困发生率由 15.7% 降至 0.87%，返贫率仅有 0.43%。

另一方面，区域性贫困得到有效缓解。首先，农村基础设施和基本公共服务得到显著改善，群众生产生活条件发生巨大变化。水利方面，非贫困群体的饮水安全同样得到保障。供电网络方面，实现所有行政村动力电全覆盖。道路方面，贫困村通村公路硬化率、贫困村客运班车通达率达 100%，村民小组通达率达 97%、通畅率达 80%。通信方面，光纤宽带网络实现所有行政村及重点农村村民小组的全覆盖。教育方面，农村教育基础设施及配套设施得到显著改善，教育城域网覆盖率达 100%。医疗方面，累计投入 3600 万元用于乡镇卫生院改扩建，投入近 1000 万元用于村卫生室改扩建，按照"一村一室一人一套设备"标准完成 85 个贫困村卫生室标准化建设，累计选派 356 名县级骨干医生前往基层支医。社会保障方面，将农村低保标准由 230 元/人/月提高到 410 元/人/月，贫困人口城乡居民养老保险参保率达 100%。同时，稳步推进农村社区养老服务站的建设。农村环境方面，持续深化以"四清四化六改"为重点的农村人居环境整治，群众养成勤打扫、不乱扔的良好生活习惯，居住环境变得越来越好。其次，县域经济社会发展焕发生机，突出表现为产业基础更加牢实、市场环境和金融环境更加优化、生态环境更加宜居，以及贫困群众内生动力和自我发展能力不断增强。最后，党建引领基层社会治理实现大提升。通过抓党建促脱贫，基层党组织引领作用得到充分发挥，基层社会治理能力和水平显著提升，主要表现为建构并完善了自治、法治与德治相结合的乡村治理体系、大幅提升了基层党组织凝聚力和战斗力、有效改善了党群干群关系以及打造了过硬的干部队伍和人才队伍。

（二）乡村振兴的要求

石柱县脱贫攻坚取得阶段性胜利，为乡村振兴奠定了较为扎实的基础。不过，当前的脱贫攻坚，是现行标准下"不降低标准，也不吊高胃口"的贫困治理，虽有效地消除了农村绝对贫困并缓解区域性整体贫困，但距乡村振兴的要求仍相去甚远。依据 2018 年中央一号文件《中共中央、国务院关于实施乡村振兴战略的意见》，乡村振兴"坚持农业农村优先发展，按照产业兴旺、生态宜居、乡风文明、治理有效、生活富裕的总要求，建立健全城乡融合发展体制机制和政策体系，统筹推进农村经济建设、政治建设、文化建设、社会建设、生态文明建设和党的建设，加快推进乡村治理体系和治理能力现代化，加快推进农业农村现代化，走中国特色社会主义乡村振兴道路，让农业成为有奔头的产业，让农民成为有吸引力的职业，让农村成为安居乐业的美丽家园"①。由此可见，产业兴旺、生态宜居、乡风文明、

---

① 参见《中共中央、国务院关于实施乡村振兴战略的意见》，http://www.gov.cn/zhengce/2018−02/04/content_5263807.htm。

治理有效、生活富裕是乡村振兴的总要求，亦是乡村振兴的实践导向。

乡村振兴，产业兴旺是重点。乡村振兴战略的话语下，乡村是具有自然、社会、经济特征的地域综合体，兼具生产、生活、生态、文化等多重功能，与城镇互促互进、共生共存，共同构成人类活动的主要空间①。由此，乡村振兴中的产业兴旺并不仅仅是乡村产业经济的快速增长和对国民经济增长贡献的提升，更是建立并结合乡村整体价值基础之上能够满足农民自身对美好生活需要的产业发展②。具言之，乡村振兴中的产业兴旺是为适应社会主要矛盾转化、经济高质量发展和供给侧结构性改革的战略需要，通过农村经济的技术创新、组织创新和市场创新，推动农村产业的产业融合、产业链延伸、产业功能拓展和产业附加值增强，从而提高农村各类要素的回报率和全要素生产率，改善农村从业者的收入水平和生活状态，并更好地满足城乡居民对农村产业多样化、动态化的需求③。

乡村振兴，生态宜居是关键。良好生态环境是农村最大优势和宝贵财富，乡村振兴中需要尤为呵护"山水林田湖草"的生命共同体。作为"绿水青山就是金山银山"理念在我国乡村建设中的体现，生态宜居蕴含了人与自然的和谐共生，是乡村生态文明建设民生取向的直接体现，也是城乡融合发展的内在要求④。实践导向上，生态宜居就是要建设自然环境优美、人文环境舒适、基础设施齐全的人类理想居住地，是乡村生态与乡村宜居的有机统一。一方面，生态宜居意味着乡村生态环境质量良好，天蓝、地绿、水清，百姓生活在鸟语花香

---

① 参见中共中央、国务院于 2018 年 9 月印发的《乡村振兴战略规划（2018—2022 年)》，http://www.moa.gov.cn/xw/zwdt/201809/t20180926_6159028.htm。
② 朱启臻：《乡村振兴背景下的乡村产业——产业兴旺的一种社会学解释》，《中国农业大学学报（社会科学版)》2018 年第 3 期。
③ 高帆：《乡村振兴战略中的产业兴旺：提出逻辑与政策选择》，《南京社会科学》2019 年第 2 期。
④ 孔祥智、陆洋啸：《建设生态宜居美丽乡村的五大模式及对策建议——来自 5 省 20 村调研的启示》，《经济纵横》2019 年第 1 期。

的田园风光中；另一方面，乡村生态环保等基础设施完善，公共服务水平较高。

乡村振兴，乡风文明是保障。习近平总书记指出，"农村精神文明建设很重要，物质变精神、精神变物质是辩证法的观点，实施乡村振兴战略要物质文明和精神文明一起抓，特别要注重提升农民精神风貌"①。乡村社会中，乡风是灵魂，是特定乡村社区中居民的信仰、观念、操守、爱好、礼节、风俗、习惯、传统和行为方式的总和，具有凝聚、整合、同化、规范农村社会群体行为的功能②。乡风文明是乡村社会风气的进步状态，是乡风中摒弃消极成分后的精华部分，是乡村优秀文化的重要组成部分，是乡风在新时代发展到较高阶段或层次的状态③。实践形式上，乡风文明既涵盖楹联牌匾、乡风教化著作等有形文明成果，也包括村规民约、公序良俗、乡贤文化、良好家风等无形文明成果。当前，必须认识到，乡风文明的营造是乡村振兴的内生动力，也是乡村振兴战略的难点所在，是一项长期的历史任务，需要常抓不懈、久久为功。

乡村振兴，治理有效是基础。治理话语下，乡村治理的"治理有效"是要在国家治理体系和治理能力现代化的推动下，实现乡村的"善治"。这种"善治"是对乡村发展软实力的有效提升，也是对乡村治理体系的建构提出更高的要求。首先，治理主体层面，乡村治理有效是通过加强和改进党对农村工作的领导，通过发挥乡村党组织的领导核心作用，形成"自治为基、法治为本、德治为先"引领下的多元主体良性互动，从而凝聚、带动乡村治理的共识和力量。换言之，乡村治理有效依赖于代表政府权力的乡村公共权力主体与不同组

---

① 谢环驰：《习近平在江苏徐州市考察时强调深入学习贯彻党的十九大精神　紧扣新时代要求推动改革发展》，《人民日报》2017 年 12 月 14 日。

② 郑炀和：《论乡村精英与乡风文明建设》，《宁波大学学报（人文科学版）》2009 年第 3 期。

③ 徐学庆：《乡村振兴战略背景下乡风文明建设的意义及其路径》，《中州学刊》2018 年第 9 期。

织关系之下的广大民众所代表的权力客体间的相互协作[①]。其次，治理机制层面，治理有效需要建构科学、民主的决策机制，在充分认识乡村经济、文化、社会、生态等多重价值的基础上，实事求是、因地制宜地制定或执行政策，全面提升乡村治理的决策或执行能力。再次，治理目标或导向层面，治理有效关注治理效果能否朝着预定的治理价值或目标前进，如是否能够解决社会问题、提供满足群众需求的公共产品或公共服务[②]。简言之，乡村振兴战略下，治理有效意味着治理主体协同化、治理方式精细化、治理手段复合化以及治理目标现代化。

乡村振兴，生活富裕是根本。"治政之要在于安民，安民之道在于察其疾苦"[③]。迈入新时代，我国社会主要矛盾已经转化为人民日益增长的美好生活需要和不平衡不充分的发展之间的矛盾。提高广大人民的获得感、幸福感，生活富裕是必备条件。乡村振兴下，生活富裕意味着农民就业创业更加充分，收入水平大幅提高，经济宽裕，衣食无忧，逐步缩小城乡区域发展差距和居民生活水平，基本实现公共服务均等化，逐步达到共同富裕[④]。为了达到生活富裕目标，一方面需要千方百计拓展农民增收渠道，另一方面也需要改善农村教育、交通、医疗等公共服务水平。

二、石柱县脱贫攻坚与乡村振兴衔接的基本思路

当前，石柱县脱贫攻坚取得阶段性胜利，但是农业农村发展还存

---

① 贺雪峰：《关于实施乡村振兴战略的几个问题》，《南京农业大学学报（社会科学版）》2018 年第 3 期。

② 程瑞山、任明明：《乡村"治理有效"的意蕴与考量》，《科学社会主义》2019 年第 3 期。

③ 柴念东：《博通经史——读〈习近平用典〉一书的典故释义》，http://theory.people.com.cn/n/2015/0327/c40531-26761001.html。

④ 四川乡村振兴战略研究智库：《实施乡村振兴战略的系统认识与道路选择》，《农村经济》2018 年第 1 期，第 11—20 页。

在产业规模小、效益低、边远乡村基础设施不完善、公共服务水平总体不高、人居环境有待进一步改善、农民群众收入增长缓慢、各村发展极不平衡等问题，距离乡村振兴仍有很大差距。在脱贫攻坚与乡村振兴衔接的关键时期，石柱县立足县情特点，聚焦重点难点，持续精准发力，循序渐进、因地制宜地推进两大战略的有机衔接，努力推动农业全面升级、农村全面进步、农民全面发展。

（一）准确把握实施乡村振兴战略的重要原则，引领两大战略的有机衔接

乡村振兴是一项系统工程，必须用科学思维、创新理念，将人力、物力、财力有机结合起来，将人才、资源、战略有效统一起来，用科学的理念和方法推进实施。在实施过程中，石柱县乡村振兴遵循以下几个基本原则：一是坚持规划先行、谋定后动，统筹好战略行动计划、总体规划、各类专项规划和村规划，衔接好"十三五"发展规划、土地利用规划、生态保护规划，考虑好产业发展、生态建设、基础设施等方面要求，科学确定好目标任务、工作重点和政策措施。二是坚持因地制宜、分类指导，充分考虑各村（社区）资源禀赋、基础条件、比较优势、未来发展方向等因素，坚持问题导向、缺啥补啥，精准谋划、分类施策，不能一刀切，更不能一哄而上。三是坚持尽力而为、量力而行，根据能力和需要，围绕农民群众最关心、最直接、最现实的利益问题，加快补齐农村发展和民生短板，既不吊高胃口，也不降低标准，更不能搞形式主义和"形象工程"。四是坚持循序渐进、稳步推进，既不急于求成、一蹴而就，也不消极懈怠、坐而论道，严格按照中央"三步走"战略部署，保持战略定力和历史耐心，统筹推进"五个振兴"，切实走好走稳乡村振兴每一步。

（二）高质量推进脱贫攻坚，奠定两大战略衔接的基石

当前，石柱县已经顺利脱贫摘帽，但"两不愁、三保障、一达

标"突出问题还未全面解决。此外，目前贫困群众达标的标准还比较脆弱，特别是收入上的临界户还比较多，遭受风险后返贫几率较高。因此，高质量推进脱贫攻坚，是推动脱贫攻坚与乡村振兴衔接的基本着力点。为了实现高质量脱贫，石柱县聚焦于深度贫困乡村和特殊贫困群众，对照"两不愁、三保障、一达标"标准，加大资源统筹力度，深入推进实施打赢打好脱贫攻坚战三年行动和贫困村提升各项工作，强化产业长效带动，推进扶贫扶志行动、扶贫领域作风建设、抓党建促脱贫攻坚等行动，全面巩固脱贫成果、提升脱贫质量，以高度的思想认识、精准的行动举措和高质量的脱贫攻坚效果打赢打好脱贫攻坚战，为实施乡村振兴战略打好坚实基础。

（三）加快补齐基础设施和公共服务短板，夯实两大战略衔接的基础

农村基础设施和公共服务落后，是农民反映最强烈的民生痛点。当前，脱贫攻坚与乡村振兴战略的衔接必须立足打基础、利长远，加快补齐这块短板。在推动两大战略衔接中，石柱县坚持"缺啥补啥"，聚焦住房、饮水、出行、教育、医疗、文化等领域，把老百姓当前最关心什么、最需要什么搞清楚，瞄准靶向、精准施策，尽力而为、量力而行，真正把好事实事办到老百姓的心坎上。同时，注重精准到户到人、统筹到村到乡到区域，既要集中精力解决群众面临的突出个性问题，又要聚焦面上整体提升，科学安排实施基础设施和公共服务项目，逐步改善农村生产生活生态条件。此外，逐步建立农村基础设施运行管护长效机制，坚持建管并重原则，重点围绕农村水利、交通等领域抓紧研究制定管护长效机制，明确基础设施建设、使用、管理、维护各方责任，确保投入大量资金的基础设施能够长期发挥作用。

（四）聚焦乡村发展难题，精准落实"五个振兴"

第一，乡村产业振兴层面，石柱县聚焦产业提质增效精准发力，

优化调整农业产业结构，主攻产业链条较短、品牌影响力不大、科技支撑不强、要素保障机制不完善等薄弱环节，加快推动乡村产业振兴。一是实施优势特色产业提升工程。围绕"转型康养、绿色崛起"发展主题，深度调整农业产业结构，大力发展"3+3"现代山地特色高效农业体系，即做大做强中药材、干鲜果和乡村旅游三大主导产业，巩固提升调味品、有机蔬菜、生态养殖三大特色产业。同时，着力提升康养农产品精深加工能力，大力支持农文旅融合发展。二是实施品种品质品牌建设工程。紧紧围绕提质增效目标导向，强化农业品种、品质、品牌建设。一方面，深化集"产学研推"于一体的特色产业技术体系创新团队建设，加快辣椒、莼菜、黄连、木本中药材等优势特色产业和优良畜牧品种研发。另一方面，在获批"全国有机农业示范基地县"的基础上，持续做大做强"石柱莼菜""石柱辣椒""石柱黄连""石柱长毛兔"等品牌，着力培育"石柱蜂蜜""石柱李子""石柱茶叶"等"三品一标"农产品品牌。三是加强乡村产业发展要素保障，即注重优化供给、提高效率，完善涉农资金投入机制，用好土地供给政策，加强资金和土地使用管理，为乡村产业发展提供有效保障。四是强化农业专业化市场化服务，即以"3+3"现代山地特色高效农业体系的发展需求为导向，着力培育各类专业化市场化服务组织，大力发展多元化的农业生产关键环节或全程社会化服务，营造公平竞争的农业生产服务市场环境。特别是通过加大政府购买服务力度，支持农业生产托管，推动农业社会化服务覆盖更多小农户，促进现代农业与小农户的有机衔接。

第二，乡村生态振兴层面，石柱县坚持走生态优先、绿色发展之路，牢固树立绿水青山就是金山银山的理念，聚焦统筹生产生活生态空间，营造宜居宜业宜游环境精准发力，持续开展乡村生态环境保护专题宣传教育活动，统筹乡村空间布局规划，统筹打好山水田园保护战，建立乡村生态环境保护长效机制，打造美丽宜居乡村，加快建设山清水秀美丽之地。地方实践中，石柱县具体着力于以下几个方面推进乡村生态振兴。一是开展乡村生态环境保护专题宣传教育活动。例如，贴近乡村群众生活开展生态环境保护宣传教育，设计制作环保公益宣传片和宣传画，设立有线广播电视环保专题宣传节目，开辟乡镇（街道）、村（社区）环保宣传板报墙。二是统筹乡村空间布局规划。加大生态系统保护力度，完成生态保护红线、永久基本农田、城镇开发边界三条控制线划定工作。同时，突出地域特点和文化特色，因地制宜打造一批山水风光型、生态田园型、古村保护型、休闲旅游型等特色村镇。三是统筹打好山水田园保护战。实施国土绿化提升行动，聚焦构建长江上游重要生态屏障，把修复长江生态环境摆在压倒性位置。四是实施农村人居环境整治三年行动计划，全面实施农村人居环境"五清五化五改"、危房改造及住房品质提升工程。五是建立乡村生态环境保护长效机制。推进土壤、水环境监测网络向村镇延伸，逐步实现农村生态环境监测全覆盖。同时，严格落实县、乡镇（街道）两级乡村环境保护主体责任，严格实行生态环境损害责任终身追究制。

第三，乡村文化振兴层面，石柱县坚持问题导向、注重长效，聚焦攻克精神贫困，聚焦农村思想道德教育、优秀乡土文化挖掘传承创新、乡村文化供给优化升级、乡村移风易俗，深入持续开展乡村"铸魂"行动，着力培育文明乡风、良好家风、淳朴民风，不断提高乡村社会文明程度，焕发乡村文明新气象。地方实践中，石柱县主要着力于从如下方面推进乡村文化振兴：一是围绕"激发群众内生动力，提高群众满意度"这一关键工作，深入推进精神扶贫工作，通过提振脱贫信心、培育文明乡风、弘扬自强精神等方式，充分调动群众主观能动性，增强自立自强脱贫致富的信心和决心，为乡村振兴固本培元。二是加快完善公共文化服务体系，充分发挥乡镇（街道）文化站、基层综合文化服务中心作用，建好用好文化传播平台。三是深入挖掘、传承优秀土家文化和康养文化，加大文化产业培育力度，打造一批优秀文化产品，推进文化产品融入乡村、融入景区。四是加强农村精神文明建设，开展思想道德教育、移风易俗改习惯等行动，树立乡村文明新风。

第四，乡村人才振兴层面，石柱县强化乡村振兴的人才支撑，把人力资本开发放在首要位置。一是大力实施乡村人才"虹吸"工程，打好"乡情牌""乡愁牌""事业牌"，引导外出本土人才返乡创业兴业，吸引城市各类人才投身乡村振兴事业。二是实施新型职业农民培育工程，即结合深度调整农业产业结构，拓宽培训对象，引导鼓励青年人成为新型职业农民主力军。同时，支持农民专业合作社、农业专业技术协会、农业行业社会组织、农业龙头企业开展生产经营型、专业技能型、社会服务型人才培训。三是实施新型农业经营主体引进培育工程，注重分类指导，推动农业龙头企业优化升级、农民专业合作社做实做强、家庭农场和专业大户增量增效，强化新型农业经营主体与农户的利益联结机制，形成各类农业经营主体蓬勃发展局面。四是实施农村教育资源优化工程，提高教育资源的均等化水平。

第五，乡村组织振兴层面，石柱县聚焦健全乡村组织体系这个关键，在"重心下沉"上精准发力，加强农村基层党组织建设、农村干部队伍建设、群众性自治组织建设、新型农村集体经济组织建设、平安乡村建设，做到人往基层走、钱往基层投、事在基层办，以组织振兴促乡村善治、促乡村振兴。地方实践中，石柱县具体着力于从以下几个方面推进乡村组织振兴。巩固农村基层党组织领导核心地位，加强对农村各种组织的统一领导，扎实推进党建强村，以提升组织力为重点，把农村基层党组织建成坚强的战斗堡垒。注重精选、厚爱、严管，实施农村带头人队伍整体优化提升行动，打造一支善谋事、会干事、能成事的村干部队伍。坚持以自治为基础，完善村党组织领导的村民自治有效实现形式，加快培育各类自治组织，引导农民说事、议事、主事。深化农村集体产权制度改革，加快推进农村集体资产量化确权，有序推进经营性资产股份合作制改革，发展多种形式的股份合作，合理合法确认农村集体经济组织成员身份，切实保护农村集体经济组织成员权利，有序培育、壮大农村集体经济。健全落实社会治安综合治理领导责任制，整合综治工作力量，建立健全治安防控体系，营造和谐稳定的乡村社会环境。

第二节　以乡村振兴带动长效脱贫

脱贫攻坚期间，脱贫攻坚是乡村振兴的底线任务，以乡村振兴带动长效减贫是石柱县推进脱贫攻坚与乡村振兴衔接的核心着力点，即在打赢脱贫攻坚战的进程中融合乡村振兴理念，乡村振兴相关支持政策优先向扶贫领域倾斜，借助乡村振兴巩固并深化脱贫攻坚成果，从而实现长效减贫。当前，石柱县在推动脱贫攻坚与乡村振兴的衔接中探索出一些典型经验，这些经验对进一步深化石柱县两大战略衔接具有借鉴意义。

一、长短结合：长期发展与短期发展的有效平衡

在推进脱贫攻坚与乡村振兴的衔接过程中，需要平衡短期发展与长期发展的关系。这是由于压力型体制下，在较短时期内整合资源并采用超常规方式打赢脱贫攻坚战，虽然能够保证贫困人口的"两不愁三保障"，也面临诸多返贫风险。因此，高质量脱贫不仅意味着贫困村与贫困人口的脱贫摘帽，更意味着长效脱贫以及嵌入城乡融合发展中的包容性发展。因此，石柱县在推动脱贫攻坚与乡村振兴过程中十分注重长期发展与短期发展的平衡，这种平衡主要体现为：以精神扶贫与物质扶贫协同推进激发贫困群体的内生动力；通过农业供给侧改革推动长效产业与短效产业齐头并进。

（一）协同推进精神扶贫与物质扶贫，激发长效脱贫的内生动力

习近平总书记在《摆脱贫困》中指出，摆脱贫困，其意义首先在于摆脱意识和思路的"贫困"，只有首先"摆脱"了我们头脑中的"贫困"，才能使我们整个国家和民族"摆脱贫困"，走上繁荣富裕之路①。这意味着，脱贫攻坚中唯有精神扶贫与物质扶贫的协同推进，才能实现长效减贫。脱贫攻坚以来，石柱县把精神扶贫作为脱贫攻坚的"加速器"，以贫困群体的志智双扶以及覆盖更广泛农民群体的改习惯为切入点，从倡导文明新乡风、激发贫困户内生动力、典型示范凝聚脱贫力量等方面，引导贫困群众摒弃"等、靠、要"思想，不断提升贫困群众主动脱贫的志气，激发贫困群众自我发展的内生动力，用"造血"功能巩固"输血"成果，彻底拔除穷根、消除贫困，为如期打赢脱贫攻坚战打下坚实基础。同时，石柱县也在精神扶贫中筑起"乡风文明"建设的新高地，实现物质富有与精神富足联动推进、同频共振。

一方面，石柱县以志智双扶为核心着力点推进精神扶贫。精神扶贫中，石柱县采用脱贫攻坚先进典型巡回宣讲、贫困群众扶志扶智培训、培育扶贫创业致富带头人等多样化方式，让贫困人口成为脱贫致富的主体，充分调动其参与脱贫攻坚的积极性和主观能动性，激发贫困人口的内生动力，使其能够依靠自身能力改变贫困状况，实现长效脱贫。例如，石柱县持续开展脱贫攻坚先进典型巡回宣讲，并且在各乡镇开办"农民讲习所""微讲堂""扶贫夜校"等多样化方式，深入浅出地宣讲典型事迹及扶贫惠民政策，增强和激发广大农村贫困群众脱贫致富的信心和勇气。另一方面，石柱县在精神扶贫中筑起"乡风文明"建设的新高地。精神扶贫开展以来，石柱县注重对村民

---

① 参见习近平：《摆脱贫困》，福建人民出版社2016年版，第216页。

进行思想引导，以贴近生活、图文并茂的图画等方式，将社会主义核心价值观、传统道德、土家文化等内容绘制成文化墙，不仅为改善农村人居环境增添文化内涵，更为夯实脱贫攻坚提供精神食粮。以深度贫困乡中益乡为例，该乡大力开展主题为"甜生活、新中益"的精神扶贫，以院落文化建设为主题并且以"改习惯、美环境、睦邻里、树典型"为抓手，通过开展最美院落评比、办家宴、放电影等多样化活动，致力于提高群众居住自然环境与人文环境，实现物质富有与精神富足联动推进、同频共振。

（二）深度调整产业结构，推动长效产业与短效产业齐头并进

产业发展是长效减贫的依托，也是乡村振兴的重要动力，促进产业发展是推进脱贫攻坚与乡村振兴衔接的核心着力点。脱贫攻坚阶段，石柱县助推农业转型升级和提质增效以加快推进县域现代农业经济的发展，依托于深度调整产业结构，全力发动农业产业标准化、规模化、链条化、品牌化和信息化发展"引擎"，加速农业产业融合发展，激活了产业发展新动能，拓宽了农民增收渠道，为巩固脱贫攻坚成果以及实施乡村振兴战略注入了强大活力。地方实践中，石柱县的深度产业结构调整围绕"转型康养、绿色崛起"的发展主题，着力于发展"3+3"现代山地特色高效农业体系，即做大做强中药材、干鲜果和乡村旅游三大主导产业，巩固提升调味品、有机蔬菜、生态养殖三大特色产业。

案例7-1 脆红李飘香：石柱县桥头镇瓦屋的深度产业结构调整

桥头镇长沙村、瓦屋村在深度调整农业产业结构之前主要以玉米、水稻、马铃薯等传统农作物种植为主，效益非常低下，群众收入难以保障。2017年底，全县深度调整农业产业结

构，桥头镇长沙村、瓦屋村引进石柱县谭妹子香菜有限公司建立脆红李基地2000余亩，采用"业主+村集体合作社+农户"的模式，建立"土地入股保底分红+项目投产效益分红"长效利益联结机制。前三年保底分红200元/亩，同时在不影响李子生长的前提下，群众可以在土地上套种矮秆农作物增加收入；第四年李子开始投产后，采取按企业60%，村集体10%，农民30%的效益分红比例，每亩最低保障400元，超出400元按实际计算。

该基地通过"四结合"助推产业发展，一是与脱贫攻坚相结合，共入股农户387户，其中贫困户43户，前三年鼓励农户特别是贫困户套种辣椒等矮秆经济作物，通过产业增效带动农民增收，确保农户短期有收益，长期有保障。同时，劳务用工优先照顾贫困户在脆李林务工，务工收入成为股民家庭最大的一笔增收项，如当地村民马发兹一家，2018年仅务工收入就30000多元。二是与"三变"改革相结合。农户、村集体、企业合股联营，利益共享。实现资源变资产，资金变股金，农民变股东。三是与环境保护相结合。践行"绿水青山就是金山银山"的发展理念，在脆红李的栽植、管护、林下套种等全过程，均使用土杂肥、有机肥，病虫害防治多用生物防治和生物农药，坚决杜绝高残留农药，严禁使用除草剂，致力发展有机农业。四是与农旅发展相结合。结合乡村旅游，依托藤子沟湿地公园建设，打造集休闲观光、生态采摘体验等一体的农业综合体，实现农旅融合发展。

在政府引领的深度调整产业结构过程中，石柱县围绕农业供给侧改革，统筹长效产业与短效产业的产业布局，有效推动了投资小、风险小、周期短、收益较低的短效产业与投资高、风险高、周期长、收益高的长效产业两类产业的齐头并进。地方实践中，石柱县产业发展的长短结合主要借助于如下方式"落地"。一是政府的引领与扶持。例如，为了助推脱贫攻坚与乡村振兴的衔接，石柱县结合乡村振兴"1+3+5+25"分层分类试验示范格局，按照"大基地、小单元"的思路，有序建设或培育一定数量的市级、县级、乡镇乡村产业振兴试验示范及种植大户，推进区域产业连片、连线发展。二是种植方式的套种。例如，经果林挂果之前套种中药材、辣椒等矮秆经济作物，以提高短期内的经济效益。三是改变产业发展中利益主体之间的利益联结方式。例如，石柱县在发展长效产业时，围绕资源变资产、资金变股金、农民变股东"三变"改革，以"股份农民"为核心，大力推动经营主体与贫困群众多形式开展"合股联营"，因地制宜地采取土地经营权入股、土地流转、订单生产等多种经营方式，充分发挥长效产业经营主体带动作用，进而促进经营主体、群众和村集体等多元利益主体之间建立新型长效利益联结机制。借助上述方式，石柱县长短结合的产业布局不仅有助于贫困户的脱贫摘帽，更有助于贫困户的长效脱贫，也为乡村产业振兴奠定了基础。

二、软硬兼施：软环境与硬环境的同步改善

对于贫困地区，同步改善硬环境与软环境是乡村发展的必备条件。这是由于，贫困地区的发展滞后，部分归因于地理条件、资源状况、基础设施（交通、水电、通信）等硬环境落后，部分则归因于文化、思想观念、地方治理能力等软环境的营造水平不足。特别是在脱贫攻坚与乡村振兴的衔接阶段，贫困地区的硬环境获得显著改善，地方经济社会发展的质量则越来越依赖于软环境建设水平。当前，石柱县在推进脱贫攻坚与乡村振兴的衔接中同步改善硬环境与软环境，既着力于大力改善农村基础设施及人居环境，也着力于有效提升乡村治理水平。

（一）大力实施农村基础设施及人居环境整治，改善乡村发展的硬环境

脱贫攻坚阶段，石柱县以补齐基础设施短板为着力点助力脱贫攻坚并推动城乡融合发展，大力推进农村公路、水利基础设施、人行便道、电网信息基础设施建设，有效改善了农村基础设施状况。首先，石柱县加强"四好农村路"建设，大力推进农村公路互联互通，有效改善了农村公路的建设水平。其次，石柱县以服务"三农"为目标，以农村饮水安全、农村水利项目建设为抓手，大力推进水利基础设施建设。第三，石柱县积极推进人行便道建设。农村人行便道建设是一项民心工程，加快农村人行便道建设践行了共享发展理念，能够直接惠及广大群众，是脱贫攻坚和美丽乡村建设的助推器。第四，石柱县加快电网信息基础设施的提升完善。电网信息基础设施的建设和完善是经济社会运行的"神经中枢"，石柱县通过农配网项目、电力改造项目等多重渠道大力推进电网信息基础设施的建设，直接造福社会。此外，石柱县大力推进通信网络的建设，无通信信号村组明显减少。

在补齐农村基础设施短板的同时，石柱县全面扎实推进农村人居环境整治。在脱贫攻坚与乡村振兴衔接的进程中，人居环境不达标成为突出短板。据统计，石柱县人居环境不达标农户曾高达6.5万户。为了加快补齐短板，石柱县大力开展人居环境改善工作，针对全县人居环境不达标、功能不完善的农村房屋进行提升。项目实施中，根据"缺啥补啥""应改尽改"的原则，以行政村为单位，按农户自建为主、政府统建为辅的建设方式推动项目建设，大力实施农村"五改"（改厨、改厕、改地坪、改风貌、改习惯），以完善农村房屋居住功能。以2018年为例，石柱县自筹资金2.6亿元完成37562户的人居环境改善。迄今为止，随着石柱县农村人居环境改善项目的深入开展，农村厨房、厕所、庭院的卫生等生活条件得到显著改善，基本告

别了农村"旱厕"时代,农村人居环境获得全民提升。此外,石柱县乡村污水处理、农村垃圾清运实现了全覆盖,建成数个市级"大美乡村"示范片以及十余个美丽宜居村庄。

(二)提升乡村治理水平,改善乡村发展软环境

党的十九大以来,乡村治理被提升至治国理政的新高度。2019年6月,中共中央办公厅、国务院办公厅印发《关于加强和改进乡村治理的指导意见》,明确提出要"建立健全党委领导、政府负责、社会协同、公众参与、法制保障、科技支撑的现代乡村治理体制"。为营造更好的乡村发展软环境,石柱县将加强党建引领作为提升乡村社会治理能力的根本途径。首先,在党建引领下,石柱县增强乡村社会的自治能力,加大基层治理制度、组织、设施、队伍、信息化建设力度,完善自治章程、村规民约,推进村级事务公开,加快形成民事民议、民事民办、民事民管的多层次基层协商格局。其次,石柱县充分注重德治基础作用的发挥,加强农村精神文明建设,大力弘扬土家优秀传统文化和新乡贤文化,持续推进农村移风易俗工作,加快培育文明乡风、良好家风、淳朴民风。例如,为落实移风易俗"十抵制、十倡导"工作,石柱县重点围绕农村"四德"教育,以"孝、诚、勤、洁"为主题,开展乡风文明积分制。具言之,石柱县建立以"基础类积分+提升类积分+积分转化"为抓手的积分工作措施,通过推进爱国、爱村、爱家"三爱"项目,环境好、风尚好、产业好、习惯好"四好"项目,"七有"负面清单,破除陈规陋习和不良风气,树立文明健康的乡风民风。最后,石柱县大力提升乡村治理的法治水平,引导广大农民群众自觉守法用法,深入开展扫黑除恶专项斗争,严厉打击"村霸"等农村黑恶势力,有效提升群众获得感、幸福感、安全感。

值得注意的是,石柱县经过近一年多的实践摸索,成功地将大数据智能化融合发展"枫桥经验",探索出党建引领下"乡村智能

化防控+贵和工作法"的现代化乡村治理模式。作为这一模式的典型代表，中益乡主动把学习好、推广好、发展好新时期"枫桥经验"融入乡村治理中，突出问题导向，坚持党建引领，强化科技支撑，以创建"枫桥式公安派出所"为抓手，打造了以"平安乡村·智慧农家"系统为依托的"乡村治理+公共服务"平台，创立了"以民为先，以和为贵"的"贵和群众工作法"，走出一条贫困地区平安共建、问题共治、和谐共享的基层治理新路子，有效改善了乡村发展的软环境。

三、利益联结：形塑发展共同体

脱贫攻坚与乡村振兴虽具有价值取向的一致性，但在作用对象、施策方式等方面存在差异。具体而言，脱贫攻坚与乡村振兴的差异突出体现为政策作用的特惠性与普惠性以及政策目标的针对性与整体性，即精准性的脱贫攻坚聚焦于贫困群体的脱贫致富，具有特惠性与局部性；与之不同的是，乡村振兴致力于全面推动乡村的发展，具有普惠性与整体性。基于差异性以及差异性导致的矛盾性，脱贫攻坚与乡村振兴的衔接面临诸多挑战或风险。其中，因脱贫攻坚特惠性聚集形成的"悬崖效应"，以及因"悬崖效应"所带来贫困群体与非贫困群体的利益冲突而诱致的乡村社会"撕裂"，是阻碍长效减贫及乡村振兴的主要风险。这是由于，无论是脱贫攻坚还是乡村振兴，都是一种组织化的发展方式。倘若不能在贫困群体、非贫困群体之间锻造良性的利益联结，长效减贫及乡村全面振兴的目标均难以实现。在推进脱贫攻坚与乡村振兴衔接的进程中，石柱县十分注重防止脱贫攻坚"悬崖效应"的形成，营造了共建共享的发展环境。在此基础上，石柱县在不同利益群体之间锻造新型利益联结方式，推动不同利益群体形成利益共享、共同发展的发展共同体。

（一）防止脱贫攻坚"悬崖效应"，营造共建共享共赢的发展环境

在脱贫攻坚中，石柱县注重防止形成扶贫工作的"悬崖效应"。首先，石柱县精准识别贫困对象，营造公平、公正的脱贫攻坚环境。地方实践中，石柱县以三个100%精准识别扶贫对象，采取"在家农户上门走访、外出农户电话查访全覆盖"方式，对全县所有农户进行地毯式、拉网式排查核实，严格按照"八步、两评议两公示一比对一公告"程序，先后5轮对贫困对象进行动态调整，推行有奖举报公示制度，做到农户摸排、贫困户核查、疑难对象户研判三个100%，确保不错一户、不漏一人。其次，坚持问题导向精准制定户办法。对照"两不愁、三保障、一达标"标准，实行"群众不定时向干部反映、干部定时向群众收集"问题查找制度，采取入户走访、群众会、院坝会、"微访谈"等方式，定期不定期进行横向到边纵向到底的问题大排查大整改，针对排查出来的问题，逐户制定户办法，确保贫困原因清楚、脱贫目标合理、帮扶措施可靠。第三，石柱县严格执行现行扶贫标准，按照"两不愁三保障"脱贫标准，既不拔高也不降低，确保贫困人口不愁吃、不愁穿，保障贫困家庭孩子接受九年义务教育，保障贫困人口基本医疗需求，保障贫困人口基本居住条件。基于此，石柱县的脱贫攻坚既保障了脱贫质量，同时也巩固了乡村社会公平公正、共同富裕的价值观念，较好地规避了因脱贫攻坚特惠性的福利积累所导致的矛盾冲突。

同时，石柱县坚持以脱贫攻坚统揽经济社会发展全局，统筹推进区域发展，夯实产业基础，完善基础设施，强化公共服务供给。在此过程中，石柱县注重统筹推进深度贫困乡镇与非深度贫困乡镇、贫困村与"临界村"、脱贫村与未脱贫村、贫困户与"临界户"、脱贫户与未脱贫户的帮扶发展工作，建构共建共享共赢的发展环境。例如，石柱县统筹推进公共基础设施的建设，既覆盖贫困户也覆盖非贫困

户，既覆盖贫困村也覆盖非贫困村。同时，石柱县在脱贫攻坚的同时，统筹推进农村人居环境整治工程，惠及囊括贫困户、部分非贫困户的广大农民群体。

（二）锻造新型利益联结纽带，形塑发展共同体

在营造乡村社会共享共建共赢发展环境的基础上，推动乡村社会不同利益群体之间锻造紧密的利益联结纽带，摸索出合理、有效的组织化减贫或组织化振兴方式，是长效减贫及乡村振兴的核心诉求。当前，石柱县推动产业发展时，着力培育各类农业经营主体，推广股权、基金、信贷、旅游等多元化长效利益联结机制。其中，大力发展农村集体经济是锻造新型利益联结纽带、形塑发展共同体的重要方式。这是由于，石柱县的农村集体经济发展与"三变"改革协同推进，即农村集体经济的发展路径主要为盘活村集体土地、基础设施等资产，将资产量化进行入股，与市场主体、农业合作，发展特色农业种植和乡村休闲旅游为主的村级集体经济。由于农村集体经济的发展建构在集体资产股权量化并分配的社区股份合作制基础之上，强化了村民之间利益联结，同时也强化了村集体"统"的能力以及村社开展公共事务、扶贫济困的能力，推动村社集体成为一种致力于共同发展的发展共同体。

以作为重庆市"三变"改革试点的中益乡为例，中益乡大胆实施"三变"改革，将土地资源作为资产并通过中介评估折资作为股金入股，农民变身为股东，实现风险共担、利益共享。在此过程中，中益乡将农村集体经济发展与"三变"改革协同推动，积极探索集体经济组织的制度创新和集体经济以多种形式增收的新途径。针对中益乡各村基础设施和产业发展状况、前景，大力发展"七型"集体经济，创新扶贫体制机制，深度推进农村集体产权制度改革，深入实施"三变"改革，推行"龙头企业+村合作社+农户"生产组织方式，广泛动员贫困户参与，促进村级集体经济增长。以华溪村为例，

该村率先在石柱县成立村集体控股的股份合作公司——中益旅游开发有限公司。公司成立时，村集体以财政补助资金、社会捐助资金等入股，村民以现金入股共同成立公司。公司将全村土地集中交由公司进行统一种植、统一管理，将村民转变为股份农民和职业农民，他们按照股权分红和实际务工天数获取劳动报酬。

第三节　石柱县推动脱贫攻坚与乡村振兴衔接的经验与启示

脱贫攻坚阶段，脱贫攻坚与乡村振兴的衔接离不开组织及保障机制的建构。当前，石柱县探索建立乡村振兴与脱贫攻坚"同频共振"的组织及保障机制，促进两大战略在决策议事机制、统筹协调机制、项目推进机制等方面的对接。在此基础上，石柱县抓好乡村振兴分层分类试验示范与脱贫攻坚工作推进有机结合，统筹推进脱贫攻坚与乡村振兴。

一、推动脱贫攻坚与乡村振兴的衔接，加强党的领导是关键

县域治理中，脱贫攻坚与乡村振兴的组织机制对接是两大战略衔接的组织基础。脱贫攻坚阶段，石柱县推进乡村振兴依赖于建构党委统一领导、分管推进落实、乡（镇）组织实施、部门合力共为、责任层层压实的工作机制。乡村振兴工作机制是对脱贫攻坚工作机制的借鉴，这种延续性有助于两大战略组织机制的对接。

（一）建构组织架构

当前，为了有序推进脱贫攻坚与乡村振兴的衔接，石柱县强化党

委对"三农"工作的领导，借鉴脱贫攻坚的组织机制大力推进乡村振兴。地方实践中，石柱县认真落实县乡抓落实的农村工作机制，健全党委统一领导、政府负责、党委农村工作部门统筹协调的农村工作领导体制，建立完善县、乡、村三级书记抓乡村振兴的责任体系。组织分工层面，县委实施乡村振兴战略工作领导小组负责研究制定全县乡村振兴战略规划、部署推进重大决策、重大行动和重要工作、协调解决乡村振兴战略重点难点问题。领导小组下设办公室作为日常办事机构，设在农村局，负责如下工作：督促落实领导小组作出的决策部署，协调推进乡村振兴战略实施；开展乡村振兴有关问题调研和政策研究；培育典型，总结经验做法，了解掌握各部门、乡（镇）、村（居）动态情况，报送相关信息；推进有关规划制定和试点工作，检查督促各部门、乡（镇）、村（居）实施乡村振兴战略，开展乡村振兴绩效考核。同时，下设跨部门协作的乡村产业振兴、生态振兴、文化振兴、组织振兴、人才振兴5个专项小组，由党委、政府分管领导担任专项小组组长，负责制定专项小组工作方案、统筹推进各专项重点任务落实。乡镇层面，坚持党委领导，由分管领导负责统筹督促，各牵头责任人和责任科室按照乡村振兴行动计划负责具体工作的部署。村（居）层面，建立支部书记是乡村振兴第一责任人的乡村振兴领导责任制，负责或协助村（居）乡村振兴规划的制定、乡村振兴项目的落地和具体落实方案。

（二）压实责任体系

乡村振兴的有序推进离不开"一级抓一级、层层抓落实"工作格局中责任体系的压实，责任压实则需要借助考核监督的强化。地方实践中，石柱县将乡村振兴建设工作纳入年终目标考核，推行目标责任管理机制，实行专项考核、半年督查、年终考评，将实施方案中具有可操作性的任务、重点项目和约束性指标等纳入各部门、乡（镇）的绩效考核。同时，加强跟踪督查监管，定期、不定期对乡村振兴工作开展督查和督促，及时、全面、如实反映各项工作进展情况，发现问题及时反馈，解决工作中出现的困难和问题。此外，石柱县建立健全考核评估机制，对工作推进不力、政策不落实、服务不到位、工作不得力的进行通报和问责，对工作推进成效显著、绩效突出的乡（镇）、部门单位及先进个人予以表扬和鼓励，将推进乡村振兴责任落实情况作为干部选任、评先评优等重要依据，充分发挥考核工作的导向、激励和约束作用，确保各项工作顺利推进。

二、构筑"政策、制度、资源、人才"四位一体的衔接体系

在组织机制对接的基础上，石柱县通过建构"政策、制度、资源、人才"四位一体的复合保障体系，大力推进脱贫攻坚与乡村振兴的衔接。

第一，政策保障。石柱县以习近平新时代中国特色社会主义思想为指引，认真落实《中共中央　国务院关于实施乡村振兴战略的意见》《中共重庆市委、重庆市人民政府关于印发〈重庆市实施乡村振兴战略行动计划〉的通知》等政策文件精神，制定《石柱县实施乡村振兴战略行动计划》《关于聚焦乡村发展难题精准落实"五个振兴"的意见》《分层分类开展乡村振兴试验示范实施方案》等政策，在统筹推进农村经济建设、政治建设、文化建设、社会建设、生态文明建设和党的建设基础上，按照整体推进、重点突破、试验探路的思路，以点带面，推动全乡乡村振兴。同时，完成《实施乡村振兴战略规划（2018—2022年）》编制工作，明确目标、务实举措、细化责任，确保中央决策部署和市委、市政府工作要求在石柱县落地。依据上述政策或规划，在脱贫攻坚与乡村振兴的衔接阶段，要按照"整体推进、重点突破、试验探路"思路，持续推进"1+3+5+25"分层分类乡村振兴试验示范。其中，"1"指石柱县是重庆市市级乡

村产业振兴示范县，"3"指先后在黄水镇、冷水镇和中益乡3个集中连片区域开展县级综合试验示范基地创建工作，"5"指在大歇镇、悦崃镇、西沱镇、马武镇、三河镇5个乡镇分别开展产业振兴、人才振兴、文化振兴、生态振兴、组织振兴单项试验示范创建，"25"则指石柱县在全县25个乡镇（街道）分别选择确定1个代表性强、基础条件相对较好的村（社区）开展单项或综合试验示范基地创建。通过统筹抓好生态、文化、人才、组织振兴示范片、示范点建设，石柱县总结形成一批可复制、可推广的经验做法。

第二，制度保障。在推进脱贫攻坚与乡村振兴的衔接中，必须把制度建设贯穿其中。这是由于在当前阶段，乡村发展需要激活主体、激活要素、激活市场，吸引各类人才，盘活各类资源，汇聚乡村振兴力量，着力解决乡村振兴制度、改革、人才、土地、资金等难题。基于此，全面深化农村改革，有助于夯实两大战略衔接的制度基础。当前，在深化农村改革中，石柱县以点带面推动农村集体产权制度改革，总结农村"三变"改革好经验、好做法，围绕壮大村集体经济和农民增收目标，迅速开展农村集体资产清理专项行动，探索推广土地、资金、劳动力、宅基地等资源要素"入股、合作、联营"分红模式，推动农村资产、资源变资本，构建农户、经营主体、村集体经济组织三方更加紧密、精细、有效的长效利益联结机制。同时，石柱县深入推进农村土地制度改革，全力做好承包地确权登记颁证深化完善工作，完善土地流转规范管理制度，鼓励发展多种形式适度规模经营。

第三，资源保障。强化投入保障，是推动脱贫攻坚与乡村振兴衔接的资源基础。当前，石柱县加大投入保障，重点要落实好"三个优先"。优先满足"三农"要素配置，改变农村要素单向流出格局，推动资源要素向农村流动，想方设法让人留得住、让钱流进来、让地活起来，不断聚人气、增动能、添活力。优先保障"三农"资金投入，公共财政要将农业农村作为优先保障领域，更大力度向"三农"倾斜，金融行业要将农业农村作为优先服务领域，新增贷款主要用于支持乡村振兴。在此过程中，石柱县积极探索多元化投入机制，加大涉农资金整合力度，积极向上争取政策、项目和资金，推动资源要素向农业农村倾斜集聚和合理配置。优先安排农村公共服务，坚持把全县社会事业发展的重点放在农村，促进公共教育、医疗卫生、社会保障等资源向农村倾斜，逐步建立健全全民覆盖、普惠共享、城乡一体的基本公共服务体系，不断推进城乡基本公共服务均等化。要强化协作配合。此外，在加大资源投入的同时，石柱县强化乡村振兴战略涉及的项目和资金监管，完善制度机制，堵住屡查屡犯的资金监管不到位等问题，提高资金使用效率。

第四，人才保障。人才保障是推动脱贫攻坚与乡村振兴衔接的根本。当前，石柱县采用多元化举措强化人才保障。首先，强化考虑"三农"干部配备，牢固树立"优秀干部到农业农村战线去，优秀干部从农业农村战场来"的导向，注重把熟悉"三农"工作的干部充实到乡（镇）党政班子，让更多优秀干部到"三农"战线去接受历练和考验，要加强农村人才队伍建设，培养造就一支懂农业、爱农村、爱农民的"三农"工作队伍。其次，强化农村基层党组织领导作用，选优配齐配强村"两委"班子，持续整顿软弱涣散村党组织，建立完善第一书记派驻长效工作机制，不断提升村党组织政治领导力。再次，完善人才引进政策措施，积极引导技术型、实用性人才参与农业农村建设。最后，充分发挥农民主体作用，积极培育新型职业农民，引导支持农民主动参与基础设施建设、人居环境整治、产业发展等，大力弘扬自力更生、艰苦奋斗精神，更好激发推动"三农"发展的内生动力。

三、找准深入推进脱贫攻坚与乡村振兴衔接的着力点

当前，石柱县脱贫攻坚与乡村振兴的衔接取得一定的成绩，但是也存在一些困难和问题，主要表现为：一是脱贫攻坚还存在明显弱

项，部分群众仍处于临界贫困状态，少数脱贫群众存在一定返贫风险，"两不愁三保障"突出问题的全面解决还有差距。二是"五个振兴"推进不平衡，产业振兴用力较多，农业产业结构深度调整、有机创建、市级乡村产业振兴试验示范等方面成效较明显，生态振兴、文化振兴、人才振兴等方面工作推进和成效还有差距。三是农村人居环境整治任务仍然很重。乡与乡、村与村工作成效参差不齐，部分地方"六改"、人行便道建设等质量较差，"重建轻管"现象还较突出；群众内生动力激发不够，改习惯转观念还有不小差距。四是农村基础设施建设短板不少。农村公路建设规划和标准统筹不够，农村"四好公路"建设差距大，水利设施管护不到位，季节性缺水问题还很突出，住房保障仍然不够托底。五是农村改革还不够深入。农村集体产权制度改革仍需加力，村集体经济经营性收入不高的问题仍然突出；"三变"改革探索可复制经验不多，资产收益模式效益发挥不充分，长效利益联结机制落地落细不够。

基于此，在未来持续推进脱贫攻坚与乡村振兴的衔接中，石柱县需要重点着力于以下几个方面：第一，借助乡村振兴巩固脱贫攻坚成果，促进长效减贫的实现。其中，深化农村改革在巩固脱贫攻坚中具有重要作用，这是由于强化利益联结、锻造发展共同体依赖于农村改革的制度创新。因此，在未来，石柱县需要高度重视持续推进农村产权制度改革，切实运用改革成果。一方面，要加快推进农村产权制度改革进程，在进一步推进农村承包地"三权分置"改革的基础上，完善土地产权交易服务机制，同步推进农村宅基地管理制度改革，扩大集体经营性建设用地入市改革覆盖范围，有效激活农村地区相对丰裕的土地资源，吸引更多社会资本进入，支持新型经营主体成长。另一方面，需要总结"三变"改革的典型经验，打造效益更高的"三变"改革的升级版，摸索出可推广可复制的发展路径。第二，大力发展集体经济，将发展集体经济作为凝聚农户利益、共享乡村发展红利的重要方式。支持集体经济组织发展生产性服务业，承接政府公共服务项目，拓展集体经济组织收入来源，优化农户生计来源结构。第三，协同推进"五个振兴"，强化生态振兴、文化振兴、人才振兴等方面的扶持力度。第四，持续推进公共服务均等化，让更广大范围的群体从乡村振兴中受益。

第八章

总结与思考

脱贫攻坚是全面建成小康社会的底线目标和标志性指标，打赢脱贫攻坚战是党对人民的庄严承诺。党的十八大以来，脱贫攻坚战全面打响，各地按照习近平总书记关于扶贫工作重要论述指引，深入贯彻精准扶贫精准脱贫基本方略，创造了中国减贫历史上的最好成绩。从县域层面来看，脱贫攻坚不仅是补齐县域发展短板的重要历史性机遇，也是促进县域可持续发展内生动能增长的契机以及推进县域治理体系现代化和治理能力提升的契机。

第一节　石柱县脱贫摘帽取得多方面成果

几年来，石柱县脱贫攻坚取得了多方面的成果，主要体现在高质量完成了脱贫攻坚既定目标，初步形成了县域高质量发展体系，县域治理体系现代化水平和治理能力显著提升，干部群众观念、工作能力明显增强，党的执政基础更加稳固等方面。

一、脱贫攻坚既定目标高质量实现

2015 年底发布的《中共中央国务院关于打赢脱贫攻坚战的决定》中明确指出打赢脱贫攻坚战的总体目标是："到 2020 年，稳定实现农村贫困人口不愁吃、不愁穿，义务教育、基本医疗和住房安全有保障。实现贫困地区农民人均可支配收入增长幅度高于全国平均水平，基本公共服务主要领域指标接近全国平均水平。确保我国现行标准下农村贫困人口实现脱贫，贫困县全部摘帽，解决区域性整体贫困。""实现整体脱贫，贫困县全部摘帽"是党和政府对人民的庄严承诺，是贯彻"以人为本"发展理念的核心体现，事关人民福祉，事关巩固党的执政基础，事关国家长治久安。在决战脱贫攻坚阶段，贫困县脱贫摘帽是当前国家扶贫工作开展的基础性工作，也是既定的合法脱贫程序，促进全体人民共享改革发展成果、实现共同富裕必须保证贫困县高质量如期脱贫摘帽，做到真扶贫、扶真贫、真脱贫。

根据 2016 年中共中央办公厅、国务院办公厅印发的《关于建立贫困退出机制的意见》和 2017 年 9 月国务院扶贫办印发的《贫困县退出专项评估检查实施办法（试行）》，"两不愁三保障"是扶贫开发工作目标，是衡量脱贫工作最基本的标准，贫困县脱贫摘帽的检查评估指标则是"三率一度"，要求综合贫困发生率低于 2%（西部地区低于 3%），贫困人口错退率、漏评率低于 2%，群众认可度达到 90%。石柱县通过坚决贯彻习近平总书记关于扶贫工作的重要论述，深入贯彻落实党中央国务院及重庆市关于脱贫攻坚的各项战略部署，在全县扶贫工作人员和社会各界扶贫力量的艰苦奋斗下，截至 2018 年底，累计实现 85 个贫困村、16426 户 60201 人脱贫，剩余未脱贫人口 1169 户 3272 人，贫困发生率由 2014 年的 12.7% 降至 0.87%。在 2019 年 4 月，经县级申请、市级审核、第三方实地评估检查、社会公示等程序，石柱县以零错退、零漏评、群众认可度 97.91% 的成绩一举摘掉国家级贫困县的帽子。

脱贫攻坚是"第一民生工程"，人民群众是扶贫工作的最终评价者，"小康不小康，关键看老乡"，扶贫工作的开展，最终要落到切实提升人民群众福祉上，落到提升人民群众的改革参与感、发展获得感和生活幸福感上。2013 年以来通过艰苦卓绝的奋斗，石柱县聚焦于大力改善基础设施，加强社会保障，提升公共服务水平，切实提升贫困群众生活质量。加大投入，2013—2017 年，新建、改扩建、硬化农村公路和修建生产便道 2430.53 公里。撤并村通达率、通畅率分别达 100%、65%。新建或改扩建村级公共（便民）服务中心 47 个，便民超市 20 个。建成人饮水池 76 口、6270 立方米，人畜饮水安全率 78%，农村综合水质达标率 93.63%。新建或改扩建住房 1033 户、9.81 万平方米，改造危旧房 1097 户，稳固住房率达 100%。改善人居环境，开展"四清四化五改"行动，创建"星级场镇"3 个、"星级村社"10 个、"星级院落"30 个、"星级农户"3000 户。开发农村保洁、河道管理等公益性岗位 2052 个，安置贫困人员 1148 人。进入 2018 年后，围绕"两不愁、三保障、一达标"目标要求，石柱县全面发起脱贫摘帽最后"冲刺"，开展"大排查大走访、大奋战大落实"等"四大战役"，整合资金 13.6 亿元、实施扶贫项目 944 个，强化基础设施建设。开展"四号农村路"建设，2018 年新建硬化农村公路 1042 公里，359 个项目，建成农村人行便道 509.7 公里，实施安保工程 200 公里；积极改造农村危旧房 1.83 万户；开展农村饮水安全脱贫攻坚冲锋行动，审批 1645 个饮水项目，全覆盖解决 42.61 万农村居民饮水问题，农村集中供水率达 88%。农村要想脱贫，基础设施必须先行。石柱县通过加大投入、科学规划、开展精准扶贫以来，贫困群众出行、饮水、住房等生产生活条件得到明显改善。石柱县脱贫攻坚工作尤其是"两不愁三保障"工作也在 2019 年 4 月习近平总书记视察调研中得到充分肯定。

二、县域高质量发展体系初步形成

在脱贫攻坚工作开展之初，石柱县总体经济实力不强，人均 GDP 与全市人均水平有着不小的差距，精准扶贫要求地方立足于现实，正确把握县情，对贫困问题把脉问诊，当时，石柱县便梳理出产业结构不优、城乡差距较大、环境约束趋紧、基础设施条件差等社会经济发展方面的"短板",贫困面广程度深,致贫原因复杂,脱贫难度大,加之在国家大力开展精准扶贫工作前,专项扶贫资金难以满足基层庞大的脱贫需求,脱贫攻坚往往作为县域治理中的一个专项"单线推进",扶贫的主战场也集中在贫困村。2013 年,党和政府以前所未有的投入高位推动精准脱贫工作的开展,大量的资源下沉、一系列的政策出台,将脱贫攻坚工作作为"第一民生工程"推动,提出地方政府要"以脱贫攻坚统揽社会经济发展全局"。石柱县县委县政府与扶贫办积极落实中央有关部署,迅速转变思路,坚持以脱贫攻坚统揽经济社会发展全局的做法,牢固树立抓脱贫就是抓发展的理念。以新时代五大发展理念指导县域发展,从创新、协调、绿色、开放、共享五个方面布局以康养经济为核心的县域高质量发展体系。

自 2013 年以来,石柱县将脱贫攻坚的过程变成推动康养经济高质量发展迈上新台阶的过程,立足于地方特色,以"康养+"为核心,迅速补齐县域经济发展"短板",大力发展高效山地特色农业、休闲生态旅游,以点促面,推动一二三产业融合发展,石柱县域经济发展面貌焕然一新,县域高质量发展体系初步形成。一是通过集中投入完善基础设施建设,创造良好的生产条件。统筹推进骨干水源、农村饮水安全项目建设,贫困人口安全饮水达标率达 100%,水利设施不断完善;累计投入 1.7 亿元,实施农网升级改造项目,全县实现所有行政村动力电全覆盖,供电能力持续增强;大力推进"四好农村路"建设,贫困村通村公路硬化率、贫困村开通客运班车比例均达100%,村民小组通达率达 97%、通畅率达 80%,道路交通更加通畅;通讯基础设施建设保持年均投资 1.3 亿元以上,4G 基站实现一村一站,光纤宽带网络实现所有行政村(社区)及重点农村村民小组(居民聚居点)覆盖,通信通讯全面改善。水、电、路、网、讯等基础设施建设的集中投入为产业发展奠定了基础,县域内再无产业发展的"死角"。二是围绕"康养"产业布局,以高效山地特色农业、绿色农产品精深加工、休闲生态旅游业为核心的高质量康养经济发展体现初步形成。石柱县是传统农业县份，有着悠久的辣椒、中药材种植传统，同时，县域内有着古镇人文景观、国家森林公园等旅游资源，石柱县立足于传统优势与资源禀赋，聚焦"转型康养、绿色崛起"发展主题，聚力"风情土家·康养石柱"价值定位，学好用好"两山论"，走深走实"两化路"，紧紧围绕促进贫困群众增收致富、扩大群众有效消费需求，坚持发展第一要务不动摇，将产业扶贫与农业供给侧结构性改革紧密结合起来，不断深化农业产业结构调整、产业融合发展，在发展农业产业方面以完善特色产业体系为目标，确立了"3+3"农业产业发展体系，即做大做强中药材、干鲜果和休闲乡村旅游三大主导产业，巩固提升以辣椒为主的调味品、以莼菜为主的有机蔬菜、以中蜂为主的生态养殖三大特色产业，促进质量兴农、绿色兴农。2019 年，石柱县在巩固 2018 年发展的 15.2 万亩长效增收产业基础上，启动实施新一轮 10 万亩调整计划。上半年已新发展茶叶、木本中药材等长效产业 3.62 万亩，林下套种草本药材、蔬菜、辣椒等一年生经济作物 5 万余亩，品牌效应初显；在发展旅游业方面，大力实施"康养+"战略，积极培育休闲观光、乡村旅游等康养业态，全力开发特色农产品、传统手工艺品、特色美食等康养产品，打造了 G50 冷水服务区生态旅游自驾营地、Let's go 游乐世界、西沱古镇、黄水康复医院疗养基地等康养产业项目，深度开发黄水国家森林公园、千野草场、太阳湖、油草河、云中花都等森林康养示范基地，培育森林人家 43 家，全县森林覆盖率达 59.08%，空气质量优良率保持在 95% 以上，培育了一批观养、住养、动养、文养、食养、疗养产品和服务，着力建设全国生态康养胜地，截至目前，大康养经济增加值占 GDP 比重已达到 49%，石柱县在统筹脱贫攻坚与县域经济发展过程中逐渐实现了县域经济发展的动能转换，康养经济成为石柱县经济发展的腾飞点，实现了社会经济发展和生态环境保护的双赢局面。

三、县域治理体系和治理能力显著提升

党的十八大提出了"加快推进国家治理体系和治理能力现代化"的新要求和新命题，十九大报告中明确指出我国"国家治理体系和治理能力有待加强"，纵观新中国成立以来的历史，党和政府事关国计民生的重大公共政策和战略部署是否能成功往往依赖于地方政府和基层的政策执行，中央层面的政策与部署往往注重指导精神、把握方向，一般为具有统合性的宏观政策，市县层面对中央政策的理解、转译与执行事关政策成败，县一级"承上启下，要素完整，功能齐备"，县域治理在国家治理中居于重要地位，是我国政策实践的最广泛的战场，因此县域治理体系的改善和治理能力的提升也是国家治理体系和治理能力现代化的内在要求。精准扶贫作为近年来党和政府民生领域的重大工程，具有系统性、全面性的特点，县级政权几年来迎来了十分密集的政策执行考验，如何围绕中央与省级政策进行"在地化"的政策转译？如何确保转译过程中不出现目标偏差？如何提高制度供给能力与资金利用效率等问题是横亘在县级政权面前的严峻挑战，几年来的精准扶贫工作实践更是为地方政府积累了大量的经验。

脱贫攻坚在县域社会经济发展工作中的"总抓手"地位决定了2013年以来围绕精准扶贫开展的体系建设经验具备着迁移性与普适性，攻坚期间积累的一系列工作方法是未来县域工作开展的宝贵经验。石柱县2013年以来严格按照党中央、国务院决策部署和市委、市政府工作要求，紧密结合石柱县实际，加大改革创新力度，围绕精准扶贫建立完善了囊括责任、政策、投入、动员、监督、考核六大方面的贫困治理体系，为打赢脱贫攻坚战提供制度保障。一是建立完善脱贫攻坚责任体系。按照"中央统筹、省负总责、市县抓落实"的要求，严格落实脱贫攻坚"双组长"负责制，建立县委常委负责分

管行业扶贫、县领导定点包干帮扶乡镇等机制，完善三级干部责任清单，构建形成"1个领导小组+5个片区总督导+16个行业扶贫指挥部+33个乡镇（街道）+222支驻村工作队"的攻坚责任体系，32位县领导和107个县级单位对所有乡镇进行包干帮扶，959名驻乡驻村工作队员和4880名结对帮扶干部投身脱贫攻坚，与村支两委形成合力，实现所有乡镇驻乡工作队、所有村驻村工作队、所有贫困户帮扶干部全覆盖，形成了齐抓共管攻坚格局。二是建立完善脱贫攻坚政策体系。研究制定石柱县"十三五"脱贫攻坚规划、关于打赢打好脱贫攻坚战三年行动的实施意见等重大政策文件，深化完善产业扶贫、健康扶贫、低保扶贫、交通扶贫、健康扶贫、电力通信扶贫、电商扶贫、资产收益扶贫等系列政策，瞄准贫困人口，因地制宜、分类施策。三是建立完善脱贫攻坚投入体系。坚持政府投入的主体和主导作用，出台统筹整合使用财政涉农资金管理办法、财政专项扶贫资金管理办法，积极开展统筹整合使用财政涉农资金试点、扶贫资金国库集中支付试点，加快财政扶贫资金支出进度，提高财政扶贫资金使用效益。四是建立完善脱贫攻坚动员体系。坚持专项扶贫、行业扶贫、社会扶贫等多方力量、多种举措有机结合和互为支撑的"三位一体"大扶贫格局，精准选派驻乡驻村帮扶干部，压紧压实行业部门扶贫责任，主动加强东西部扶贫协作、党政机关定点扶贫工作，创新开展"新时代文明实践中心、流动文化进村、广播村村响、媒体宣传、院坝话扶贫、巡回宣讲"精神扶贫六大行动，探索建立乡风文明积分激励机制，组织干部进村入户讲解扶贫政策，最大限度激发全县统一战线力量，举全县之力、集全民之智打赢打好脱贫攻坚战。五是建立完善脱贫攻坚监督体系。成立脱贫攻坚专项督导组，建立健全片区督导、协作监督、交叉监督等机制，坚持集中督查、重点抽查、专项巡察、随机暗访、社会监督"五位一体"的督查监督方式，开展全天候巡回督导、每季度综合督查，以最严格的督查推动脱贫攻坚各项工作落实。六是建立完善脱贫攻坚考核体系。把脱贫攻坚纳入实绩考核，提高脱贫工作在部门考核中所占的权重，实行市管领导、县级部门、乡镇（街道）、驻村工作队、帮扶责任人量化打分、捆绑考核，强化考核结果运用，以严格考核倒逼责任落实、任务落地。

石柱县贫困治理体系中至少存在着以下两大特点：其一，打破部门壁垒，立体化全域治理。因为精准扶贫工作的系统性与全面性，涉及群众生活的方方面面，需要凝聚各行业部门的力量合力攻坚，要求各职能部门既各司其职又勠力同心。通过扶贫攻坚动员会和多部门联席会议，对习近平有关脱贫攻坚重要论述的反复学习，高度重视脱贫攻坚工作的政治地位，着力构建多部门合作的横向协同治理新模式，将脱贫攻坚的话语体系推向各部门，成为党政各部门的共同关注，最大限度地克服各机关部门因职能分工和利益分化而导致的合作中推诿、应付现象。其二，坚持党建引领，理顺党政关系。从各地经验来看，党委和政府的权力与责任边界模糊甚至矛盾冲突往往成为县域治理的掣肘。在石柱县的扶贫实践中，以通过党政主官双组长制和立体的"1+5+16+33"主体权责分工来压实责任，以群众利益为根本遵循，政府职能部门作为落实各项扶贫政策与行业扶贫的主体，党委则通过其政治领导能力主要把控扶贫工作的方向领导、人员考核、监督问责，把握根本方向，确保扶贫工作的开展不偏离初心，切实履行监督权力，以民心向背统筹扶贫工作的开展，党委与政府在工作开展中各自遵循清晰的边界，政府在县委领导下着重解决政策执行的问题，负责具体项目的推进实施；县委则统揽全局，通过人事、监督、政治领导，最大限度地解决形式官僚主义，切实将强县与富民结合起来，将政府机关所办实事切切实实落到群众利益上去。

四、干部作风转变，党的执政基础更加稳固

正如习近平总书记强调的："办好中国的事情，关键在党，关键在人，关键在人才"，培养一支高素质的人才队伍是打赢打好脱贫攻

坚战的关键，需要在实践工作中狠抓干部队伍政治、组织、作风、能力建设，不做表面文章，不搞形式主义，在"一户一策"上下真功夫，在努力实现真脱贫上使劲发力。

石柱县在实践中一是坚持党的领导，落实攻坚责任，高位推动干部作风转变。坚持党的领导，发挥社会主义制度可以集中力量办大事的政治优势，是改革开放以来我们经济建设工作中的基本经验。脱贫攻坚是一项长期而重大的任务，必须坚持以党的领导为根本保证。石柱县县委充分发挥统揽全局、协调各方的领导核心作用，担当政治责任，加强统筹谋划，勤学习、勤调研，坚持每月至少专题研究一次脱贫攻坚工作，每两月至少召开一次扶贫开发领导小组会议，推动一切力量向脱贫攻坚聚合、一切工作向脱贫攻坚聚焦、一切资源向脱贫攻坚聚集，举全县之力打赢脱贫攻坚战。县委主要领导带头落实脱贫攻坚第一责任，遍访全县242个村（社区），推动一级带一级、一级抓一级，层层压实责任、层层传导压力。县委以高度重视的姿态与超常密度的调研垂范全县各级干部的责任担当与作风转变。

二是坚持把深入转变作风贯穿脱贫攻坚全过程，扎实开展扶贫领域腐败和作风问题专项治理，坚决整治形式主义、官僚主义突出问题，教育引导各级干部及时刹住松懈滑坡的不良状态，始终坚定"贫困群众不脱贫，决不下火线"的决心，大力弘扬"敢吃黄连苦、不怕辣椒辣"的石柱县精神，一鼓作气、顽强作战、越战越勇，坚决高质量打赢打好脱贫攻坚战，做到不获全胜、决不收兵。在精准选派帮扶干部方面，坚持择优选人、因村定人、全面派人。择优选派，按照"好中选优、优中选强"原则，比选优秀干部进入驻村队伍，在全县驻村干部中，40岁以下的492人，大学本科及以上学历553人，副科及以上职级371人；按需选派，以各村实际需求为导向选人组队，确保选派的工作队既能解决所驻村的突出问题，又能抓党建促发展、带动群众脱贫致富；全面选派，注重加强深度贫困村和脱贫难度大的贫困村驻村工作力量，积极向非贫困村选派驻村干部，同步开展帮扶工作，做到派驻全覆盖、无遗漏，努力提高群众认可度、满意度；分类选派，按照"因岗定人、人岗相适"原则，设定"组织软弱涣散""经济发展滞后""基础设施薄弱"等类别，分类选派"第一书记"、驻村工作队员和大学生村官，选优配强驻村帮扶力量。

通过切实的干部作风转变，党建引领下基层社会治理实现大提升，干群关系明显改善，夯实了党的执政之基。首先，为实现基层组织增能，石柱县开展基层"两委"提升工程，加强基层党组织凝聚力和战斗力。将85个贫困村党支部全部纳入后进基层党组织整顿，调整不胜任不合格不尽职支部书记77人，每年对村（社区）党支部书记进行全覆盖培训，村级班子履职能力、带动能力不断增强，推动村级集体经济不断发展壮大；此外，在脱贫攻坚中也打造了过硬的干部队伍和人才队伍。广大干部特别是年轻干部在脱贫攻坚的战场上摸爬滚打，坚定了政治信仰，锤炼了坚强意志，练就了过硬本领，为打造高素质干部队伍奠定了坚实基础；积极适应脱贫攻坚、农村发展人才需求，加大人才选育力度，回引本土人才357名，为每村培养储备1—2名后备干部，培育党员致富能手582名，农村人才队伍能力更强、活力更足，呈现出干部带领带头干、群众积极主动干的火热场面。在干群同心协力攻坚过程中，贫困群众加深了与干部的交流，感受到了干部的真心帮扶和辛勤付出，享受到了实实在在的政策，看到了实实在在的变化，对政府和干部的误解、偏见在逐渐消融，感恩意识在逐渐提升，贫困群众的满意度达到97.91%，在一系列的作风转变过程中，密切了党群干群关系，党在农村的执政基础更加牢固。

第二节　石柱县脱贫摘帽案例的经验与启示

整体来看，石柱县脱贫摘帽案例呈现出几个方面的突出特点，其一，坚持习近平总书记关于扶贫工作中要点论述指引，坚持对标对表，按照中央决策部署，完善和优化县域脱贫攻坚治理体系；其二，坚持高质量发展理念，立足县域特点，找准发展路子；其三，坚持深化改革，以全面深化改革的勇气和智慧，破解精准扶贫精准脱贫的体制机制障碍，促进县域经济社会发展。

一、石柱县脱贫摘帽案例的基本经验

（一）坚持对标对表，形成有效治理体系

精准扶贫工作启动至今 6 年多的时间内，中央和地方政府积累了大量的实践经验，地方政府在基层实践中也遭遇了诸多困境，如期实现脱贫摘帽，需要防范扶贫工作中出现对于中央政策意旨的偏离，同时，需要优化调整贫困治理体系，正确把握贫困治理阶段性变化，总结经验，根据实际情况及时做好调整提升，地方政府在面对有明确时序要求的指标任务时，更需要脚踏实地、如履薄冰，回归中央政策与部署的初心，以民心向背为标准，以实践规律为依规，敏锐地察觉不同扶贫阶段中贫困群众需求的变迁，及时且审慎地制定科学合理的规划。为确保党和国家的重要政策精神在多层级的科层行政体制的纵向传递中不发生偏离与扭曲，中央层面要求各级地方政府在工作中需遵循"对标对表"的工作做法，要求各级领导干部要坚决地维护党中央的权威，自觉地站在党和国家大局上想问题、办事情，坚定地在政治上思想上行动上同以习近平同志为核心的党中央保持高度一致，在石柱县的脱贫摘帽推进中，则切实体现了围绕着中央与重庆市有关扶贫攻坚工作重要部署"对标对表"的做法。

首先是精准对接全市脱贫计划，科学调整脱贫时序进度。随着精准扶贫的重要性在地方政府工作中的重要性凸显，各地出现了在脱贫摘帽上争抢赶超的竞争态势，不切实际地制订脱贫计划，出现了一些

低质量脱贫甚至数字脱贫的现象。如石柱县扶贫办工作人员所说："2017 年石柱的脱贫工作出现了一个转折"，在 2016 年 12 月底制定的重庆市《武陵山片区区域发展与扶贫攻坚"十三五"实施规划》《秦巴山片区区域发展与扶贫攻坚"十三五"实施规划》中，重庆市预定 2017 年年底实现所有贫困县的摘帽工作，在 2017 年 7 月陈敏尔任职重庆市委书记后，对重庆市扶贫攻坚工作做出了"对标对表"的要求，要求全面对标对表中央有关部署安排，随即，《调整我市国家扶贫开发工作重点区县脱贫摘帽计划的方案》《深度贫困乡（镇）定点包干脱贫攻坚行动方案》《全市脱贫攻坚问题整改工作方案》出台，根据脱贫攻坚进程，重庆市实事求是地调整优化了脱贫时序，由原定 2017 年脱贫摘帽调整至 2018 年底，石柱县迅速对接市内安排，调整脱贫摘帽工作计划，要求不仅"打赢"，更要"打好"脱贫攻坚战，改变以往抢时间赶进度的做法，做到既不降低标准，也不吊高胃口，既不犯急躁症，也不犯拖延症，切实保障脱贫质量。

其次，对标对表中央有关扶贫攻坚系列部署安排，有效进行贫困治理。2017 年 7 月后，根据市委市政府的要求，石柱县深学笃用习近平有关扶贫工作的重要论述，锁定"两个确保"攻坚目标，在当前县级扶贫资源越多、策略选择越多的情况下，越是要紧扣"六个精准""五个一批""四个问题"的攻坚体系，石柱县优化脱贫攻坚目标任务、深化精准扶贫帮扶举措、聚焦深度贫困重点、创新扶贫体制机制进行调整完善，整体和各行业部门均制定三年攻坚计划，加强制度供给，建立一整套稳定脱贫长效机制，在政策制定和落实层面加大力度，确保脱贫攻坚"骨肉"俱全，获得了群众的广泛认可，严格贯彻落实中央安排，国家战略决策部署上严格对照对标对表，有利于更好地解决"两不愁三保障"问题，更好地提升脱贫质量。

（二）坚持高质量发展，找准发展路子

从全世界贫困治理的经验来看，发展产业是促进贫困群体稳定脱

贫的有效手段，因此产业扶贫是我国当前扶贫工作中投入最多，实际上应用最广泛的扶贫方式。毋庸置疑，加大资源和政策倾斜是石柱县产业发展如火如荼的重要原因，可纵观全国，同等投入力度下，县域产业发展实效与产业发展下贫困群众受益程度均存在着较大的差异。石柱县的成功经验在于坚持高质量发展，坚持实事求是，找准脱贫与发展路径。

习近平总书记强调，推进扶贫开发、推动经济社会发展，要坚持从实际出发，因地制宜，理清思路，完善规划，找准突破口。始终坚持一切从实际出发，确保脱贫攻坚沿着正确的方向前进，这也是科学谋划脱贫攻坚的总要求。石柱县认真贯彻落实党中央、国务院决策部署和市委、市政府工作要求，坚持实事求是、因地制宜，充分考虑石柱县脱贫任务重、贫困程度深，坚持不急躁、不冒进，确定"两步走"目标，遵循"实事求是，精准谋划"和"注重益贫，长远结合"的原则进行了产业扶贫规划，将五大发展理念作为高质量发展的指导理念。

实事求是，精准谋划。首先，充分考虑石柱县作为农业大县，产业基础仍然薄弱，把产业扶贫作为根本之策，深度调整农业产业结构，因地制宜发展长效产业，不断夯实产业扶贫根基，根据种植传统与地域条件，确保粮食稳定的前提下，全县农业产业发展围绕高、中、低山进行布局，初步构建了"3+3"现代山地特色高效农业体系，即以黄连为主的中药材，以辣椒为主的调味品，以莼菜为主的有机蔬菜，发展生态中蜂养殖、草食牲畜与干鲜果种植。其次，石柱县地处武陵山区生物多样性与水土保持生态功能区，坚定走生态优先、绿色发展之路，坚持"绿水青山就是金山银山"理念，严格制定了《石柱县产业准入负面清单（试行）》，严把项目准入关，严禁不符合主体功能定位的项目建设实施，坚持县域农业高质量发展；此外，石柱县域地势高，风景秀丽，避暑胜地之名广为传播，同时拥有少数民族风情、西沱古镇等人文景观资源，结合国内时代背景和中央政策鼓励,大力发展农村旅游,实施农旅结合的发展方略。在县委县政府综合研判县情后,统筹规划了石柱县高质量发展产业体系,打响"风情土家·康养石柱",构建大力发展山地特色有机农业、绿色农产品精深加工业、休闲生态乡村旅游业结合的康养经济发展产业。

注重益贫,长远结合。一方面,石柱县将产业的益贫性作为项目选择、事后评估考核的严格标准,积极引导社会企业参与扶贫攻坚,在工商联开展的精准扶贫"万企帮万村"活动中,将本地小微企业的贷款授信和扶贫成效挂钩,这样一来,贷款、融资难度大的本地企业获得了资金资源的同时,大大加强了企业发展的益贫效应;同时,积极推广完善利益联结机制,推动股份制改革,股权、基金、信贷、旅游四种资产收益扶贫模式覆盖贫困户10282户,贫困群众坐上县域产业发展的快车,改变产业发展和群众增收平行发展的现状,真正做到将强县与富民结合起来。在严格保障粮食安全的基础上,调整农作物种植粮经比,拓宽贫困群众增收渠道;另一方面,在谋划县域产业发展与产业扶贫时,强调扶贫产业选择要科学合理,农业结构要"既管眼前,又管长远",通过深度调整,2018年底石柱县实现新栽植长效产业面积15.2万亩,实现每个贫困村都有1—2个稳定增收产业,同时,在新发展的长效产业中进行林下套种草本药材、蔬菜、辣椒等一年生矮秆经济作物3万余亩。总的来看,高质量发展要求经济增长稳定,区域城乡发展均衡,以创新为动力,实现绿色发展,让经济发展成果更多更公平惠及全体人民。正是坚持从实际出发,实事求是、因地制宜,牢固树立抓脱贫就是抓发展的理念,将高质量发展要求和"五大发展理念"贯彻始终,石柱县才能在推动精准脱贫上取得积极成效。

坚持绿色可持续发展:坚持优选产业,严格执行产业准入负面清单制度,把脱贫攻坚的过程变成推动山清水秀美丽之地建设迈出新步伐的过程。坚持生态扶贫、环境改善与生态保护有机结合,保护好山水林田湖草生态资源,利用生态资源优势发展生态产业、开发生态产品，统筹抓好农村生活垃圾治理、生活污水治理、卫生厕所改造、面源污染治理等专项行动，把建设绿水青山的过程变成脱贫致富的过程，变成收获金山银山的过程，努力实现脱贫攻坚和生态环境保护双赢。

（三）坚持深化改革，破解体制机制难题

2017 年，习近平总书记在党的十九大报告中要求"全党要深刻领会新时代中国特色社会主义思想的精神实质和丰富内涵"，其中"坚持全面深化改革"成为当前的一个基本方略之一："坚持全面深化改革。只有社会主义才能救中国，只有改革开放才能发展中国、发展社会主义、发展马克思主义。必须坚持和完善中国特色社会主义制度，不断推进国家治理体系和治理能力现代化，坚决破除一切不合时宜的思想观念和体制机制弊端，突破利益固化的藩篱，吸收人类文明有益成果，构建系统完备、科学规范、运行有效的制度体系，充分发挥我国社会主义制度优越性。"习近平新时代中国特色社会主义思想明确全面深化改革总目标是完善和发展中国特色社会主义制度、推进国家治理体系和治理能力现代化。"对这一总目标进行具体的补充之后，可以表述为：全面深化改革的总目标是构建、实施与完善系统完备、科学规范、运行有效、国家治理体系和治理能力达到现代化水平的中国特色社会主义制度体系。"①

从实践工作中可以看到，石柱县的脱贫攻坚战并不是暂时的、表面的工作，而是深度开展的改革实践，是推进社会主义建设的体制机制改革创新，这是石柱县脱贫摘帽案例的一大特点，石柱县县委书记强调："（我们）在脱贫攻坚过程中发现，始终把改革作为推动脱贫攻坚工作的动力活力，这个是我们作为石柱来讲抓脱贫攻坚过程中一个非常重要的东西"。首先，这一改革实践的深化体现在两个方面：

---

① 罗来军：《"坚持全面深化改革"的内涵和实质》，《前线》2017 年第 12 期。

1. 继续脱贫攻坚毫不放松，在前期工作的基础之上进一步深化改革，坚持深化改革意味着与之前阶段的改革相比，当前的改革不断向深层次推进，范围不断拓宽，在改革的深水区和全新的试验区深入下去，改革涉及人民生活的方方面面，影响到人民生活的方方面面，其成果也惠及人民生活的方方面面。石柱县的脱贫摘帽工作践行了改革的基本思路，不仅延续了党的基本政策，而且作出纵深推进，深刻地改善了当地人民的生活，提高了生活水准，丰富了生活内容；2. 改变脱贫思路，建设长效机制。尽管在脱贫工作中已经取得了重要成果，取得了阶段性成效，然而石柱县并未放松，在工作中要求巩固提升脱贫成果，预防思想和成果的滑坡，为此建立了一系列长效机制，包括：（1）深入学习宣传贯彻习近平总书记重要讲话和重要指示精神，在思想上长期谨慎，牢记党的使命和党的要求；（2）保持脱贫攻坚政策稳定，避免出现摘帽后监管缺失的问题，保证政策的稳定性；（3）全力解决"两不愁三保障"突出问题，坚持把"两不愁三保障"作为基本要求和核心指标；（4）坚决攻克深度贫困堡垒，盯牢市级深度贫困乡中益乡和县里明确的 15 个深度贫困村，深度改善生产生活生态条件；（5）抓好扶贫领域问题整改，认真领会中央意见，勤做自我监督和反省；（6）全面提高脱贫质量，坚持既看数量、更看质量，深入实施新一轮贫困村提升工程，深度改善贫困人口脱贫发展环境，从源头上改变贫困的基本面貌；（7）深入改进工作作风，提升工作效率，防止浪费大量人力物力，防止干群矛盾，为脱贫工作的开展打好合作的基础；（8）推进脱贫攻坚与乡村振兴有机衔接，不仅是被动和消极的改造，更要"授人以渔"，赋予贫困主体改造自身的能动性，实现乡村振兴的目标。

其次，这一改革实践的特点还体现在对体制机制难题的破解上，不仅是坚持改革的中心地位，更突出地表现为以下几点创新之处：1. 深化市场改革，建设基金模式、财政投入模式和信贷模式合一的"三个模式"，发挥自身的能动性。正如石柱县县委书记所说："所以在整个脱贫攻坚过程中，我们就始终坚持改革，把改革这一个主线抓住来推动培育市场主体，市场主体就有龙头企业，有家庭农场，还有其他地区经济组织，与群众，特别是贫困群众，建立一种良性的利益联结机制，还有跟村的集体经济组织这三个单位、三个组织建立一种利益联结机制，真正形成一种有效率的机制"；2. 以效率为中心，通过集体资产增收来发展产业，在具体到贫困村的发展方面，既通过龙头企业，又通过县财政来保证资金供给，通过这一改革的方式，推动脱贫攻坚，推动产业的发展；3. 发挥治理的多主体作用，完善了自治法治德治相结合的乡村治理体系。石柱县不仅持续加大法治宣传、法律援助、扶贫领域逃避赡养义务突出问题整治力度，更充分发挥传统文化、新乡贤文化、村规民约作用，节省治理成本，柔滑治理举措，在无形中化解了大量的乡村矛盾，实现了"贵和工作法"以及"平安乡村·智惠农家"基层社会治理经验，实现乡村社会治理有效、和谐有序；4. 深度推进农业农村改革，发挥"三变"改革引领作用，探索土地承包经营权、劳动力、闲置宅基地和房屋作价入股机制，拓宽贫困群众增收渠道；针对农业种植中"零散育苗""田间管理技术落后""劳动力缺乏""病虫害防治不专业""修枝整形技术缺乏""施肥技术差""整个生产环节劳动力缺乏"等蔬菜、水果生产管理方面的问题，积极制定农业生产全程社会化生产服务机制。当前，在"地"方面，土地流转不畅、产业发展配套用地缺乏、土地经营权抵押贷款难等问题仍然普遍存在，集体经营性建设用地入市面临价格机制不完善、收益分配机制不健全、宅基地退出难、同地不同权不同价等问题，导致不能有效实现其自身价值，石柱县通过探索新型土地承包机制，将多种生产要素集合起来发展，共同促进当地人民生活水准的上升，已经取得了重要成效。

石柱县坚持党的领导，认真贯彻党的要求，在实践中创新思路，全面深化改革，并采取种种措施破解体制机制难题，已经取得了阶段性的重要成果，只有坚持既有成果和当前的创新精神，坚持全面深化改革，才能更进一步地完成扶贫工作。

二、石柱县脱贫摘帽案例的启示

石柱县脱贫摘帽成绩显著，形成了县域脱贫攻坚的有效样本，其案例的启示主要包括如下几个方面：

其一，坚持习近平总书记关于扶贫工作重要论述的指引，加强党对脱贫攻坚工作的领导，压实攻坚责任，发挥好政治优势。石柱县县委充分发挥统揽全局、协调各方的领导核心作用，担当政治责任，加强统筹谋划，以脱贫攻坚统揽经济社会发展全局，坚持每月至少专题研究一次脱贫攻坚工作，每两月至少召开一次扶贫开发领导小组会议，推动一切力量向脱贫攻坚聚合、一切工作向脱贫攻坚聚焦、一切资源向脱贫攻坚聚集，举全县之力打赢脱贫攻坚战。

其二，坚持实事求是，践行精准方略，找准脱贫路径。石柱县认真贯彻落实党中央、国务院决策部署和市委、市政府工作要求，坚持实事求是、因地制宜，在目标确定上，充分考虑石柱县脱贫任务重、贫困程度深，坚持不急躁、不冒进，确定"两步走"目标；在干部选派上，充分考虑各村实际情况和发展需求，按需选派帮扶干部；在扶贫路径上，充分考虑石柱县作为山地农业县的基本县情，深度调整农业产业结构，因地制宜发展山地特色高效产业扶贫体系，不断夯实产业扶贫根基；在政策落实上，聚焦"两不愁三保障"目标实现，在严格坚持标准的前提下，实事求是安排相关政策。

其三，坚持合力攻坚，着力构建县域大扶贫工作格局。发挥好政府投入的主体和主导作用，统筹整合一切能够整合的财政资金集中用于脱贫攻坚，用足用活金融扶贫政策，持续扩大扶贫小额信贷规模，鼓励支持社会资金参与脱贫攻坚，使资金供给力度与脱贫攻坚任务的"齿轮"紧紧咬合。坚持更加广泛、更加有效地动员和凝聚各方力量，充分发挥行业部门职能作用，用好山东淄博对口支援、中核集团定点帮扶、市委办公厅扶贫集团对口帮扶、南岸区结对帮扶等资金资源，积极组织引导支持社会组织、社会工作和志愿服务力量参与脱贫攻坚，形成脱贫攻坚强大合力。

最后，坚持志智双扶，激发内生动力。石柱县在脱贫攻坚过程中，坚持扶贫与扶志、扶智相结合，充分利用新时代文明实践活动载体、扶贫夜校、梦想课堂、乡贤讲理堂等宣传阵地，全面开展领导干部讲时事政策、专家学者讲科学理论、第一书记讲社情民意、道德模范讲典型故事、致富能人讲致富门道、群众自己讲理想感想"六位一体"宣传宣讲，深入推进乡风文明积分激励、文明生活进农村等活动，教育引导贫困群众自觉摒弃陈规陋习、"等靠要"思想，主动转观念、学技术、搞产业，通过自力更生、勤劳奋斗改变贫穷落后面貌，特别是总书记亲临石柱县视察调研，全县干部备受鼓舞、倍感振奋、倍增干劲，广大贫困群众更是真心感慨"如今党的政策就是好，我要努力向前跑"，自觉把对习近平总书记的感恩之情转化为脱贫的不竭动力。

几年来，经过不懈努力，石柱县成功实现整县脱贫摘帽，县域经济社会发展面貌明显改善，"两不愁三保障"问题有效解决，县域发展的软硬件环境显著提升，为实现可持续发展奠定了基础。成功实现脱贫摘帽，并不意味着脱贫攻坚任务的结束。在接下来的一段时间里，宜保持脱贫攻坚目标不变、靶心不散，聚焦提升脱贫质量，以高质量脱贫统揽县域经济社会发展全局，注重提升脱贫稳定性，建立贫困人口稳定增收长效机制，继续推进城乡基本公共服务均等化。如前文所述，脱贫攻坚所取得的成就不仅体现在完成了脱贫攻坚既定目标，还体现为脱贫攻坚过程中，形成了诸多县域发展和县域治理的有效经验，这些经验宜及时转化，促进县域可持续发展能力和县域治理能力提升。特别是应当将脱贫攻坚时期形成的一些好的做法，及时转化为制度创新，转化为干部群众的促进发展能力。

参考文献

1．习近平：《在深度贫困地区脱贫攻坚座谈会上的讲话（2017 年 6 月 23 日）》，人民出版社 2017 年版。

2．习近平：《在解决"两不愁三保障"突出问题座谈会上的讲话》。（2019 年 4 月 16 日）

3．习近平：《在中央经济工作会议上的讲话》。（2017 年 12 月 18 日）

4．习近平：《在部分省区市扶贫攻坚与"十三五"时期经济社会发展座谈会上的讲话》（节选）。（2015 年 6 月 18 日）

5．中共中央文献研究室编：《习近平扶贫论述摘编》，中央文献出版社 2018 年版。

6．中共中央文献研究室编：《十八大以来重要文献选编》（下），中央文献出版社 2018 年版。

7．石柱县人民政府：《政府工作报告（2020）》。

8．石柱县人民政府：《转变经营方式　发展现代农业》，http://www.cqszx.gov.cn/。

9．石柱县人民政府：《2012 年农民人均纯收入监测分析》，http://www.cqszx.gov.cn/。

10．石柱土家族自治县扶贫开发办公室：《2013 年扶贫开发工作总结》。

11．石柱土家族自治县扶贫开发办公室：《石柱县产业扶贫典型案例》。

12．石柱土家族自治县扶贫开发办公室：《石柱县贫困群众两不愁三保障一达标工作方案》。

13．中共石柱土家族自治县委办公室、石柱土家族自治县人民政府办公室：

《关于印发〈石柱县深化脱贫攻坚深度调整农业产业结构实施意见〉的通知》。

14．包国宪、杨瑚：《我国返贫问题及其预警机制研究》，《兰州大学学报（社会科学版）》2018 年第 6 期。

15．陈泠璇、史心怡、王燕、任泽旭：《我国西南贫困地区农业供给侧改革的调查研究——以石柱县农业产业结构优化为例》，《商场现代化》2017 年第 7 期。

16．陈冠宇：《政策执行视角下推进深度贫困地区精准扶贫研究——基于 H 省 A 县的实证分析》，《河南社会科学》2018 年第 12 期。

17．黄承伟：《我国新时代脱贫攻坚阶段性成果及其前景展望》，《江西财经大学学报》2019 年第 1 期。

18．程瑞山、任明明：《乡村"治理有效"的意蕴与考量》，《科学社会主义》2019 年第 3 期。

19．丁建定：《改革开放以来中国共产党对扶贫开发认识的发展》，《中州学刊》2018 年第 10 期。

20．丁辉侠、郭康：《精准扶贫的合作治理绩效评估与改进对策——基于对河南省 D 市的调查》，《行政科学论坛》2017 年第 5 期。

21．杜国明：《巩固脱贫成果 铺就振兴基石》，《黑龙江日报》2018 年 8 月 24 日。

22．郭熙保、周强：《长期多维贫困、不平等与致贫因素》，《经济研究》2016 年第 6 期。

23．郭晓冉：《我国精准扶贫中的文化驱动力研究》，《理论月刊》2019 年第 7 期。

24．贺雪峰：《关于实施乡村振兴战略的几个问题》，《南京农业大学学报（社会科学版）》2018 年第 3 期。

25．孔祥智、陆洋啸：《建设生态宜居美丽乡村的五大模式及对策建议——来自 5 省 20 村调研的启示》，《经济纵横》2019 年第 1 期。

26．何秀荣：《改革 40 年的农村反贫困认识与后脱贫战略前瞻》，《农村经济》2018 年第 11 期。

27．李博、左停：《谁是贫困户？精准扶贫中精准识别的国家逻辑与乡土困境》，《西北农林科技大学学报（社会科学版）》2017 年第 4 期。

28．李棉管：《技术难题、政治过程与文化结果——"瞄准偏差"的三种研究视角及其对中国"精准扶贫"的启示》，《社会学研究》2017 年第 1 期。

29．冯彦明：《关于精准扶贫、产业发展与金融支持有机结合的探析——基于对重庆市金融扶贫"石柱模式"的调研》，《农村金融研究》2017 年第 8 期。

30．高帆：《乡村振兴战略中的产业兴旺：提出逻辑与政策选择》，《南京社会科学》2019 年第 2 期。

31．高强：《脱贫攻坚与乡村振兴有机衔接的逻辑关系及政策安排》，《南京农业大学学报（社会科学版）》2019 年第 5 期。

32．凌经球：《乡村振兴战略背景下中国贫困治理战略转型探析》，《中央民族大学学报（哲学社会科学版）》2019 年第 3 期。

33．李小云：《构建实现"两不愁三保障"目标长效机制》，《中国社会科学报》2019 年 8 月 8 日。

34．罗丽莎：《重庆石柱县特色农业产业发展研究》，《全国商情（经济理论研究）》2015 年第 21 期。

35．裴文婷：《精准扶贫视野下精准贫困分类及其创新方法研究》，《改革与开放》2017 年第 21 期。

36．唐任伍：《贫困文化韧性下的后小康时代相对贫困特征及其治理》，《贵州师范大学学报（社会科学版）》2019 年第 5 期。

37．郑炀和：《论乡村精英与乡风文明建设》，《宁波大学学报（人文科学版）》2009 年第 3 期。

38．徐学庆：《乡村振兴战略背景下乡风文明建设的意义及其路径》，《中州学刊》2018 年第 9 期。

39．四川乡村振兴战略研究智库：《实施乡村振兴战略的系统认识与道路选择》，《农村经济》2018 年第 1 期。

40．汪三贵、曾小溪：《从区域扶贫开发到精准扶贫——改革开放 40 年中国扶贫政策的演进及脱贫攻坚的难点和对策》，《农业经济问题》2018 年第 8 期。

41．汪三贵、刘未：《以精准扶贫实现精准脱贫：中国农村反贫困的新思路》，《华南师范大学学报（社会科学版）》2016 年第 5 期。

42．王小林：《建立贫困退出机制确保贫困人口稳定脱贫》，《中国财政》2016 年第 12 期。

43．王剑：《经济人类学视野中重庆石柱黄连交易系统调查与研究》，《广西师范学院学报》2018 年第 2 期。

44．范和生：《返贫预警机制构建探究》，《中国特色社会主义研究》2018 年第 1 期。

45．吴映雪、周少来：《涉农资金整合下精准扶贫项目运作及其脱贫成效考察——以 H 县精准扶贫项目运作为例》，《云南大学学报（社会科学版）》2018 年第 2 期。

46．王春城：《政策精准性与精准性政策——"精准时代"的一个重要公共政策走向》，《中国行政管理》2018 年第 1 期。

47．王宁：《地方消费主义、城市舒适物与产业结构优化——从消费社会学视角看产业转型升级》，《社会学研究》2014 年第 4 期。

48．习近平：《摆脱贫困》，福建人民出版社 2016 年版。

49．向德平、华汛子：《改革开放四十年中国贫困治理的历程、经验与前瞻》，《新疆师范大学学报（哲学社会科学版）》2019 年第 2 期。

50．谢建平：《政治承诺与区域扶贫：习近平贫困治理方略在革命老区的实践进路》，《井冈山大学学报（社会科学版）》2018 年第 4 期。

51．鲜祖德、王萍萍、吴伟：《中国农村贫困标准与贫困监测》，《统计研究》2016 年第 9 期。

52．易柳、张少玲：《农村基本公共服务均等化：深度贫困治理的机遇与挑战》，《湖北民族学院学报（哲学社会科学版）》2019 年第 4 期。

53．余志刚：《农村贫困退出中的"低保悖论"及路径设计——基于黑龙江省 5 个贫困县的调查》，《农业经济与管理》2016 年第 6 期。

54．杨宏：《筑牢"两不愁三保障"长远之基》，《学习时报》2019 年 7 月 1 日。

55．朱素华、柯剑鸿等：《石柱县莼菜产业发展现状问题与对策》，《南方农业》2017 年第 11 期。

56 . 郑秉文：《"后 2020"时期建立稳定脱贫长效机制的思考》，《宏观经济管理》2019 年第 9 期。

57 . 朱启臻：《乡村振兴背景下的乡村产业——产业兴旺的一种社会学解释》，《中国农业大学学报（社会科学版）》2018 年第 3 期。

58 . 左停：《"两不愁、三保障"：扶贫与社保的精准与有效衔接》，《中国社会报》2016 年 3 月 12 日。

59 . 左停、杨雨鑫、钟玲：《精准扶贫：技术靶向、理论解析和现实挑战》，《贵州社会科学》2015 年第 8 期。

60 . 章元、李全、沈可：《论精准扶贫思想的实证基础》，《农业经济问题》2019 年第 4 期。

61 . 张志国、聂荣：《中国农村家庭多维贫困动态研究》，《农村经济与科技》2016 年第 1 期。

62 . 张清霞：《贫困动态性研究》，《湖南农业大学学报（社会科学版）》2008 年第 3 期。

63 . 蹇泽西：《在中益乡"学习贯彻习近平总书记视察重庆重要讲话和重要指示精神，解决'两不愁三保障'突出问题"再部署再动员工作会议上的讲话》（2019 年 4 月 24 日，根据录音整理）。

64 . 蹇泽西：《在县扶贫开发领导小组 2019 年第 6 次（扩大）（县委落实中央专项巡视重庆脱贫攻坚反馈意见对照整改工作领导小组第 6 次）会议上的讲话》（2019 年 5 月 22 日，根据录音整理）。

65 . 蹇泽西：《在全县脱贫攻坚暨深化作风效能建设推进会上的讲话》（2019 年 3 月 1 日，根据录音整理）。

66 . 中国网：《重庆石柱：聚焦"两不愁三保障"书写高质量脱贫华章》，http://guoqing.china.com.cn/2019-09/20/content_75226340.html。

后　记

　　脱贫攻坚是实现我们党第一个百年奋斗目标的标志性指标，是全面建成小康社会必须完成的硬任务。党的十八大以来，以习近平同志为核心的党中央把脱贫攻坚纳入"五位一体"总体布局和"四个全面"战略布局，摆到治国理政的突出位置，采取一系列具有原创性、独特性的重大举措，组织实施了人类历史上规模空前、力度最大、惠及人口最多的脱贫攻坚战。经过 8 年持续奋斗，现行标准下 9899 万农村贫困人口全部脱贫，832 个贫困县全部摘帽，12.8 万个贫困村全部出列，区域性整体贫困得到解决，完成了消除绝对贫困的艰巨任务，脱贫攻坚目标任务如期完成，困扰中华民族几千年的绝对贫困问题得到历史性解决，取得了令全世界刮目相看的重大胜利。

　　根据国务院扶贫办的安排，全国扶贫宣传教育中心从中西部 22个省（区、市）和新疆生产建设兵团中选择河北省魏县、山西省岢岚县、内蒙古自治区科尔沁左翼后旗、吉林省镇赉县、黑龙江省望奎县、安徽省泗县、江西省石城县、河南省光山县、湖北省丹江口市、湖南省宜章县、广西壮族自治区百色市田阳区、海南省保亭县、重庆市石柱县、四川省仪陇县、四川省丹巴县、贵州省赤水市、贵州省黔西县、云南省西盟佤族自治县、云南省双江拉祜族佤族布朗族傣族自治县、西藏自治区朗县、陕西省镇安县、甘肃省成县、甘肃省平凉市崆峒区、青海省西宁市湟中区、青海省互助土族自治县、宁夏回族自治区隆德县、新疆维吾尔自治区尼勒克县、新疆维吾尔自治区泽普县、新疆生产建设兵团图木舒克市等 29 个县（市、区、旗），组织中国农业大学、华中科技大学、华中师范大学等高校开展贫困县脱贫摘帽研究，旨在深入总结习近平总书记关于扶贫工作的重要论述在贫困县的实践创新，全面评估脱贫攻坚对县域发展与县域治理产生的综合效应，为巩固拓展脱贫攻坚成果同乡村振兴有效衔接提供决策参考，具有重大的理论和实践意义。

脱贫摘帽不是终点，而是新生活、新奋斗的起点。脱贫攻坚目标任务完成后，"三农"工作重心实现向全面推进乡村振兴的历史性转移。我们要高举习近平新时代中国特色社会主义思想伟大旗帜，紧密团结在以习近平同志为核心的党中央周围，开拓创新，奋发进取，真抓实干，巩固拓展脱贫攻坚成果，全面推进乡村振兴，以优异成绩迎接党的二十大胜利召开。

由于时间仓促，加之编写水平有限，本书难免有不少疏漏之处，敬请广大读者批评指正！

本书编写组

责任编辑：吴明静
封面设计：姚　菲
版式设计：王欢欢
责任校对：张　莉

图书在版编目（CIP）数据

石柱:脱贫攻坚与县域高质量发展/全国扶贫宣传教育中心 组织编写. —北京：
　人民出版社,2022.10
（新时代中国县域脱贫攻坚案例研究丛书）
ISBN 978－7－01－024184－5

Ⅰ.①石…　Ⅱ.①全…　Ⅲ.①扶贫-工作经验-案例-石柱土家族自治县
　Ⅳ.①F127.719.4

中国版本图书馆 CIP 数据核字（2021）第 253864 号

石柱:脱贫攻坚与县域高质量发展
SHIZHU TUOPIN GONGJIAN YU XIANYU GAOZHILIANG FAZHAN

全国扶贫宣传教育中心　组织编写

人民出版社 出版发行
（100706　北京市东城区隆福寺街 99 号）

北京盛通印刷股份有限公司印刷　新华书店经销

2022 年 10 月第 1 版　2022 年 10 月北京第 1 次印刷
开本:787 毫米×1092 毫米 1/16　印张:16
字数:210 千字

ISBN 978－7－01－024184－5　定价:48.00 元

邮购地址 100706　北京市东城区隆福寺街 99 号
人民东方图书销售中心　电话（010）65250042　65289539